M. R. Kopmeyer

LEBENSERFOLG

M. R. Kopmeyer

LEBENSERFOLG

So gelangen Sie an Ihre Ziele

Aus dem Amerikanischen übersetzt
von Dr. Eva Gärtner

Titel der amerikanischen Originalausgabe
»Here's help«

Lizenzausgabe 1991 für
Manfred Pawlak Verlagsgesellschaft mbH,
Herrsching
Umschlaggestaltung: Bine Cordes, Weyarn
Printed in Germany
ISBN 3-88199-884-5

Inhaltsverzeichnis

Kapitel 1

Eine Fundgrube bewährter Erfolgsmethoden

Vor vielen Jahren begann ich meine berufliche Laufbahn als Lehrling in einem Büro mit einem Lohn von fünfundvierzig Dollar im Monat.

Schon damals wußte ich, daß es nur einen sicheren WEG ZUM ERFOLG gibt:

1. *Sich jede bewährte Erfolgsmethode aneignen* und somit parat haben.
2. *So viele Erfolgsmethoden wie möglich anwenden.*

Das konnte sich selbst eine Hilfskraft mit einem Gehalt von fünfundvierzig Dollar zur Aufgabe machen. Und genau das tat ich. Ich fing an, mir jede Erfolgsmethode, die ich ausfindig machen konnte, anzueignen und diese – zwecks weiteren Studiums sowie zum Nachschlagen – schriftlich festzuhalten. Ich habe zahllose Bücher zu diesem Thema gekauft und studiert. Vierzig Jahre habe ich der sorgfältigen Prüfung jeder einzelnen dieser Methoden gewidmet. Das von mir gesammelte Material füllt heute drei Privatbibliotheken und fünfzehn Akten mit persönlichen Aufzeichnungen, die die Ergebnisse dieser Forschungen enthalten.

Ich will hier keine Zeit verlieren mit der detaillierten Beschreibung meiner Suche nach diesen Erfolgsmethoden, und eine ins Detail gehende Beschreibung ist auch gar nicht notwendig, denn Sie brauchen dieser Forschung ja keine vierzig Jahre zu widmen. *Sie haben jetzt die Ergebnisse in den Händen!* Ihnen stehen in diesem Buch alle BEWÄHRTEN ERFOLGSMETHODEN zur Verfügung, die ich im Rahmen eines Buches mit dem sich aus dem Titel ergebenden Schwerpunkt unterzubringen vermochte. Darüber hinaus habe ich Bücher mit anderen Schwerpunkten geschrieben. Jedes einzelne Buch steht zwar für sich; alle vier Bände ergeben das *»Schlüsselwerk bewährter Erfolgsmethoden«*.*

Mit diesem Werk, das – Bestseller in den USA – auch bereits in zahlreiche Sprachen übersetzt wurde, hoffe ich in Erfüllung meines persönlichen Anliegens, Millionen tüchtiger Menschen zum Erfolg verhelfen zu können.

Vergegenwärtigen wir uns an dieser Stelle nochmals, wie Sie in Ihrem Leben auf den einzig sicheren WEG ZUM ERFOLG gelangen:

1. Sie eignen sich *jede bewährte Erfolgsmethode* an und haben Sie somit parat.
2. Sie setzen ständig *so viele bewährte Erfolgsmethoden wie möglich* ein.

Nach genau diesen Grundsätzen handelte ich. Und das Resultat? Ich brachte es von dem bereits geschilderten armseligen Anfänger zum Präsidenten von acht Konzernen und zum Erfolgsberater von einhundertzwei namhaften Gesellschaften. Um die Veröffentlichung und Verbreitung des *»Schlüsselwerks bewährter Erfolgsmethoden«* selbst kontrollieren zu können, gründete ich eine eigene Verlagsgesellschaft. Im Alter von fünfzig Jahren zog ich mich von allen Geschäften zurück, um all meine Zeit der Verwirklichung meines Anliegens zu widmen, anderen zum Erfolg zu verhelfen. Mit der vor Jahren mit meinem und meiner Frau Vermögen errichteten »Kopmeyer-Stiftung«, deren Stiftungsvermögen für genau festgelegte wohltätige Zwecke im Sinn meines geschilderten Anliegens eingesetzt werden kann, ist auch vorgesorgt, daß über unseren Tod hinaus anderen Menschen der Weg zum Erfolg geebnet wird.

Die vorstehenden Hinweise auf meine Arbeit und mein Lebensziel dienen nicht dem Zweck, mich in dem von mir

* M. R. Kopmeyers *»Schlüsselwerk bewährter Erfolgsmethoden«* besteht aus folgenden vier Bänden:
- O *Lebenserfolg – So gelangen Sie an Ihre Ziele*
- O *Wunscherfüllung – So bekommen Sie, was Sie sich wünschen*
- O *Wohlstandsbildung – So werden Sie reich und wohlhabend*
- O *Persönlichkeitsbildung – So werden Sie, was Sie sein möchten*

Erreichten zu sonnen. Sie sollen Ihnen zeigen, was mit Hilfe bewährter Erfolgsmethoden zu erreichen ist. Sie können noch viel mehr erreichen als ich, denn Sie brauchen die zielführenden Methoden nicht mehr zu entdecken; sie stehen Ihnen jetzt mit diesem SCHLÜSSELWERK BEWÄHRTER ERFOLGSMETHODEN zur Verfügung. Sie müssen sie bloß anwenden, um

1. Ihr Lebensziel zu erreichen, ganz gleich welches;
2. der Mensch zu werden, der Sie werden wollen;
3. zu bekommen, was immer Sie sich wünschen;
4. alltägliche Probleme jeder Art zu bewältigen;
5. Menschen richtig zu behandeln und mit ihnen zurechtzukommen;
6. sich selbst so in der Hand zu haben und zu steuern, daß Sie mit Erfolg jedes persönliche Problem meistern können;
7. Ihren inneren Frieden zu erlangen und zu bewahren, so daß Sie in Frieden mit sich selbst und mit Ihren Mitmenschen leben.

Dieses Buch enthält eine Fülle bewährter Erfolgsmethoden, mit deren Hilfe Sie jedes einzelne oder sämtliche der vorgenannten Ziele erreichen können – und auch jedes andere Ziel, das Ihnen von Wert und Bedeutung erscheint. Die Erfolgsmethoden haben Sie mit diesem Buch in Händen. Ihr persönlicher Erfolg wird davon abhängen, mit welcher Konsequenz Sie sie ständig anwenden. *Beginnen Sie damit jetzt – sofort!*

Kapitel 2

Wie Sie zwangsläufig Erfolg haben werden – und warum

Natürlich haben Sie das Recht, Fragen zu stellen, an deren Beantwortung Ihnen liegt: Wie werde ich Erfolg haben? Was heißt »zwangsläufig« Erfolg haben? Wie denn ich persönlich? Und warum? Warum werde ich persönlich zwangsläufig Erfolg haben?

Die Antwort ist eindeutig und klar: Sie werden mit Hilfe der in diesem Buch beschriebenen BEWÄHRTEN ERFOLGSMETHODEN zwangsläufig Erfolg haben. Sie persönlich – ja: vorausgesetzt nur, daß Sie diese Methoden auch wirklich anwenden, und zwar nicht nur ab und zu; nicht nur, wenn sie Ihnen zufällig in den Sinn kommen. Sie sollen sie *ständig anwenden, unentwegt, immer.*

Selbstverständlich liegt die Wahl dessen, worin Sie erfolgreich sein wollen, ganz bei Ihnen. Der ungeheure Vorteil der Anwendung der bewährten Erfolgsmethoden besteht darin, *daß Sie hinsichtlich eines jeden Wunschziels, das Sie in Ihrem Leben erreichen wollen, vollkommen sicher sein können, es zu erreichen.*

Ihre gegenwärtigen Lebensumstände begrenzen in keiner Weise Ihre künftigen Möglichkeiten:

- Sie können in Armut anfangen und Millionär werden!
- Sie können aus einem kriminellen Abseits kommen und ein großer Verkünder religiöser und ethischer Werte werden!
- Sie können mit abgebrochener Schulbildung die höchsten Höhen intellektueller Leistungen erreichen!
- Sie können von überall überall dorthin gelangen, wo Sie Ihr Ziel sehen und wirklich hinkommen wollen.

Doch dafür gibt es zwei Grundvoraussetzungen:

Der große Psychologe William James faßte die eine Voraussetzung wie folgt zusammen: »Wenn dir nur genug am Angestrebten liegt, wirst du es erreichen. Willst du reich werden, so wirst du reich werden; wenn du gelehrt werden willst, wirst du gelehrt werden; willst du ein guter Mensch werden, wirst du auch einer. Nur mußt du das Angestrebte tatsächlich wollen.«

Dies ist die erste Voraussetzung jeglichen Erfolges: Sie müssen ausreichend motiviert sein.

Die zweite Voraussetzung jeglichen Erfolges ergibt sich aus der ersten; sie ist eine Konsequenz Ihrer Motivation: Sie müssen so ausreichend motiviert sein und den angestrebten Erfolg so sehr wollen, daß Sie *ständig, unentwegt die Erfolgsmethoden anwenden.*

Bleibt noch die Frage nach dem Warum. Warum werden Sie mit Hilfe dieser Erfolgsmethoden zwangsläufig Erfolg haben? Die Antwort muß bei den grundlegendsten aller grundlegenden Prinzipien ansetzen, den universell gültigen Gesetzen, denen alles, was existiert, lebt und wirkt unterworfen ist, sei es auf dieser Erde, sei es im unbegrenzten Raum des Universums. Diese Gesetze sind unwandelbar oder, wenn Sie es anders ausgedrückt haben wollen, ewig. Diese unwandelbaren, universell gültigen Gesetze steuern alles Sein und alles Leben – den Lauf der Gestirne von Millionen Galaxien im unendlichen All wie auch die alltäglichen Erfahrungen, die Sie in Ihrem Leben machen.

Die Vorstellung, daß universell gültige Gesetze auch alles, was Ihr Leben betrifft und beeinflußt, steuern, mag Ihnen zunächst fremd vorkommen und wenig einleuchten. Doch vergegenwärtigen Sie sich die nachfolgenden Tatsachen:

- Es gibt *universell gültige naturwissenschaftliche Gesetze* wie das Gesetz der Schwerkraft, das Gesetz von Ursache und Wirkung und unzählige andere, darunter auch die Gesetze der Biologie.
- Es gibt *universell gültige geistige Gesetze,* die auf den Wechselbeziehungen zwischen Ihrem Bewußtsein, Ihrem Unterbewußtsein und dem unendlichen kosmischen Geist, zu dem Sie über Ihr Selbst Zugang haben, beruhen. Aufgrund dieser

universell gültigen geistigen Gesetze verfügt der Mensch über die Macht des Geistes, die Inhalte seines Denkens zu verwirklichen.

- Es gibt *universell gültige Gesetze des Gefühlslebens*, die unser Leben in naturgesetzlicher Folgerichtigkeit von Ursache und Wirkung steuern. Wer sich destruktiven Gefühlen wie Angst, Zorn, Haß überläßt, wird Mißerfolg, Glücklosigkeit und Feindseligkeit in sein Leben bringen und auch – wie die moderne psychosomatische Medizin beweist – an geistigen Störungen und seelisch bedingten körperlichen Leiden erkranken.
- Und es gibt schließlich *universell gültige spirituelle oder metaphysische Gesetze*, die dem Menschen auf einer höheren Bewußtseinsstufe ermöglichen, der Unendlichkeit, des Ewigen des Geistes, der Existenz Gottes gewahrzuwerden.

Daß es universell gültige Gesetze gibt, steht außer Zweifel. Es muß sie geben, denn das Universum könnte ohne unwandelbare Gesetzmäßigkeiten höchster Präzision nicht existieren, nicht funktionieren; und auch unsere Erde mit ihrer hunderte Millionen Jahre langen Evolution könnte es nicht geben.

Nun ist es aber keineswegs die Absicht dieses Buches, die unergründlichen Geheimnisse des Universums erklären zu wollen. Es geht lediglich darum, von vornherein festzuhalten, daß *es einerseits unwandelbare, universell gültige Gesetze gibt und andererseits bewährte Erfolgsmethoden*, die, gegründet auf diese unwandelbaren Gesetze, berechenbare, gesicherte Ergebnisse in Ihrem Leben zeitigen werden.

Die bewährten Erfolgsmethoden, die Sie in diesem Buch beschrieben finden, stellen nichts anderes dar als die *methodische Anwendung dieser Gesetze* auf menschliche Probleme und Ziele – für den praktischen, einfachen und tagtäglichen Gebrauch eines jeden Menschen. An *den Erfolgsmethoden ist weder Geheimnisvolles noch Kompliziertes, noch Schwieriges.* Sie sind schlicht, klar, präzise, einfach zu erfassen und zu begreifen, und sie sind vor allem so einfach einzusetzen – damit Sie jetzt, in diesem Augenblick die im vorstehenden Kapitel aufgezählten Ergebnisse und Ziele erreichen können.

Vergegenwärtigen Sie sich noch einmal ganz klar den genauen ZWECK DIESES BUCHES und der darin enthaltenen bewährten Erfolgsmethoden. Sie können:

1. Ihr Lebensziel erreichen, ganz gleich welches;
2. die Persönlichkeit werden, die Sie werden wollen;
3. bekommen, was immer Sie sich wünschen;
4. alltägliche Probleme jeder Art bewältigen;
5. mit problematischen Menschen umgehen und mit ihnen zurechtkommen;
6. sich selbst in der Hand haben und steuern, daß Sie mit Erfolg alle persönlichen Probleme meistern;
7. inneren Frieden erlangen und bewahren, so daß Sie in Frieden mit sich selbst und mit Ihren Mitmenschen leben.

Die bewährten Erfolgsmethoden dieses Buches werden Sie in die Lage versetzen, diese oder jedes andere Ihrer Ziele zu erreichen, weil diese Methoden – obwohl sie leicht zu begreifen und zu benutzen sind – einfache methodische Anwendungen jener unwandelbaren, universell gültigen Gesetze sind, denen alles Sein und Leben unterliegt. Wie Sie diese Gesetze, in bewährte Erfolgsmethoden umgesetzt, für sich nutzen können, um Ihre Ziele zu erreichen, das erfahren Sie in den folgenden Kapiteln.

Kapitel 3

Auch Sie können Ihr Lebensziel erreichen

Unter Ihrem Lebensziel sollten Sie ruhig die Summe aller Ziele verstehen. Sie können es erreichen unabhängig von Ihren gegenwärtigen Lebensumständen.

Wenn Sie ein hohes Lebensziel und eine niedrige Ausgangsposition haben – so ist das gut! Warum? Weil für Menschen, die Schwierigkeiten bewältigen müssen, wenn sie vorankommen wollen, die Notwendigkeit und somit die Motivation, sich um so mehr anzustrengen, viel größer sind.

Der Milliardär J. PAUL GETTY meinte, das Geheimnis des Erfolges sei in eben diesen drei Wörtern beschlossen: sich mehr anstrengen! Im Zuge eines Interviews wurde der Ölindustrielle (der auch in einem Buch erklärt hat, wie man reich werde) um eine Zusammenfassung aller Regeln gebeten, und dies war seine Antwort: »Sich mehr anstrengen!«

Nun ist das sicher nicht das einzige Erfolgsgeheimnis, aber doch ein wichtiges. Denn je mehr Sie sich anstrengen, um so mehr Erfolg werden Sie haben. Und Sie werden Ihr Lebensziel viel rascher erreichen, wenn Ihre gegenwärtige Situation oder die Höhe Ihres Ziels Sie zwingt und somit motiviert, sich mehr anzustrengen als die meisten anderen.

Vielfach zeigt es sich im Leben, daß sich den Menschen, die die größten Schwierigkeiten zu überwinden haben, auch die größten Möglichkeiten bieten, eben weil für sie das größte Bedürfnis und der größte Anreiz bestehen, sich mehr anzustrengen. Denn gerade solche Menschen laufen ja *Gefahr zu versagen, wenn sie sich nicht ganz besonders anstrengen.* Sie entwickeln daher naturgemäß mehr erfolgsorientierten Schwung als Menschen, die weniger Schwierigkeiten bewältigen müssen und daher zu Unrecht glauben, sie bräuchten sich nicht so anzustrengen, und die daher weniger erfolgsmotiviert sind.

Natürlich gehört noch mehr dazu – sehr viel mehr sogar –, und das ist Gegenstand anderer Kapitel dieses Buches. Doch *die erste und wesentliche Voraussetzung* für das Erreichen Ihres Lebensziels besteht tatsächlich darin: sich mehr anstrengen!

Wenn Sie zutiefst motiviert sind, sich mehr anzustrengen, und die bewährten Erfolgsmethoden dieses Buches einsetzen, dann können Sie *mit Gewißheit jedes Ziel erreichen,* das Sie sich vorstellen können und an das Sie glauben.

Doch zu Beginn dieses Bandes des *»Schlüsselwerks bewährter Erfolgsmethoden«* sollten Sie sich darüber im klaren sein, daß die Menschen, die die meisten Schwierigkeiten zu bewältigen haben, auch die größten Chancen haben.

Was immer also Ihr Lebensziel ist, Sie können es erreichen *entweder aufgrund oder trotz Ihrer gegenwärtigen Verhältnisse.*

Die erste Grundbedingung ist Ihr Willensentschluß. Wenn Sie Ihr Ziel mit dem nötigen Ernst verfolgen, indem Sie sich anstrengen, mehr und noch mehr anstrengen, und indem Sie die bewährten Erfolgsmethoden, die Sie in diesem Buch finden, anwenden, dann werden Sie aus sich selbst die Mittel und die Kraft aufbringen, um jedes Ziel zu erreichen, das Sie sich vorstellen können und an das Sie zu glauben vermögen.

Kapitel 4

Wie Sie werden, was Sie sein wollen

Es gibt in uns allen etwas, das nach Erfüllung strebt, einen INNEREN DRANG, *unser bestmögliches Selbst zu werden und auf dem besten uns möglichen Niveau* zu leben. Da es sich um einen weitgehend unbewußten Drang handelt, kommt es uns vielleicht nicht zu Bewußtsein. Unser UNTERBEWUSSTSEIN jedoch, das, vergleichbar einem kybernetischen System, auf unsere Entfaltung ausgerichtet ist, ist *bestrebt, den uns innewohnenden Drang nach persönlicher Größe zu verwirklichen.*

Viele Menschen aber folgen diesem ihrem inneren Drang nach Entfaltung nicht und geben sich mit der Mittelmäßigkeit zufrieden, mit der sie sich im Alltag abfertigen lassen. Das verursacht einen inneren *Konflikt zwischen dem, was sie sind, und dem, was sie ihrem inneren Drang nach sein könnten.* Die Folge dieses Konfliktes ist ein ständiges Gefühl der Verkürzung.

Wie Ihnen jeder Psychologe sagen wird, setzen Sie sich einem nagenden Gefühl der Frustration aus, wenn Sie einen unbewußten Drang ignorieren oder verdrängen. Sie haben dauernd das beunruhigende *Gefühl, daß irgend etwas in Ihrem Leben nicht stimmt* (was zutrifft!), und Sie haben auch das *Gefühl, Sie sollten etwas unternehmen* (und das sollten Sie wirklich!).

Bei einem neueren psychologischen Forschungsprojekt ging es darum festzustellen, ob der Intelligenzquotient wesentlich erhöht werden kann. Das Ergebnis war: ja, er kann erhöht werden – was alle diejenigen nachdenklich machen sollte, die sich immer damit entschuldigen, sie seien nicht klug genug geboren. Wichtiger jedoch als die Frage war die Schlußfolgerung, zu der einer der leitenden Forscher darüber hinaus gelangte: *»Die Menschen haben ein Selbstbild und werden so, wie sie sich selber vorstellen.«*

VORSTELLEN heißt sich ein geistiges Bild von etwas machen. Wie werden Sie, was Sie sein wollen? Indem Sie sich häufig – so oft wie möglich – *im Geiste ein Bild von dem machen, was Sie sein wollen.*

Um erfolgreich zu sein, müssen Sie sich als erfolgreich vorstellen, bildhaft, konkret. Sie können nicht erfolgreich sein, wenn Sie sich als Versager sehen, als Versager jetzt oder später.

Nach dem universell gültigen geistigen GESETZ DER ENTSPRECHUNG können Sie nicht das eine denken – es sich bildhaft vorstellen – und das andere sein oder werden. Sie können sich nicht arm denken und reich werden. Sie können nicht Gedanken der Liebe hegen und ein Mörder werden. Das erste Gebot für die Erfüllung des inneren Dranges nach persönlicher Entfaltung Ihres Selbst (dessen Sie sich vielleicht nicht bewußt sind) ist, daß Sie sich selbst vor Ihrem geistigen Auge bereits als den Menschen sehen, der Sie werden wollen. Wenn Sie sich nun also die Art von Persönlichkeit vorstellen, die Sie werden wollen, dann müssen Sie sich *diese Persönlichkeit groß vorstellen.* Ihre Sie beflügelnde Phantasie wird Ihrer Vorstellungskraft keine Grenzen setzen. Und das Leben wird der Verwirklichung Ihrer Vorstellung keine Grenzen setzen.

Dem Gesetz der Entsprechung zufolge werden Sie zu dem Menschen, als den Sie sich bildhaft vorstellen. Sie können nicht – und Sie werden nicht – eine andere Persönlichkeit werden als jene Ihrer bildhaften Vorstellung, nicht weniger und nicht mehr.

Also denken Sie kühn in großen Dimensionen! Geben Sie sich nicht mit Mittelmäßigkeit zufrieden. Setzen Sie Ihr Lebensziel, das Sie erreichen wollen, hoch an.

Sie können werden, was immer Sie werden wollen. Denn Ihr Denken in Form lebendiger Vorstellungsbilder nimmt die Zukunft vorweg. *Es steuert Ihr Leben, es gestaltet Ihre Zukunft.*

Kapitel 5

Ihr Denken wirkt durch Vorstellungsbilder

Ihre Gedanken – die Sie vor Ihrem inneren Auge als Vorstellungsbilder »sehen« – bestimmen Ihr Leben und gestalten Ihre Zukunft. Sie stellen den geistigen Grundriß dar, nach dem sich der Aufbau Ihres Lebens vollzieht. Anders kann es nicht sein.

Das lehrt die Menschheitsgeschichte. Das lehrt moderne Psychologie. Und das kommt auch im Bibelwort zum Ausdruck: »Wie ein Mensch denkt, so ist er.«

Sie denken in Form von geistigen Bildern. Jeder Gedanke ist ein geistiges Bild, ein VORSTELLUNGSBILD, das sich Ihrem Unterbewußtsein einprägt. Jedes Vorstellungsbild ist eine Anweisung an Ihr Unterbewußtsein, Ihr Leben *in die Richtung Ihrer Vorstellungsbilder zu steuern, bis ihr Selbstbild verwirklicht ist.*

Es ist Teil der Lehre aller Religionen, daß wir zu dem werden, was wir denken. Große Denker und Gelehrte aller Kulturen und aller Zeiten bestätigen es.

BUDDHA lehrte: »Alles, was wir sind, ist das Ergebnis dessen, was wir vorher gedacht haben.«

MARK AUREL, der große Kaiser und abgeklärte Philosoph des alten Rom, schrieb: »Unser Leben ist das Ergebnis unserer Gedanken.«

Die neuesten Entdeckungen der Psychologie beweisen diese Tatsache schlagend: *Die Menschen haben ein Selbstbild und werden das, was sie sich als ihr Selbst vorstellen.*

»Vorstellen« bedeutet hier, wie gesagt, »sich im Geiste ein Bild machen«. Man wird so, wie man sich vor seinem geistigen Auge sieht.

Der schon erwähnte Psychologe William James formulierte es so: »Der Glaube erzeugt die Tatsachen.« Er sprach wirklich von »Tatsachen«.

Ralph Waldo Emerson, einer der weisesten Männer Amerikas, erklärte kategorisch: »Gedanken regieren die Welt.« Wahrhaftig sind sie eine Macht, Ihre geistigen Bilder!

William Ellery Channing schrieb: »Was ein Mensch äußerlich tut, ist nur Ausdruck und Vollendung seines inneren Denkens.«

Ihr Handeln, ob Sie Erfolg haben oder nicht, ist die äußere Folge Ihrer inneren Vorstellungsbilder. Ihre geistigen Bilder werden Wirklichkeit kraft der Macht Ihres Unterbewußtseins. Wie R. W. Emerson sagte: »Es gibt keinen Gedanken in irgendeinem Kopf, der sich nicht rasch in eine Macht verwandelt.« Jene Macht der Ihrem Unterbewußtsein eingeprägten Bilder ist es, die es Ihnen ermöglicht, Ihr Leben vertrauensvoll zu Ihrem Ziel zu steuern.

Jonathan Edwards stellte fest, daß wir alle von unseren Vorstellungsbildern beherrscht werden: »Die bildhaften Vorstellungen im Geiste der Menschen sind die unsichtbaren Mächte, die sie ständig regieren.« Das bedeutet, daß Sie Ihr eigenes Leben kraft Ihrer geistigen Bilder in der Hand haben.

Dr. Norman Vincent Peale, der weltberühmte Prediger und Psychologe, beschrieb den gleichen Sachverhalt: »Denken Sie an Erfolg, stellen Sie sich Erfolg vor, und Sie werden die machtvolle Kraft eines solchen Wunsches in Bewegung setzen. Wenn Vorstellungskraft und Überzeugung intensiv genug sind, dann vermögen sie tatsächlich Bedingungen und Umstände zu bestimmen.«

Tausende von Jahren der Weisheit, Erfahrung, Beobachtung und Forschung haben *erwiesen, daß Sie ohne jeden Zweifel zu dem werden, was Sie sich geistig vorstellen.*

Was den Weisen aller Zeiten enthüllt wurde, was im Laufe von Tausenden von Jahren durch Forschung, Erfahrung und Beobachtung erkannt worden ist und was wieder und wieder durch moderne Wissenschaft belegt wird, ist die *Tatsache, daß Ihre Zukunft so sein wird, wie Sie sie vor Ihrem geistigen Auge sehen.*

Kapitel 6

Sie ernten, was Sie »säen«

Denken Sie stets an das weise Sprichwort: »Man kann ernten, nur was man gesät hat.« Ihm liegt das universell gültige GESETZ DER ENTSPRECHUNG zugrunde.

Wenn Sie Mais säen, können Sie nicht erwarten, Bohnen zu ernten. Mais und Maissamen entsprechen einander. Maissamen kann nur Mais hervorbringen.

Dieses universelle Gesetz gilt für alles im Leben.

Wenn daher Sie sich Vorstellungsbilder von sich als Versager einpflanzen, dann werden Sie nur Mißerfolg ernten. Sie können unmöglich Erfolg haben, weil das unvereinbar ist mit Vorstellungsbildern von sich selbst als Versager. Sie können in diesem Fall nur versagen.

Wenn Sie Vorstellungsbilder des Armseins oder Armbleibens hegen, dann werden Sie ernten, was Sie säen: Armut. Sie können nicht ständig bildhaft an Armut denken und dann aus der »Saat« Ihrer Bilder der Armut eine Ernte des Gegenteils – Reichtum – erwarten.

Das Gesetz der Entsprechung läßt es ebensowenig zu, daß Vorstellungsbilder der Armut Reichtum erzeugen, wie es auch nicht zuläßt, daß aus Maissamen Bohnen wachsen.

Die KONSEQUENZEN liegen auf der Hand:

- Wenn Sie sich vorstellen, daß Sie arm sind, werden Sie arm sein.
- Wenn Sie sich vorstellen, daß Sie Erfolg haben, werden Sie erfolgreich sein.

- Wenn Sie sich vorstellen, daß Sie reich sind, werden Sie reich sein.
- Wenn Sie sich vorstellen, daß Sie Wohlwollen ausstrahlen, werden Sie Wohlwollen zuziehen.
- Wenn Sie sich vorstellen, daß Sie Freundschaft ausstrahlen, werden Sie Freunde anziehen.
- Wenn Sie sich vorstellen, daß Sie Liebe ausstrahlen, werden Sie geliebt werden.

All dem liegt eine Gesetzmäßigkeit zugrunde, die zwingend ist – im Einklang mit dem universell gültigen Gesetz der Entsprechung; im Einklang auch mit dem Bibelwort: »Wie ein Mensch denkt, so ist er.« Und diese Erkenntnis steht ferner auch im Einklang mit der Weisheit aller großen Religionen und Philosophien und mit dem Wissen, das uns Psychologie, Geschichte und die gesamte Forschung beschert hat: *Sie werden das, was Sie sich vorstellen.*

Kapitel 7

Vorstellungsbilder steuern Ihr Leben

Wenn Sie denken, dann sehen Sie im Geiste ein Bild dessen vor sich, was Sie denken.

Das ist nicht einfach eine theoretische Belehrung über elementare Psychologie, sondern die Voraussetzung für eine jener BEWÄHRTEN ERFOLGSMETHODEN, die Sie in die Lage versetzen werden, *Ihr Leben zu steuern und Ihre Zukunft zu gestalten.*

Setzen Sie also in Ihre Zukunft große Erwartungen im Leben vor – denn Ihre großen Erwartungen werden Wirklichkeit werden!

Wenn Sie an ein Haus denken, dann tun Sie das nicht in den Buchstaben des Wortes: H-a-u-s; Sie stellen sich bildhaft ein Haus vor. Sie sehen ein wirkliches Haus vor Ihrem geistigen Auge . . . ein Haus, das Ihnen gehört, oder ein Haus, das Sie gern besitzen möchten, oder irgendein »Traumhaus«, das Ihnen aus irgendeinem Grund als Vorstellungsbild in den Sinn kommt.

Selbst wenn Sie, was höchst unwahrscheinlich ist, nur nach Kriterien der Buchstaben des Wortes H-a-u-s denken würden, würden Sie sich sogar diese Buchstaben als geistige Bilder vorstellen.

Oder ein anderes Beispiel: Sie stellen sich im Geiste eine Situation, in der Haß obenauf schwingt, vor (eine vergangene, gegenwärtige oder rein imaginäre). Sie sehen sich im Geiste, wie Sie das Gefühl von Haß durchleben und es in Ihrer Vorstellung in Form geistiger Bilder »abreagieren« in dem, was Sie – haßerfüllt – bewußt oder unbewußt gerne täten.

Man könnte endlos weitere Beispiele anführen. Es ist jedoch entschieden wirkungsvoller, wenn Sie sich eigene Beispiele vorstellen und dem geistigen Film folgen, den jedes dieser Beispiele auf die Filmleinwand Ihres Geistes projiziert.

Während Sie das dann tun, müssen Sie sich klar darüber sein, daß die »Filmleinwand Ihres Geistes« – Ihr UNTERBEWUSSTSEIN ist.

Ihr Unterbewußtsein hält alles fest, was ihm eingeprägt wird, »erinnert sich« an all das – unter Bedingungen, die später noch geschildert werden – und setzt alles daran zu verwirklichen, was Sie ihm wiederholt und intensiv in Form von Vorstellungsbildern auf seine »Filmleinwand« projiziert haben.

Diese geistige »Filmleinwand« Ihres Unterbewußtseins ist das *Steuerungssystem, das Ihre Vorstellungsbilder in Ihrem Leben verwirklichen kann und tatsächlich verwirklichen wird.*

Das Bibelwort »Wie ein Mensch denkt (was er sich vorstellt), so ist er« bestätigt also eine geistige, eine seelische und eine physische Tatsache. Es kann überhaupt kein Zweifel bestehen, daß Sie werden, was Sie von sich denken. *Sie werden es, weil Ihre Gedanken geistige Bilder und diese von zwingender Wirksamkeit sind.*

In diesem Schlüsselbuch werden Sie erfahren, wie Sie Vorstellungsbilder bewußt einsetzen können, um

1. Ihr Lebensziel zu erreichen,
2. zu werden, was Sie werden wollen,
3. zu bekommen, was Sie sich wünschen.

Selbstverständlich werden Sie etwas mehr tun müssen, als bloß Vorstellungsbilder in Ihr unbewußtes Steuerungssystem zu projizieren. Dieses Buch wird Sie mit den zielführenden bewährten Erfolgsmethoden vertraut machen, die Ihre Vorstellungsbilder Wirklichkeit werden lassen.

Sie müssen jedoch damit anfangen – und das durchhalten –, *sich bildhaft vorzustellen, was Sie erstreben;* sonst wird alles andere, das Sie unternehmen, nicht zielorientiert sein.

Wenn Sie sich nicht vorzustellen vermögen, was Sie erstreben, besteht keine Möglichkeit, daß Sie es je erreichen. Sie können nicht etwas aufbauen, beispielsweise ein Haus, ohne einen

Grundriß zu haben. Sie können nicht ohne Umwege zu einem fernen Ort gelangen, wenn Sie keine Landkarte haben. Sie können kein Ziel erreichen, wenn Sie es nicht einmal geistig vor Augen haben.

Wenn Sie Ihre Gedanken nicht als erstes auf Ihr Lebensziel – auf das, was Sie im Leben werden und haben wollen – konzentrieren können oder wollen, dann werden Sie ziellos durchs Leben wandern und sich auf Ihrem Weg im Nirgendwo verlieren!

Deshalb geht es in diesem ersten Teil des vorliegenden Buches um das, was Sie zu allererst tun müssen: *Sie müssen Ihr Leben mit Hilfe Ihrer Vorstellungskraft steuern!*

Im folgenden Kapitel werden Sie zum Star Ihres eigenen geistigen Films werden . . .

Kapitel 8

In Ihrer Filmvorstellung sind Sie der Star!

Wie Sie wissen, führt ein Gedanke zum anderen. Ein Gedanke regt einen verwandten Gedanken an, der wiederum einen verwandten Gedanken anregt ... und so weiter ... ein Gedanke führt zum anderen.

Ihre Gedanken sind geistige Bilder. Geistige Bilder in einer fortlaufenden Folge ergeben einen GEISTIGEN FILM. Diese geistigen Filme – intensiv und immer wieder auf die »Filmleinwand« Ihres Unterbewußtseins projiziert – werden in materielle Lebenswirklichkeit umgesetzt.

Daher ist, wie MARK AUREL feststellte, tatsächlich unser »Leben das Ergebnis unserer Gedanken«. Und die Psychologen haben Recht mit ihrer Aussage – erinnern Sie sich: »Die Menschen haben ein Selbstbild und werden das, was sie sich als ihr Selbst vorstellen.«

Geschichte und Wissenschaft sind sich in dieser Erkenntnis einig. Sie gründet – wir wollen das bewußt wiederholen – auf dem universell gültigen GESETZ DER ENTSPRECHUNG.

Für Sie ist es aber wichtig zu wissen, daß Sie nicht nur ein Bild vor Ihrem geistigen Auge sehen, sondern eine fortlaufende Folge von geistigen Bildern – es rollt ein geistiger Film ab. Sie sitzen also nicht Modell für das Selbstporträt eines geistigen Bildes, sondern Sie sind der Star Ihres eigenen Films, den Sie im Geiste abdrehen und dessen Inhalt in Ihrer Zukunft Wirklichkeit werden wird.

Welche Art Star werden Sie in Ihrem eigenen geistigen Film sein? Werden Sie im Geiste einen Film drehen, in dem Sie als Star einen Versager spielen? ... einen Aussteiger? ... einen Feigling? Oder werden Sie in Ihrem eigenen geistigen Film als Star einen Menschen verkörpern, der Erfolg hat? ... jemanden, der mit Problemen und problematischen Menschen umzugehen versteht, der sich selbst in der Hand hat und mit Hilfe bewährter Erfolgsmethoden erreicht, was er will, nämlich sein Lebensziel? Welche Art Star werden Sie sein?

Sie haben die Wahl, denn Sie allein bestimmen den Inhalt Ihres Films, den Sie im Geiste auf die »Filmleinwand« Ihres Unterbewußtseins projizieren. *Bei Ihnen liegt die Wahl der Rolle,* die Sie als Star in Ihrem eigenen Film spielen werden, der Ihr Leben sein wird. So gestalten Sie Ihre Zukunft.

Vergessen Sie nicht: Das universell gültige Gesetz der Entsprechung hat zur Folge, daß Sie im wirklichen Leben genau die Art Persönlichkeit sein werden, als die Sie sich im Geiste sehen.

Wenn Ihre vorherrschenden Gedanken Bilder des Versagens sind, wird vor Ihrem geistigen Auge immer wieder ein Film des Versagens ablaufen. Und Sie werden als Star in Ihrem geistigen Film die schäbige Rolle als Versager bis ins Detail durchspielen. Dann können Sie auch im wirklichen Leben nur ein Versager werden, weil Ihr wirkliches Leben dem entsprechen wird, was Sie sich im Geiste vorstellen. Ausnahmen gibt es nicht.

Wenn hingegen Ihre beherrschenden Gedanken Bilder von Erfolgen sind, werden Sie im Geiste ständig einen Film vor Augen haben, in dem Sie als Star Ihre brillante Rolle als ein Mensch, der Erfolg hat, durchspielen. Und dann können Sie auch im Leben nur ein Mensch sein, der Erfolg hat, denn das Gesetz der Entsprechung bewirkt, daß Sie zu dem werden, was dem Bild entspricht, das Sie von sich selbst haben.

Die Vorstellungsbilder, die Sie in Ihr unbewußtes Steuerungssystem fürs Leben »einpflanzen«, werden im wirklichen Leben zu einer Ernte dessen heranwachsen, was Sie gesät haben. Zu nichts anderem! Wenn Sie Mais gesät haben, wachsen keine Bohnen; und wenn Sie in Ihrem Geist Bilder des Versagens eingepflanzt haben, können Sie nicht erwarten, im wirklichen Leben Erfolg zu ernten. *Vergegenwärtigen Sie sich nochmals:*

- Wenn Sie sich vorstellen, daß Sie arm sind, werden Sie arm sein.

- O Wenn Sie sich vorstellen, daß Sie reich sind, werden Sie reich sein.
- O Wenn Sie sich vorstellen, daß Sie Erfolg haben, werden Sie erfolgreich sein.
- O Wenn Sie sich vorstellen, daß Sie Wohlwollen ausstrahlen, werden Sie Wohlwollen anziehen.
- O Wenn Sie sich vorstellen, daß Sie Freundschaft ausstrahlen, werden Sie Freunde haben.
- O Wenn Sie sich vorstellen, daß Sie Liebe ausstrahlen, werden Sie geliebt werden.

So ist es. Stellen Sie das außer Zweifel! *»Wie ein Mensch denkt, so ist er.«*

Hier wären vielleicht einige Worte fällig, die Ihnen erklären sollen, warum in diesem Buch manches so oft wiederholt wird. Es handelt sich nicht um Zerstreutheit des Autors, Verwirrung der Übersetzerin oder Nachlässigkeit des Lektors; der Grund für die zahlreichen Wiederholungen liegt in der Erkenntnis, daß ein nur einmal eingeprägter Gedanke allzu leicht vergessen wird, ohne Spuren im Denken der Menschen zu hinterlassen. Will man jedoch jemanden überzeugen, daß er eine Information ernst nehmen und sich einprägen soll, so ist die fast FORMELHAFTE WIEDERHOLUNG das richtige Mittel. Auch in der Bibel wird vieles mehrfach gesagt, und das klassische Beispiel für die Suggestivkraft der Wiederholung sind die Reden Buddhas. Oder denken Sie an die Liturgie im katholischen Gottesdienst, an Fugen und Kantaten in der geistlichen Musik.

Wir sind vollkommen sicher, daß die Gedanken, die hinter der Abfassung dieses Buches standen, für Ihr weiteres Leben so wichtig sind, daß wir eine mögliche Kritik an den ständigen Repetitionen gerne in Kauf nehmen *um den Preis sicherzugehen, daß das Gesagte Sie wirklich erreicht und sich in Ihrem Denken festsetzt.* Nur so kann der Zweck dieses *»Schlüsselwerks bewährter Erfolgsmethoden«* aufgefaßt werden: Ihnen zu ermöglichen, daß Sie an Ihre Ziele gelangen, die Ihren Lebenserfolg ausmachen.

Kapitel 9

Ihr Vorstellungsfilm im Instanzenzug

Es gibt, wie Sie schon wissen, »Instanzen« oder »Ebenen« geistiger Kraft. Sie werden zwar einzeln benannt, bestehen aber nicht unabhängig voneinander; sie gehen vielmehr ineinander über. Es sind zusammenhängende Komponenten des einen universellen höheren Geistes.

Diese drei INSTANZEN GEISTIGER KRAFT durchläuft der Film Ihrer Vorstellung.

1. *Sie denken. Das ist eine Funktion Ihres Bewußtseins.* Bewußt können Sie nun die Inhalte Ihres Denkens – Ihre Vorstellungsbilder – auf die »Filmleinwand« Ihres Unterbewußtseins projizieren. Sie können sich Ihre Vorstellungsbilder bewußt vergegenwärtigen und Sie können sie bewußt kontrollieren.
2. *So steuert Ihr Denken Ihr Unterbewußtsein.* Sie prägen ihm Ihre Vorstellungsbilder ein. Und Ihr Unterbewußtsein setzt – jenseits jeder bewußten Kontrolle – alles in Bewegung, um das, was ihm eingeprägt wurde, zu verwirklichen.
   Das Unterbewußtsein erfüllt, wohlverstanden, viele Funktionen. Es hat völlige Kontrolle über unsere wichtigsten Lebensfunktionen, über so komplexe körperliche Funktionen wie Herzschlag, Atmung, Verdauung und alle anderen biologischen Abläufe. Wenn Ihr Leben davon abhinge, daß Sie bewußt denken müßten: »Jetzt weise ich mein Herz an zu schlagen ... jetzt meine Lungen zu atmen ... jetzt meinen Magen zu verdauen« usw., dann könnten Sie nicht eine einzige Minute die Millionen Impulse des sensorischen Nervensystems regulieren. Sie wären sofort tot.

Deshalb hat die Natur in ihrer Weisheit, die wir auch nicht im entferntesten begreifen können, durch das Unterbewußtsein für uns vorgesorgt.

3. *Das Wunderbare an unserem Unterbewußtsein aber liegt darin, daß es den Menschen in seiner Begrenztheit mit der unbegrenzten Unendlichkeit des Geistes verbindet:* es ist eine Art Steigrohr, durch das wir zur unendlichen Weisheit und Kraft des universellen höheren Geistes, zum unendlichen Bewußtsein, Zugang haben. Und diese Weisheit und Kraft kann der Mensch über sein Unterbewußtsein nutzen. *Das Unterbewußtsein ist Ihr Kanal zu allen Mitteln und jeder Kraft, die Sie jemals brauchen werden!*

Ihr Unterbewußtsein speichert auch alle Erfahrungen, die Sie je gemacht haben. Es bewahrt alle Gedanken und Gefühle und insbesondere alle Bilder, selbst wenn diese Ihrem Bewußtsein längst entfallen sind. Bewiesen ist diese Tatsache dadurch, daß im Zuge einer Hypnosetherapie oder einer Psychoanalyse längst vergessene oder verdrängte Erinnerungen, bis zurück zur frühesten Kindheit, aus dem Unterbewußtsein wieder hervorgeholt werden können.

Die Vorstellungsbilder und alle anderen Erfahrungen aus Vergangenheit und Gegenwart werden auf irgendeine schwer faßbare Weise vom Unterbewußtsein *zu »Bausteinen« des Lebens geordnet;* jeder von ihnen entspricht gleichsam in Größe und Gewicht der Intensität, die das betreffende Erlebnis hatte, als es dem Unterbewußtsein eingeprägt wurde.

Unter diesem neuen Aspekt münden die Lehren der Religion und Philosophie geradezu in die Erkenntnisse der modernen Psychologie ein, und Sie vermögen nun die volle Bedeutung der schon zitierten psychologischen Wahrheit zu erfassen: »Die Menschen haben ein Selbstbild und werden das, was sie sich als ihr Selbst vorstellen.«

Das gilt im Guten wie im Bösen! Ihr Unterbewußtsein akzeptiert wahllos alle Vorstellungsbilder, mit denen Sie es zum Aufbau Ihres Lebens versorgen.

Wenn Ihnen daher das nicht gefällt, was Sie jetzt sind, dann denken Sie daran: Sie sind das Produkt Ihres eigenen Denkens, insbesondere Ihrer Vorstellungsbilder, die Sie in der Vergangenheit hegten und die Ihr Leben zu dem gemacht haben, was es jetzt ist! *Sie haben Ihre Gegenwart gestaltet, Sie können Ihre Zukunft gestalten.* Sie können sich verbessern, sich und Ihr Leben, ab sofort! In später folgenden Kapiteln werden Sie erfahren, wie man das macht – überlegt, entschlossen, ohne Schwierigkeit.

Beschließen wir jedoch dieses Kapitel mit einer Schlußbetrachtung über die »dritte Instanz«: den unendlichen Geist höherer Dimension. Er kann nicht beschrieben werden, da er sich menschlicher Beschreibung entzieht, da er, jenseits menschlichen Begreifens, nur erfahren werden kann. Wir können es nicht wagen, die Unendlichkeit erfassen zu wollen, denn sie ist Raum ohne Grenzen, Zeit ohne Grenzen, ohne Anfang, ohne Ende, Macht ohne Grenzen, Weisheit ohne Grenzen . . . sie ist alles, überall, immer.

Und da sie alles ist und umschließt, umschließt sie auch jeden von uns sowie die Mittel zur Erfüllung unserer tiefsten Wünsche *in dem Maße, in dem wir uns dem unendlichen Geist zu öffnen verstehen und an die Unendlichkeit glauben können.*

In einem anderen Band dieses *»Schlüsselwerks bewährter Erfolgsmethoden« (»Wunscherfüllung – So bekommen Sie, was Sie sich wünschen«)* habe ich das ineinandergreifende Funktionieren der drei »Instanzen« des Geistes anhand des Vergleichs mit einem Unternehmen veranschaulicht, der hier kurz zusammengefaßt sei:

Ihr Bewußtsein ist das »Management«, das alles Wichtige entscheidet. Es sind *Entscheidungen, die Sie planmäßig und bewußt treffen.* Ihr Bewußtsein, also das »Management« Ihres Geistes, übermittelt seine Anweisungen in Form von Vorstellungsbildern an Ihr Unterbewußtsein, das die »Fabrik«, das Herstellungswerk Ihres Lebens, darstellt. *Ihr Unterbewußtsein akzeptiert unbedingt Ihre Anweisungen zur Umsetzung in Lebenswirklichkeit;* und es tut das auf die gleiche wunderbare Art, in der es Ihren Herzschlag, Ihre Atmung und alle anderen Lebensfunktionen reguliert.

Ihr Unterbewußtsein verfügt über unbegrenzte Mittel und unbegrenzte Macht, Sie zu allem zu leiten, was Sie ihm intensiv und ständig in Form Ihrer Vorstellungsbilder einprägen; es kann nicht anders (Gesetz der Entsprechung). Was Sie als »Samen« in Ihr Unterbewußtsein senken, das wird es hervorbringen, so daß Sie genau das ernten, was Sie gesät haben.

Die wunderbare Macht des Unterbewußtseins aber ergibt sich aufgrund seiner Verbindung mit dem unendlichen Geist, der die alles umfassende Weisheit des Universums darstellt, die alles durchdringende Intelligenz, die in jeder Zelle, in jeder winzigen Einheit von Materie und Energie wirksam und der Inbegriff des Geistes ist. Nennen Sie ihn Seele. Nennen Sie ihn Gott. Nennen Sie ihn, wie Sie wollen: er ist unendlich. Und sie kommunizieren mit ihm über Ihr Unterbewußtsein.

In Ihren Augen ist diese Kommunikation mit dem Unendlichen vielleicht die Bildersprache eines Gebetes. Da jedenfalls diese Art Kommunikation über geistige Bilder vor sich geht, denken Sie an ein altes Sprichwort: »Ein Bild sagt mehr als tausend Worte.«

Kapitel 10

Ihre Vorstellungskraft bestimmt Ihre Zukunft!

Von allen Kapiteln dieses Buches ist dieses vielleicht das wichtigste. Lesen Sie es aufmerksam. Prägen Sie es sich gut ein.

Gehen wir rasch die HAUPTPUNKTE des im vorhergegangenen Kapitel Erörterten noch einmal durch:

- In Ihrem Geiste läuft ein Endlosfilm ab, der aus zahllosen Vorstellungsbildern besteht. Der Film läuft auf der »Filmleinwand« Ihres Unterbewußtseins ab.
- Diese Vorstellungsbilder prägen sich Ihrem Unterbewußtsein unauslöschlich ein, und es benutzt sie kybernetisch, was bedeutet, daß Ihre Vorstellungsbilder zum Steuerungssystem Ihres Lebens werden.
- Ihre Vorstellungsbilder bestimmen somit Ihre Zukunft, denn sie führen Sie zu den Gelegenheiten, persönlichen Kontakten, finanziellen und anderen Mitteln, die Sie brauchen, um Ihr Lebensziel zu erreichen, oder sie führen diese Gelegenheiten an Sie heran.
- Ihre Vorstellungsbilder werden zu Ihrer Zukunft, indem sie Sie zu dieser Zukunft hinführen und sie Ihnen ermöglichen.

Soweit die Wiederholung. Ich möchte vorschlagen, Sie lesen sie noch einmal, damit Sie sich diese Punkte für immer einprägen.

Was Sie als materielle Wirklichkeit um sich herum sehen, hat natürlich seinerseits eine nicht geringe Bildkraft. *Viele Menschen entnehmen ihre Vorstellungsbilder ihrer Umgebung; diese prägen sich ihrem Unterbewußtsein ein und werden zu ihrem Steuerungssystem, das ihre Zukunft bestimmt.*

Ein paar BEISPIELE zur Illustration dieses Vorgangs:

Weil die Reichen sich ständig bildhaft vorstellen, was sie als materielle Wirklichkeit vor sich sehen, »werden die Reichen immer reicher«. Sie sehen ständig den Wohlstand, der sie umgibt. Also bestehen ihre geistigen Bilder aus Vorstellungen von Wohlstand. Sie »denken reich«. Daher werden sie reich und reicher. Fazit: »Die Reichen werden immer reicher.«

Die Armen sehen ständig die Armut um sich herum; daher sind ihre Vorstellungsbilder Bilder der Armut ihrer Umgebung. Sie zementieren durch ihre inneren Vorstellungsbilder ihre äußeren Lebensumstände. Sie »denken arm«. Daher werden sie arm und ärmer. Fazit: »Die Armen werden immer ärmer.« Es sei denn . . . die Armen wechseln, indem sie sich dem Einfluß ihrer Umgebung bewußt entziehen, ihren Film aus und prägen ihrem Unterbewußtsein Vorstellungsbilder des Erfolges ein. Die bildhafte Vorstellung, erfolgreich zu sein, führt jeden Menschen aus der Armut hinaus zu Erfolg und Wohlstand und allem, was er sich wünscht.

Warum? Sie wissen es bereits: Das entspricht dem universell gültigen GESETZ DER ENTSPRECHUNG.

Bildhafte Vorstellungen in das Unterbewußtsein »einzupflanzen«, ist wie das Aussäen von Samen. Man erntet, was man gesät hat. Die bildhaften Vorstellungen, die Sie in Ihr Unterbewußtsein »pflanzen«, werden zwangsläufig in Ihrem Leben eine Ernte hervorbringen, die genau Ihren Vorstellungen entspricht. Anders kann es nicht sein, denn das Gesetz der Entsprechung ist unverbrüchlich.

Mit Sicherheit wird das, was die Menschen als materielle Lebenswirklichkeit in ihrer Umgebung sehen, in Vorstellungsbilder umgesetzt; aber diese durch visuelles Sehen wahrgenommenen und dem Unterbewußtsein weitergeleiteten Bilder müssen nicht vorherrschen: sie können durch viel mächtigere Vorstellungen überlagert werden, die gezielt von der VORSTELLUNGSKRAFT – der Phantasie – des Menschen erzeugt werden.

Sie können aus sich selbst heraus viel mächtigere und von Ihnen kontrollierte Vorstellungsbilder kreieren. Der Nachdruck liegt auf der Tatsache: aus sich selbst heraus, gezielt, so daß diese

Bilder dominieren. Und in diesen Bildern Ihrer Phantasie stellen Sie sich gezielt in Verhältnissen vor, die Sie sich wünschen. Und weil Sie solche Bilder gezielt kreieren können – kraft Ihrer Phantasie oder – treffender – Ihrer Vorstellungskraft –, eben deshalb können Sie sie auch unter Kontrolle haben. Sie können sich im Geiste alles vorstellen, was Sie sich wünschen.

Auf diese Weise haben Sie den Inhalt und die Intensität der vermöge Ihrer Vorstellungskraft kreierten Bilder voll und ganz unter Ihrer Kontrolle und können sie Ihrem Unterbewußtsein einprägen, das dann genau diesen Bildern in Ihrem Leben Geltung verschaffen wird.

- Stellen Sie sich bildhaft in Umständen des Wohlstands vor, wiederholt, ständig, intensiv – und *Sie werden reich werden!*
- Stellen Sie sich bildhaft in Situationen des Erfolges vor – wiederholt, ständig, intensiv – und *Sie werden erfolgreich sein!*
- Stellen Sie sich bildhaft in Liebesszenen vor, wiederholt, ständig, intensiv – und *Sie werden geliebt werden!*
- Stellen Sie sich bildhaft in Führungsrollen vor, wiederholt, ständig, intensiv – und *Sie werden eine Führerpersönlichkeit werden!*

Achtung: Das soll nicht heißen, daß alle oder überhaupt irgendwelche dieser guten, wünschenswerten Lebensumstände Ihnen aus heiterem Himmel wie durch Zauberkraft in Ihrem Leben zufallen. Sie dürfen nicht glauben, daß Sie einfach Ihre Schürze ausbreiten können – Sie haben ja auch keine – und dann abwarten können, bis diese Dinge vom Himmel fallen!

Das heißt vielmehr – und darin kommt ein besonderes Anliegen dieses Buches zur Geltung –, daß in Ihrem Geiste ständig ein Film abläuft, der sich aus einem Strom von Vorstellungsbildern zusammensetzt, die Teil Ihres unbewußten lebensteuernden Systems werden. *Ihr Unterbewußtsein benutzt die Vorstellungsbilder (aufbauende wie auch zerstörerische) und setzt deren Inhalte in die Wirklichkeit Ihres Lebens um.*

In der Erfolgslehre nennt man das »Motivationssteuerung«. In der Psychologie heißt das »Konditionierung des Verhaltens«, in der Verhaltenswissenschaft »Verhaltensvorherbestimmung«.

Ihre Vorstellungsbilder sorgen in Ihrem Unterbewußtsein für motivierende Steuerung Ihres Verhaltens, so daß Sie zielorientiert tätig werden, also auf das Ziel hin handeln, das Sie sich – immer wieder, ständig, intensiv – vorstellen. Um es ganz einfach auszudrücken: Ihre Vorstellungsbilder leiten Sie der Verwirklichung dessen zu, was Sie sich – immer wieder, ständig, intensiv – wünschen.

Denken Sie daran, daß Ihre Vorstellungsbilder Sie steuern. *Auf diese Steuerung müssen Sie reagieren, indem Sie handeln.* Sie können nicht gesteuert werden, wenn Sie nicht reagieren. Sie müssen handeln, nicht auf ein Wunder warten.

Sie wurden weitgehend unbewußt gesteuert, dieses Buch zu kaufen. Aber der Besitz dieses Buches wird Ihnen keinen Erfolg bringen; noch ist Ihnen allein durch das Lesen des Buches der Erfolg sicher. Sie müssen handeln, müssen die in diesem Buch empfohlenen bewährten Erfolgsmethoden anwenden. Wissen allein – so notwendig es ist – löst als solches die Probleme noch nicht und befähigt Sie nicht bereits zur Verwirklichung Ihrer Wünsche. *Sie müssen Ihr Wissen praktisch anwenden.*

Es gibt einen guten Wahlspruch, der da sagt: »Tue es, und du wirst die Kraft dazu haben.«

Wenden Sie die in diesem Schlüsselwerk aufgezeigten Erfolgsmethoden an – und Sie werden die Kraft haben, an Ihre Ziele zu gelangen, die Ihren Lebenserfolg ausmachen. *Die Kraft, etwas zu erreichen, wird handelnd mobilisiert.* Wenn Sie handeln, werden Sie empfangen!

Tun Sie es also . . . Benutzen Sie bewußt Ihre Vorstellungskraft, um Ihren Geist ständig mit Bildern Ihrer Wünsche zu versorgen. Ihre bewußt kreierten Vorstellungsbilder von allem, was Sie sich wünschen – Erfolg, Wohlstand, Glück –, werden zum Antrieb Ihres lebensteuernden Systems werden, das Sie geradewegs zu Ihrem Lebensziel führen wird – *wenn Sie tun,* was dieses Buch Ihnen empfiehlt.

In diesem Kapitel wird Ihnen empfohlen, Ihre Vorstellungskraft einzusetzen, um Ihren Geist ständig mit Wunschvorstellungen zu versorgen. Das sollen Sie nicht nur lesen; Sie müssen es tun.

Denn wenn Sie Ihren Geist nicht ständig sozusagen randvoll mit frei gewählten, von Ihnen kontrollierten Bildern all dessen versorgen, was Sie sich wünschen, dann wird Ihr Unterbewußtsein unkontrolliert von unerwünschten und nachteiligen Bildern des Zweifels, der Sorge und Angst beeindruckt und geprägt. Die meisten Menschen sind *unglücklich, weil sie ihren Geist, ihre Seele für destruktive Gedanken und Gefühle »offenlassen«.* Wenn aber auch Sie derartigen Anwandlungen ausgesetzt sind, dann müssen Sie im wortwörtlichen Sinne »abschalten«.

Wie Sie das zustandebringen, werden Sie im nächsten Kapitel erfahren.

Kapitel 11

Wie man störende Gedanken und unerwünschte Bilder »abschaltet«

Sie wissen nun, wie man Vorstellungsbilder kontrolliert und benutzt, um sie nachdrücklich auf die »Filmleinwand« Ihres Unterbewußtseins zu projizieren, damit sie zum Steuerungssystem Ihres Lebens werden. Auf diese Weise werden Sie von Ihren Vorstellungsbildern über den auf ihr Handeln einwirkenden Mechanismus Ihres Unterbewußtseins zur Verwirklichung Ihrer Wünsche geführt.

Die Quintessenz der gesamten Geistesgeschichte läuft darauf hinaus, daß jeder Mensch das wird, was er immer wieder und intensiv denkt. *Vergegenwärtigen Sie sich nochmals die ungeheure Konsequenz dieser Erkenntnis: Sie werden, was Sie denken!* Sie werden zu dem, was Sie sich immer wieder und intensiv vorstellen – im Guten wie im Bösen, je nach der Art der Vorstellungen, die Sie intensiv Ihrem Unterbewußtsein einprägen.

Im Guten wie im Bösen! Das soll Ihnen dieses Kapitel klarmachen.

Wenn Sie den Film Ihrer Vorstellungen, die Bilderfolge Ihres Gedankenflusses, *nicht unter Kontrolle haben, dann werden unkontrolliert störende Gedanken und unerwünschte Vorstellungsbilder Ihr Denken beherrschen.* Das können angenehme Tagträume sein; meist jedoch handelt es sich um Vorstellungen, die Sorgen, Ängste, Groll und Haß beinhalten oder um Schuldkomplexe kreisen, die, in Ihr Unterbewußtsein verdrängt, bei jedem erstbesten Anlaß zu Bewußtsein kommen und Ihr Denken beherrschen.

Damit werden negative, das heißt destruktive Gedanken und Gefühle wiederholt und verstärkt, die dann in das unbewußte Steuerungssystem Ihres Lebens eingehen. Die Folgen sind verhängnisvoll.

Da alles Verdrängte unerwünscht ist – sonst wäre es nicht verdrängt worden –, wäre das Schlimmste, das Sie sich in bezug auf Ihre Zukunft antun könnten, daß Sie durch Wiederholung und Verstärkung der Vorstellungen, denen verdrängte Erfahrungen der Schuld, Angst, Sorge und Minderwertigkeit oder von Groll und Haß zugrunde liegen, all dieses Unerwünschte ständig neu Ihrem Unterbewußtsein eingeben und somit zum Antrieb der unbewußten Steuerung Ihres Lebens und der Gestaltung Ihrer Zukunft machen.

Sie brauchen also dringend *eine sichere und wirksame Methode, mit deren Hilfe Sie destruktive, unerwünschte Vorstellungen »abschalten« können.* Sie bedienen sich zu diesem Zweck einfacher TECHNIKEN:

- *Stellen Sie sich Schwarz vor:* Stellen Sie sich vor, Ihr Geist sei von totaler Dunkelheit erfüllt, in der alle Vorstellungsbilder versunken, erloschen sind. Es gibt keine Bilder von beunruhigenden Situationen mehr, es gibt überhaupt keine geistigen Bilder mehr; Ihr Geist ist so sehr von tiefer Dunkelheit erfüllt – schwarz –, daß Bilder unmöglich geworden sind. Bleiben Sie in diesem völligen geistigen Dunkel, bis Sie sich entspannt und ruhig fühlen.
  Nachdem Sie so geistig-seelische Ruhe erlangt haben, »pflanzen« Sie nun gelassen, aber gezielt, in die gegenwärtige Dunkelheit helle, kontrollierte Vorstellungsbilder dessen, was Sie sich wünschen (wie dies in den vorangegangenen Kapiteln beschrieben wurde).
- *Stellen Sie sich ein milchiges Grau vor:* Manche Menschen können besser abschalten mit Hilfe der Vorstellung von Grau statt Schwarz. Das Grau, das ihren Geist erfüllt, scheint ihnen sanft und entspannend, es überlagert alle Vorstellungen und stellt, ungestört von irgendwelchen anderen Vorstellungen, einen Zustand der Ruhe und tiefen geistig-seelischen Friedens her.

Wenn Sie es vorziehen, mit Grau statt mit Schwarz zu arbeiten, dann muß das Grau undurchsichtig sein, so daß es alle Vorstellungsbilder vollkommen überdeckt und keine Konturen übrigläßt, die Ihre Aufmerksamkeit ablenken könnten. Das einzige Ziel ist ja, alle Vorstellungsbilder völlig auszulöschen. Ihr Geist muß völlig erfüllt sein von sanftem, entspannendem Grau.

- *Stellen Sie sich dichten Nebel vor:* Sie vernebeln alle Vorstellungsbilder. Diese Methode hat den Vorteil, daß sie Ihre Aufmerksamkeit an die verdunkelnde Substanz, den Nebel, fesselt und sie von allen Vorstellungsbildern abzieht. Sie erzeugen im Geiste Nebelschwaden und verwandeln diese dann in dichten Nebel, der alle Bilder total einhüllt. Ihr Geist ist vollkommen erfüllt von dichtem, undurchdringlichem Nebel. Nichts mehr ist sichtbar, und Sie sind ganz ruhig und entspannt.
- *Stellen Sie sich eine andere dunkle, deckende Farbe vor:* Die Farben Schwarz und Grau sowie Farbe und Substanz des Nebels sind besonders gut geeignet, weil sie neutral sind und deshalb nichts Aufreizendes an sich haben. Falls Sie jedoch eine bevorzugte Lieblingsfarbe haben, funktioniert das Ganze vielleicht ebensogut, vorausgesetzt, diese ist dunkel und dekkend, so daß keinerlei Schattenbilder übrigbleiben, die Ihr Interesse weiter fesseln könnten. Sie können sich zum Beispiel ohne weiteres auch Dunkelblau oder ein tiefes Purpurrot vorstellen. Sie dürfen aber keine aufreizenden Farben wie Fahnenrot, Orange oder Gelb oder irgendeine helle Schattierung einer anderen Farbe wählen.

Mit Hilfe dieser einfachen Techniken *erreichen Sie eine vollkommene geistig-seelische Entspannung.* In dem Maße, in dem Sie diese Methode der Gedankenkontrolle beherrschen – so daß Sie sich jederzeit mit sofortiger Wirkung in den Zustand geistig-seelischer Ruhe versetzen können –, werden Sie an Wunder grenzende Vorteile genießen, die nicht zu beschreiben sind; sie müssen von Ihnen persönlich erfahren werden.

Wenn Sie diese Techniken der Ruhigstellung und Entspannung beherrschen, haben Sie außerdem noch den Vorteil, daß Sie zum

Beispiel in elf Sekunden einschlafen können; denn auf diesen Techniken beruhen weitere Entspannungsmethoden, die Ihnen das ermöglichen. Wie – das erfahren Sie im nächsten Kapitel.

Kapitel 12

Wie man innerhalb von elf Sekunden einschläft

Mit Hilfe der beschriebenen Techniken zum »Abschalten« aller Vorstellungsbilder und den in diesem Kapitel zur Sprache kommenden NATÜRLICHEN ENTSPANNUNGSHILFEN werden sie innerhalb von elf Sekunden einschlafen können – sogar in unruhigen Nächten. Ich persönlich benutze diese Methode, die mir ermöglicht, in elf Sekunden einzuschlafen, jeden Abend und auch immer wenn ich mir einen kurzen, erholsamen Schlaf gönnen will. Doch jedermann kann das, und dieser Methode können sich auch die stets unter größter Spannung stehenden Menschen bedienen, die meinen, sie würden an unheilbarer Schlaflosigkeit leiden, und nur nicht wissen, wie man einschläft.

Diese einfache, sofort wirkende VIERSTUFENMETHODE wird es Ihnen ermöglichen, innerhalb von elf Sekunden einzuschlafen – der Zeit, die Sie benötigen, um folgende vier zusammenhängende Schritte zu vollziehen:

1. *Entspannen Sie Ihren Körper.* Benutzen Sie irgendeine der gängigen und allgemein empfohlenen Entspannungsmethoden, die Sie am wirkungsvollsten finden. (Sollten Ihnen allgemein bewährte Entspannungsmethoden unbekannt sein, finden Sie auf den beiden Schlußseiten dieses Buches Werke, die Ihnen das vermitteln können.) Lassen Sie Ihre Glieder (Ihre Arme, Ihre Beine) schlaff werden ... oder schwer ... oder leicht (so daß Sie »schweben«) ... wie es der von Ihnen bevorzugten Methode entspricht. Oder entspannen Sie Ihren Körper einfach, indem Sie Ihre bevorzugte Schlafhaltung einnehmen.

2. *Wichtig: Entspannen Sie Ihr Gesicht,* vor allem Stirn und Kiefer, damit Sie nicht mit den Zähnen knirschen oder Ober- und Unterkiefer zusammenpressen.
3. *Noch wichtiger: Entspannen Sie Ihre Augen.* Schließen Sie die Augen leicht und im ruhigen Bewußtsein, daß Ihre Augen ausdruckslos geworden sind, also keinerlei Gefühl mehr ausdrücken.
4. *Am wichtigsten: Löschen Sie alle Vorstellungsbilder.* Ihr Geist muß vollkommen leer sein. Keinerlei Gedanken, keinerlei Bilder! Wenden Sie die im vorangegangenen Kapitel beschriebenen Techniken an. Wir wollen sie hier kurz wiederholen und einige Kniffe hinzufügen, die ihre Wirksamkeit beim Einschlafen zu erhöhen geeignet sind.

○ *Stellen Sie sich Schwarz vor.* Stellen Sie sich vor, wie die Schwärze in Ihren Geist eindringt, sanft, angenehm, schwarz, tiefschwarz, so daß jedes Vorstellungsbild, das sich sichtbar machen will, von der Schwärze umhüllt wird, bis es ausgelöscht ist und nur die Schwärze bleibt. Dann tritt der Schlaf sofort ein.

Menschen, die zunächst vielleicht unsicher sind, bedürfen unter Umständen eines festen Anhalts in Form eines Entschlusses: Sagen Sie sich, daß Sie fest entschlossen sind, diese Methode notfalls die gesamte Nacht hindurch zu praktizieren, wenn Sie nicht einschlafen sollten. Überzeugen Sie sich selbst davon, daß die völlige körperliche Entspannung – auch wenn Sie dabei überhaupt nicht einschlafen –, zusammen mit der Abdunkelung aller Vorstellungsbilder, das Äquivalent tiefen Schlafs ist, wenn dieser Zustand, falls notwendig, die ganze Nacht hindurch beibehalten wird. Das wirkt! Denn er verwehrt jede »Ausflucht«; und es ist tatsächlich unmöglich, sich auch nur elf Sekunden lang vollkommen zu entspannen und alle Vorstellungsbilder gänzlich abzuschalten, ohne dabei einzuschlafen. Es ist ausgeschlossen, das zu tun und gleichwohl wachzubleiben.

Wer Schwierigkeiten hat, sich den Geist von Schwärze erfüllt vorzustellen, kann sich eine hohe Wand vorstellen, die durch einen weichen, schwarzen Samtvorhang verdeckt ist. Der weiche Stoff und die Samtfalten ziehen Ihre Aufmerksamkeit auf den schwarzen Vorhang ab und verdecken alle Vorstellungsbilder für die wenigen Sekunden, die Sie brauchen, um in Schlaf zu sinken.

Oder Sie können sich auch einer Technik der Selbsthypnose bedienen: Stellen Sie sich eine große, einfarbig schwarze Wand vor. Aus der Mitte dieser Wand leuchtet ein sehr heller Lichtpunkt. Konzentrieren Sie sich auf den hellen Lichtpunkt – und Sie werden sehr rasch einschlafen.

○ *Stellen Sie sich ein milchiges Grau vor.* Manche Menschen ziehen, wie gesagt, Grau dem Schwarz vor; sie finden Grau sanfter und entspannender. Wenn Sie lieber mit Grau – oder Dunkelblau oder Purpurrot – arbeiten, funktioniert das ebensogut, vorausgesetzt nur, daß die Farbe undurchdringlich ist; sie muß ja alle Vorstellungsbilder verdecken, auslöschen.

○ *Stellen Sie sich dichten Nebel vor.* Sie hüllen alle Vorstellungsbilder in Nebelschwaden, bis sie in dichtem Nebel versunken, ausgelöscht sind. Das »Einnebeln« hat den Vorteil, Ihre Konzentration von den Bildern aktiv abzulenken und auf den Nebel zu richten, durch den hindurch Sie nichts mehr »sehen« können – keine Vorstellungsbilder mehr.

Benutzen Sie diese einfachen Methoden, und Sie werden innerhalb von elf Sekunden einschlafen, sogar wenn Sie unruhig sind. Das wird ein ganzes Leben lang ein immenser Gewinn für Sie sein, der unmittelbar das eine Drittel Ihres Lebens betrifft, das Sie schlafend verbringen – oder mit dem Versuch zu schlafen!

Hier noch einmal in Kürze die notwendigen Schritte:

1. Entspannen Sie Ihren Körper!
2. Wichtig: Entspannen Sie Ihr Gesicht!
3. Wichtiger: Entspannen Sie Ihre Augen!
4. Am wichtigsten: Löschen Sie alle Vorstellungsbilder aus!

Wenn Sie nach diesen vier einfachen, leicht durchführbaren Regeln verfahren, werden Sie innerhalb von elf Sekunden einschlafen.

Wenn Sie nicht in elf Sekunden einschlafen, dann haben Sie die eine oder mehrere dieser einfachen Regeln nicht richtig befolgt. Sie mögen anfänglich ein paar Sekunden länger brauchen, bis Sie unter den Variationsmöglichkeiten gewählt und sich in den von Ihnen bevorzugten Techniken vervollkommnet haben, bis Sie wissen, welche für Ihren Schlafkomfort am besten geeignet sind; aber diese Methode ist im ganzen derart einfach und derart sicher, daß nur wenige Nächte notwendig sein sollten, um Ihre Einschlafenszeit auf elf Sekunden herabzusetzen.

Sollte Ihnen das nach ein paar Nächten noch immer nicht gelingen, dann lesen Sie dieses Kapitel so oft durch, bis Ihnen die vier geschilderten Schritte automatisch geläufig sind.

Natürlich dürfen Sie sich nicht auf die »Elf-Sekunden-Zeitgrenze« festlegen lassen, indem Sie sich auf diese Zeit konzentrieren, denn dann würden Sie anfangen, zu zählen und zu denken, und würden sich verkrampfen, was völlig im Gegensatz zum Zweck dieser Methode stände und somit sehr wahrscheinlich auch zum Gegenteil des Angestrebten führen würde.

Zählen Sie auf keinen Fall die elf Sekunden. *Gehen Sie davon aus, daß Sie in elf Sekunden einschlafen* – das genügt. Entspannen Sie sich vollständig . . . bringen Sie schlafwillig die vier Schritte hinter sich – und Sie werden einschlafen.

Das wird elf Sekunden gedauert haben. Am Ziel sind Sie, wenn Sie das gar nicht mehr wissen, weil Sie . . . nun – so schnell schlafen Sie ein!

Kapitel 13

Wie Sie Ihre Vorstellungsbilder intensivieren

Sie haben erfahren, wie man seine Vorstellungsbilder »abschaltet«. Jetzt werden Sie *lernen, wie Sie Ihre Vorstellungsbilder mit derartiger Intensität »einschalten« können, daß sich Ihre Vorstellungen – Ihre Wünsche – als lebensteuernde Instruktionen Ihrem Unterbewußtsein tief einprägen.*

Ausschlaggebend ist die KONTROLLE IHRER VORSTELLUNGEN.

Wenn Sie Ihre Vorstellungen dem reinen Zufall überlassen, wenn Sie sich allen Gedanken hingeben, die Ihnen zufällig zufliegen oder Ihnen seitens Dritter suggeriert werden, dann werden Sie hilflos Geschehnissen und Umständen ausgeliefert sein, über die Sie keine Kontrolle haben und für die Sie keine erfolgversprechende unbewußte Verhaltenssteuerung bereit haben.

Die Welt wimmelt von Menschen, die nicht wissen, wie sie ihr Leben unter Kontrolle halten und steuern sollen. Also begnügen sie sich mit der eintönig-langweiligen Alltagsroutine des Mittelmaßes. Schade, das ist reine Verschwendung!

Aber das liegt am mangelnden Wissen dieser Menschen. Man hat sie nie gelehrt, wie das Steuerungssystem ihres Lebens funktioniert; daher vermögen sie ihr Leben nicht zu beherrschen und werden statt dessen von den Zufällen des ihnen zugewiesenen Lebens beherrscht. Sie bekommen nicht, was sie sich wünschen; sie nehmen demütig, was ihnen »das Leben zuteilt«, und das ist nicht viel.

Dabei *ist die Methode der Kontrolle des eigenen Steuerungssystems seit Tausenden von Jahren bekannt.* Jede Religion hat sie verkündet. Sie ist von den weisesten Menschen, den Großen des Geistes aller Zeiten, verbreitet worden. Sie ist schriftlich festgehalten, seit der Mensch schreiben lernte. Sie gehört zu den am meisten verbreiteten Inhalten überlieferten Denkens.

Erinnern wir uns an das Bibelwort: »Wie ein Mensch denkt, so ist er.«

Die moderne Wissenschaft hat dieser tiefen, fundamentalen Wahrheit nur wenig hinzufügen können. Der wichtigste wissenschaftliche Zusatz ist *die Entdeckung der Psychologen, daß alle Menschen in Bildern denken.*

Wie Sie schon wissen, lehrt die Psychologie heute: »Die Menschen haben ein Selbstbild und werden das, was sie sich als ihr Selbst vorstellen.«

Nichts könnte eindeutiger als diese Aussage sein, nichts abschließender, schwerwiegender und gewisser. Beweise erübrigen sich; sehen Sie sich nur um. Im übrigen haben wir ein paar allgemeine Beispiele bereits erwähnt – jene von den Armen, die in Armut leben und darum immer nur in Vorstellungsbildern der Armut denken, im Unterschied zu den »Reichen, die immer reicher werden«.

Das muß jedoch, wie schon gesagt, nicht so sein. Die Möglichkeit, Erfolg zu haben, liegt jedermann so nah, so greifbar nah wie Ihnen dieses Buch hier! Unser *»Schlüsselwerk bewährter Erfolgsmethoden«* stellt klar, wie jedermann sein Denken unter Kontrolle haben und bewußt die Vorstellungsbilder, die ihm zum Lebenserfolg verhelfen werden, zur Geltung bringen kann. Die Methoden sind einfach und leicht zu begreifen und leicht anzuwenden.

In diesem Kapitel wollen wir Sie davon überzeugen, *daß Sie Ihr Unterbewußtsein mit Vorstellungsbildern, die die Verwirklichung Ihrer Wünsche vorwegnehmen, geradezu überschwemmen müssen, wobei es auf die Intensität und Beharrlichkeit Ihrer Vorstellungen ankommt.* Warum?

Ihr Unterbewußtsein wird buchstäblich bombardiert von den zahllosen Eindrücken, die ihm entweder über ihr Bewußtsein oder direkt zugeleitet werden; es wird überschwemmt von zahllosen Sinnesreizen, von den Inhalten Ihrer Wahrnehmungen wie auch Ihres Denkens und Fühlens; darüber hinaus ist es mit der komplexen Regulierung Ihrer körperlich-seelischen Lebensfunktionen befaßt, von denen die meisten unterhalb der Bewußtseinsschwelle vor sich gehen, so daß Sie sich ihrer gar nicht bewußt sind.

Sie können *nicht erwarten, daß Sie ein derart in Anspruch genommenes Unterbewußtsein durch bloß gelegentliche, vage bleibende oder nichtssagende Vorstellungsbilder von Ihrem Lebensziel beeindrucken können.* Und Sie können nicht erwarten, daß Ihr von allen Seiten gefordertes Unterbewußtsein unter dem ungeheuren Druck, dem es ausgesetzt ist, diese nächstliegenden Ansprüche ignoriert, nur um irgendwelchen spärlichen, dürftigen oder nichtssagenden Vorstellungsbildern, die Ihr Lebensziel zum Inhalt haben, die höchste Priorität einzuräumen. Ganz gewiß nicht!

Ihr Unterbewußtsein, das Ihr kybernetisches Steuerungssystem ist, läßt sich in keiner Weise von der Dringlichkeit Ihres Wunsches, Ihr Lebensziel zu erreichen, stärker beeindrucken als Sie selbst. Dieser Wunsch muß Sie selbst – das heißt hier Ihr Bewußtsein – beherrschen. Ihr Unterbewußtsein wird nur dann seine unbegrenzte Macht mobilisieren, um Sie zu dem zu führen, was Sie sich wünschen (oder dieses Ihnen zuführen), *wenn Sie ihm dies mit der notwendigen Intensität und Häufigkeit Ihrer Vorstellungsbilder einprägen.* Ihre Vorstellungsbilder müssen den verwirklichten Zustand dessen, was Sie wünschen, beinhalten – also die Zukunft vorwegnehmen.

Wenn Sie zum Beispiel großen Wohlstand erreichen wollen, müssen Sie intensiv und häufig eindrucksvolle Vorstellungsbilder von Ihrem verwirklichten Wunsch, von Ihrem Reichsein, in das Steuerungssystem Ihres Unterbewußtseins projizieren. Formulieren wir es in den Begriffen seriöser psychologischer Forschung anders: Wenn Sie in Ihrer Vorstellung ständig ein Selbstbild haben, dem zufolge Sie von großem Wohlstand umgeben sind, dann werden Sie dorthin kommen, wo Sie sich im Geiste sehen: Sie werden von großem Wohlstand umgeben sein.

Ihr Selbstbild – das Vorstellungsbild, das Sie von sich selbst haben – muß in Ihrer Vorstellung »real« sein. *Damit Ihr Selbst-*

bild in Ihrer Vorstellung »real« ist, muß es so intensiv sein, daß es Ihr ständiges Denken als dominierendes Anliegen beherrscht; nur so kann es sich als Steuerungsinstruktion gegenüber Ihrem Unterbewußtsein geltend machen.

Es gibt eine ganze Reihe psychologisch fundierter Methoden, die es Ihnen ermöglichen, eine derart intensive Konzentration auf Ihr Anliegen zu erzielen, daß Sie Ihr Unterbewußtsein wie einen Computer zu programmieren vermögen: Sein unermüdliches Arbeiten wird dann der Verwirklichung Ihres Anliegens gelten.

Mit Hilfe solcher KONZENTRATIONSMETHODEN vermögen Sie sich über längere Zeit hinweg intensiv auf Ihr Ziel ausgerichtet zu halten, wie es sonst nur schwer möglich wäre. Die folgenden seien ganz besonders empfohlen:

- Die Methode des inneren Sprechgesangs;
- die Methode der Knotenschnur;
- die Methode der magischen Münzen;
- die Methode der Schriftkarten;
- die Methode der Selbsthypnose.

Da diese Konzentrationsmethoden ausführlich in einem anderen Band des »Schlüsselwerks bewährter Erfolgsmethoden« mit dem Titel *»Wunscherfüllung – So bekommen Sie, was Sie sich wünschen«* beschrieben sind und eine Kurzfassung derselben unbefriedigend ausfallen müßte, sei an dieser Stelle auf jene Methoden nur verwiesen und hier weiter unser Weg über die Methode der Vorstellungsbilder verfolgt. Weitere Varianten und andere Methoden werden Sie in die Lage versetzen, Ihr Unterbewußtsein zu steuern und seine Macht für Ihre Zukunft zu nutzen.

Eine höchst wirksame Methode ist jene der Zielanweisung. Sie ist einfach und leicht zu handhaben, und sie intensiviert Ihre Vorstellungsbilder in hohem Maße. Ihr gilt das nächste Kapitel.

Kapitel 14

Wie Sie Ihre Vorstellungsbilder mit Zielanweisungen kombinieren

Ihr Unterbewußtsein ist, wie in den vorangegangenen Kapiteln herausgestellt wurde, völlig in Anspruch genommen von der rund um die Uhr währenden Aufgabe, Ihre körperlich-seelisch-geistigen Lebensfunktionen zu regeln, und außerdem ist es unentwegt einer Unmenge von Sinneswahrnehmungen und dem Dauerbeschuß durch Ihr Denken und Fühlen ausgesetzt.

Wenn Sie sich daher Ihrem Unterbewußtsein mit schwächlichen, belanglosen Vorstellungsbildern irgendeines vage bleibenden Lebensziels, gewissermaßen auf Zehenspitzen, nähern, antwortet Ihnen Ihr Unterbewußtsein ungehalten und mit vollem Recht: »Mein Herr, ich habe anderes zu tun.«

Um Herr zu sein, um Ihr Unterbewußtsein aufgrund ganz entschiedener Instruktionen *zum Gehorsam zu zwingen, müssen Sie es fast ununterbrochen mit äußerst intensiven Vorstellungsbildern dessen, was Sie sich wünschen, überschwemmen; Sie müssen es überwältigen.*

Sie müssen »energisch auftreten«! Das Kommando übernehmen! Es gilt, Ihr Unterbewußtsein zu beherrschen!

Und das können Sie nur durch die Kreierung immer wiederkehrender, intensiver und äußerst lebendiger Vorstellungsbilder dessen erreichen, was Sie Ihrem Unterbewußtsein zu verwirklichen befehlen.

Das bedeutet, daß Sie die zwingende, beherrschende persönliche Macht Ihres Denkens einsetzen müssen, die der Aufmerksamkeit und Gefügigkeit Ihres Unterbewußtseins gebietet, sich auf Ihr Lebensziel zu konzentrieren.

Vergessen Sie nicht: Ihr Unterbewußtsein ist nichts von Ihnen Getrenntes; Sie haben Gefühle, Ihr Unterbewußtsein nicht. Es ist ein perfekter Dienstleistungsapparat; es leistet Dienste und produziert. *Es produziert in direktem Verhältnis zu der gebieterischen Macht der Instruktionen, die es empfängt!*

Ihr Unterbewußtsein wird also erzeugen, was Sie wünschen, und zwar im direkten Verhältnis zu der Intensität und Häufigkeit der Vorstellungsbilder, durch die es erfaßt, was es in Ihrem Leben erzeugen soll. Deshalb müssen Sie alles nur Mögliche tun, um die Intensität Ihrer Vorstellungsbilder dessen, was Sie wollen, zu steigern.

Sie können Ihre Vorstellungsbilder durch eine energische ZIELANWEISUNG intensivieren, die in Worten unterstreicht, was Sie geistig vor sich sehen – und zwar gleichzeitig.

Die Methode der suggestiven Formulierung von Zielanweisungen in der Kurzformel von Slogans ist in allen Einzelheiten in dem schon erwähnten Buch »*Wunscherfüllung*« dargelegt worden. (Natürlich wäre es sehr nützlich, wenn Sie die vollständige Methode anhand jenes Buches kennenlernen würden; es ist dort genau erklärt, wie man derartige Slogans vom Inhalt und Rhythmus her kreiert, und es sind auch viele Beispiele von Zielanweisungen für die verschiedensten Lebensziele beigefügt.) Hier möchte ich nur das wiederholen, was Ihnen die Anwendung der Methode ermöglicht, und mich dabei auf nur ein Beispiel einer Zielanweisung beschränken. Es zeigt, wie Sie Ihre in Form von Vorstellungsbildern dem Unterbewußtsein erteilten Instruktionen intensivieren können.

Nehmen wir an, Sie möchten reich werden. *Für dieses Beispiel müssen wir die Kurzformel einer Zielanweisung, die sich an Ihr Unterbewußtsein richtet, einen Slogan, finden.* Ein guter Slogan hierfür ist vom Inhalt und Rhythmus her: »Millionär sein! Millionär sein!«

Diese Zielanweisung wiederholen Sie nun laut, wenn Sie allein sind, oder sonst im Geiste stumm, aber sehr nachdrücklich – sie soll ja nur Ihr eigenes Unterbewußtsein beeindrucken – bei jeder Gelegenheit, und das heißt, Hunderte, ja Tausende von Malen am Tag, immerzu, beim Baden, Rasieren, Anziehen, während aller

Wartezeiten und bei allen ungezählten Gelegenheiten, da Sie gerade die paar Sekunden Zeit für die Wiederholung der Kurzformel haben:

»Millionär sein! Millionär sein!
Millionär sein! Millionär sein!
Millionär sein! Millionär sein!«

Wiederholen Sie den Doppelsatz immer wieder, bei jeder Gelegenheit, und am besten jeweils dreimal. Jede Wiederholung nimmt nur paar Sekunden in Anspruch.

Dann benutzen Sie die Zielanweisung »Millionär sein!«, um die Intensität Ihrer Vorstellungsbilder zu verstärken. Sie sehen sich also nun als Millionär und in entsprechenden Verhältnissen, und Sie sehen sich Ihr großes Vermögen dazu nutzen, sich selbst alle Wünsche zu erfüllen und auch anderen Menschen zu helfen.

Sie werden sehen, wieviel zwingender die Kombination von intensiven Vorstellungsbildern mit der entschiedenen Formulierung von Zielanweisungen an Ihr Unterbewußtsein ist. Ihre Zielanweisung kann alles beinhalten, was Sie im Leben wünschen. Die Zielanweisung »Millionär sein!« ist nur ein Beispiel unter vielen.

Geeignete Vorstellungsbilder und dazu passende Zielanweisungen können eingesetzt werden, *um Ihr Unterbewußtsein zu mobilisieren, alles zu verwirklichen, was immer Sie sich wünschen – Liebe, Erfolg, Wohlstand, Einfluß, Macht, Ansehen, Ruhm.*

Im folgenden Kapitel wollen wir weitere Möglichkeiten entdecken, die Intensität Ihrer Vorstellungsbilder als Instruktionen an Ihr Unterbewußtsein, das Ihr Steuerungssystem fürs Leben ist, zu steigern. Es handelt sich um ein ebenso wirksames wie aufregendes Verfahren zur Intensivierung Ihres geistigen Films.

Kapitel 15

Wie Sie Ihre Vorstellungsbilder dynamisch beleben

Je stärker Sie Ihr Unterbewußtsein mit Ihren Vorstellungsbildern und Zielanweisungen beeindrucken, um so schneller werden Sie bekommen, was Sie wollen.

Wir haben bereits auf die Verstärkung mittels einer durchschlagenden Zielanweisung hingewiesen, die Ihren geistigen Film innerlich verbalisiert, damit Ihr Unterbewußtsein nicht nur »sieht«, was Sie sich als Lebensziel wünschen, sondern es auch »hört«.

Es gehört zur Primärfunktion Ihres Unterbewußtseins, als Steuerungssystem zu wirken; aber es kann Sie nur im Sinne Ihrer Wünsche steuern, wenn Sie ihm mit jedem intensiven Vorstellungsbild zugleich klare, energische Befehle geben.

Ihr Unterbewußtsein muß »sehen«, was Sie wollen; und was es »sieht«, muß klar, lebendig und intensiv sein.

Um die Intensität Ihrer Vorstellungsbilder zu steigern, müssen Sie vor allem – wir wiederholen es – Ihren geistigen Film in Form von kurzen, präzisen, energischen Zielanweisungen begleiten, die Sie während der zahllosen nur ein paar Sekunden Zeit erheischenden Gelegenheiten Tag und Nacht wiederholen. Auf diese Weise wird Ihr Unterbewußtsein Ihre Zielanweisung zugleich »hören« und bildhaft »sehen«.

Dem fügen Sie nun noch gleichsam eine dritte Dimension hinzu: Gefühl ... BEGEISTERUNG!

Ihr Unterbewußtsein wird ebensowenig wie Ihre Gesamtpersönlichkeit durch Langeweile aktiviert. Sie können andere nicht aktivieren, wenn Sie langweilig, adynamisch, apathisch sind. Sie können die eigene Persönlichkeit nicht aktivieren, wenn Sie langweilig, adynamisch und apathisch sind. Und Sie können Ihr Unterbewußtsein nicht mit langweiligen, adynamischen, apathischen Eindrücken aktivieren.

Also begeistern Sie sich für das, was Sie anstreben. *Begeistern Sie sich für Ihr Lebensziel!*

Sie denken in Vorstellungsbildern. Ihre Gedanken sind tatsächlich Vorstellungsbilder. Das ist es auch, was Ihr Unterbewußtsein als Anweisung akzeptiert, als Auftrag, Ihr Leben zu steuern: Vorstellungsbilder dessen, was Sie anstreben.

Daher müssen Sie Ihre Vorstellungsbilder durch Begeisterung beleben, indem Sie von Ihrem Lebensziel begeistert sind! Begeisterung ist ansteckend! Sie wird Ihre gesamte Persönlichkeit erfassen. Das gleiche wird sie für den geistigen Film Ihres Lebensziels bewirken.

Und wenn Sie Ihre Vorstellungsbilder mit Begeisterung beleben, dann wird Ihr Unterbewußtsein besonders beeindruckt, angeregt, mobilisiert. Begeisterung ist ein ungeheurer Ankurbelungsfaktor, und zwar über das Gefühl.

Wenn Sie Begeisterung in Ihre Stimme legen, werden die Menschen auf der Stelle auf Sie aufmerksam. Wenn Sie eine dynamische, mitreißende Persönlichkeit entwickeln, werden sich die Menschen für Sie interessieren; wenn Sie langweilig sind, geht man an Ihnen vorbei.

Dynamik erzeugt Begeisterung – und Begeisterung Dynamik! Beides zusammen kann Wunder in Ihrem Leben bewirken. Sie brauchen dem nur noch die magnetische Kraft vertrauensvoller Erwartung hinzuzufügen.

Folgerichtig soll dieses Kapitel in Imperativen seiner Thematik enden: Seien Sie begeistert von Ihrem Lebensziel! Seien Sie begeistert von Ihren Bemühungen, Ihr Lebensziel zu erreichen! Vertrauen Sie voll darauf, daß Sie Ihr Lebensziel erreichen!

»Wie ein Mensch denkt, so ist er«, das wissen Sie. Doch glauben Sie: *Wenn ein Mensch mit dem Elan der Begeisterung denkt, so ist er . . . schneller am Ziel!*

Kapitel 16

Was ist Ihnen Ihre Zielanweisung wert?

Was ist Ihnen die Verwirklichung Ihrer Wünsche wert? Was ist es Ihnen wert, genau die Persönlichkeit zu werden, die Sie sein wollen: Ihr Ideal-Ich? Was ist es Ihnen wert, Ihr Lebensziel zu erreichen?

Überlegen Sie sich, was Ihnen das wert ist, denn Sie werden EINEN PREIS dafür zahlen müssen. Der Preis ist in Arbeit zu zahlen und besteht in *der pausenlosen Wiederholung Ihrer von Begeisterung getragenen intensiven Vorstellungsbilder, unterstützt durch eine klare Zielanweisung in der Kurzform eines Slogans.* Der Erfolg von an Ihr Unterbewußtsein gerichteten Zielanweisungen hängt von deren pausenloser Wiederholung ab.

Selbstverständlich sage ich »pausenlos« nur, um die Wichtigkeit der vielfachen Wiederholung zu unterstreichen. Sie haben natürlich hundert andere Dinge im Kopf, die Sie in Anspruch nehmen und die Sie erledigen müssen; mit »pausenlos« soll also nur jeder Augenblick gemeint sein, den Sie erübrigen können.

Vielleicht läßt sich am besten erläutern, was es heißt, Ihrem Unterbewußtsein »pausenlos« Zielanweisungen zu geben, wenn ich beschreibe, wie ich persönlich es mache. Lassen Sie mich zunächst versichern, daß ich dafür die Zeit finde in einem sehr ausgefüllten Leben. Ich habe mich zwar mit Fünfzig von meinen Führungsposten in der Wirtschaft zurückgezogen, widme mich aber aus freien Stücken umfangreichen Tätigkeiten meiner Vorliebe auf dem Gebiet der Forschung, des Zeitungs- und Verlagswesens und verwalte u.a. auch die »M. R. Kopmeyer Foundation«, eine von mir und meiner Frau begründete Wohltätigkeitsstiftung. Kurz: ich arbeite eher an sieben als nur fünf Tagen in der Woche bis in die Nacht.

Wie also finde ich dabei noch die Zeit, meine persönlichen Zielanweisungen »pausenlos« dem Unterbewußtsein einzugeben (»pausenlos« natürlich auch hier in dem erklärten relativen Sinn)?

Zunächst einmal ist es *wichtig, als Zielanweisung einen kurzen, einprägsamen Slogan zu verwenden,* der nur etwa zwei Sekunden in Anspruch nimmt. Wenn eine Zielanweisung mehr als zwei Sekunden in Anspruch nimmt, ist sie vermutlich zu lang, und wenn sie mehr als drei Sekunden erfordert, ist sie ganz bestimmt zu lang.

Meine derzeitige Zielanweisung beschränkt sich auf vier Wörter (die kaum zwei Sekunden in Anspruch nehmen). Eine Zielanweisung von mehr als acht Wörtern ist – aus vielen Gründen – in jedem Fall zu lang.

Wenn Sie Ihre persönliche Zielanweisung formulieren, dann fassen Sie am besten das, worum es Ihnen entscheidend geht, in einer suggestiven Kurzformel, einem Slogan von drei bis sechs Wörtern, die Ihr Ziel beschreiben, zusammen. (»Millionär sein!« ist tatsächlich eine kurze, kraftvolle Zielanweisung, die sitzt.) Eine Kurzformel von drei bis sechs Wörtern wird also bei jeder Wiederholung nur zwei bis drei Sekunden in Anspruch nehmen. Das ist eine sehr kurze Zeit. *Wie oft können Sie pro Tag zwei oder drei Sekunden erübrigen?*

Ich widme zwanzig Minuten täglich meinem Körpertraining (isometrische Übungen, Gewichtheben usw.). Da die Übungen rein körperliche Routine sind, kann ich diese zwanzig Minuten benutzen, um meine Zielanweisung meinem Unterbewußtsein einzuprägen. Mein zwei Sekunden erfordernder Slogan kann während meines täglichen Körpertrainings sechshuntertmal wiederholt werden!

Sodann widme ich jeden Tag zwanzig Minuten dem geistigen Training, das ausschließlich darin besteht, meine Zielanweisung in der Kurzformel meines Slogans zu wiederholen, wobei ich mich der auf Seite 50 erwähnten Konzentrationsmethoden bediene. Ich benutze jeweils nicht alle Methoden, meistens aber doch ungefähr drei von ihnen täglich, und wechsle, auch um mein

Interesse lebendig zu erhalten, unter ihnen ab. Während dieses zwanzig Minuten dauernden geistigen Trainings kann ich meinem Unterbewußtsein den Slogan wiederum sechshundertmal einprägen!

Das bedeutet allein in den je zwanzig Minuten für Körpertraining und geistiges Training bereits zwölfhundertmal! Und wenn ich dann noch die Zeit von rund vierzig Minuten ausnutze, die ich jeden Tag für routinemäßiges Baden, Anziehen und sonstige Körperpflege verwende (die keinerlei geistige Konzentration erfordern), dann kann ich weitere zwölfhundertmal meine Zielanweisung wiederholen. *Das ergibt bereits insgesamt zweitausendvierhundert Anstöße täglich!*

Rechnen Sie noch die Gelegenheiten dazu, die sich während all der täglichen Fahr- und Wartezeiten und der hundert Augenblicke ergeben, in denen keine Konzentration notwendig ist, *dann ergibt das ein Potential von über zehntausend Anstößen täglich.* Ganz gleich also, wie beschäftigt Sie auch sein mögen, können Sie daher mit einem Potential von zehntausend Anstößen pro Tag rechnen!

Realistischerweise sollten wir davon ausgehen, daß die Konzentrationsfähigkeit eines Menschen nur kurze Zeit anhält und er sich außerdem leicht von wechselnden »Tagträumereien« ablenken läßt. Demnach wären seine Konzentrationsbemühungen um eine bestimmte Zielanweisung vielleicht nur zu zehn Prozent erfolgreich. Aber auch das bedeutet noch tausend Zielanweisungen pro Tag an das Unterbewußtsein! Und selbst diese nur zehnprozentige Konzentrationseffizienz *ist ausreichend, um – und das bedeutet »pausenlos« – das Unterbewußtsein mittels tausend Zielanweisungen pro Tag zu beeindrucken und somit zu beherrschen.*

Wenn Sie Ihr Unterbewußtsein mit tausend oder mehr Anstößen Ihrer Zielanweisung täglich beherrschen – mit suggestiven Zwei-Sekunden-Slogans und von Begeisterung getragenen intensiven Vorstellungsbildern –, *dann sichern Sie sich das Erreichen eines jeden Lebensziels, das Sie sich ausdenken und an das Sie glauben können.*

Selbstverständlich müssen Sie all die zahllosen zielführenden Gelegenheiten, Situationen, persönlichen Kontakte und die so gut wie unbegrenzten Mittel nutzen, zu denen Sie Ihr Unterbewußtsein infolge seiner Reaktion auf Ihre Zielanweisung führen wird – die Sie mittels der in diesem Kapitel aufgezeigten Methoden zum beherrschenden Impuls Ihres Unterbewußtseins gemacht haben.

Und wenn Sie diese Methoden anwenden, dann dürfen Sie den Eintritt des von Ihnen vertrauensvoll Erwarteten erwarten. Scheinbar wunderbare Dinge werden von nun an in Ihrem Leben geschehen!

Kapitel 17

Vom Umgang mit der wichtigsten Filmkamera

Ebenso wie Sie mit Ihrer Kamera kein Bild aufnehmen können, ohne die Linse Ihrer Kamera, das »Auge« des Films, auf das zu richten, was Sie aufnehmen wollen, *ebensowenig können Sie eine Abfolge von Vorstellungsbildern kreieren, ohne das Augenmerk Ihrer Filmkamera auf das zu richten, was Sie festhalten wollen.*

Wie Ihnen aus dem vorangegangenen Teil dieses Buches noch gegenwärtig sein wird, sind Ihre Gedanken VORSTELLUNGSBILDER. Ihre Vorstellungsbilder – Gedanken, die Sie ständig und intensiv beschäftigen – werden dauerhaft Ihrem Unterbewußtsein einverleibt, das Ihr Lebenssteuerungssystem darstellt. Und – auch das ist klargestellt worden – Sie wissen: Ihr Unterbewußtsein verwirklicht in Ihrem Leben alles, was Sie sich ständig und intensiv vorstellen.

Die Bibel verkündete: »Wie ein Mensch denkt, so ist er.«

BUDDHA lehrte: »Alles, was wir sind, ist das Ergebnis dessen, was wir zuvor gedacht haben.«

MARK AUREL schrieb: »Unser Leben ist das Ergebnis unserer Gedanken.«

Und WILLIAM JAMES bestätigte diese Erkenntnisse achtzehn Jahrhunderte später aus der Sicht des Psychologen: »Der Glaube erzeugt die Tatsachen.«

Ihre Vorstellungsbilder – immer wiederkehrende und intensiv gehegte Gedanken – haben demnach gewichtige Konsequenzen für Sie: ihr Inhalt wird zum Inhalt Ihres Lebens!

Ihr Geist ist einer Kamera vergleichbar. Er nimmt Bilder auf von allem, auf das er gerichtet wird. Und diese Filme Ihrer

Vorstellungsbilder werden in der Folge entwickelt und nehmen in Ihrem Leben konkrete Gestalt an.

Die Konsequenz ist klar und einfach: Richten Sie Ihre Aufmerksamkeit auf all das, was Sie sich in Ihrem Leben wünschen. Ihre geistige Filmkamera wird all das und nur das aufnehmen, auf das sie gerichtet wird. Erläutern wir das konkret an unserem bereits erörterten BEISPIEL: Sie möchten reich sein.

- Wenn Sie das wollen, *dann müssen Sie Ihre geistige Kamera auf alles ansetzen, was mit Wohlstand zu tun hat.* Legen Sie einen Ordner mit Bildern an, Bildern von Traumhäusern, stilvollen Möbeln, teurer Kleidung, wertvollem Schmuck, Luxusautos – Dinge, die für Sie Reichtum repräsentieren. Schmökern Sie häufig in diesem Ordner herum. Schließen Sie aber auch andere Menschen in die Vorstellung Ihres Wohlstands ein; stellen Sie sich vor, wie Sie Ihren Reichtum benutzen werden, um anderen zu helfen.
- *Unterstützen Sie Ihre Bildaufnahmen durch aktives Handeln:* Zahlen Sie jede Woche Geld auf ein Sparkonto ein. Kaufen Sie Aktien, auch in begrenzter Anzahl. Wenn Sie es sich nicht leisten können, Aktien zu kaufen, machen Sie sich eine Liste von zehn Aktien, die Sie kaufen würden, wenn Sie es könnten. Notieren Sie sich den Kurs, den jede von ihnen im Zeitpunkt der gedachten Investition hat. Verfolgen Sie die wechselnden Kurse täglich in der Zeitung. Abonnieren Sie ein führendes Wirtschafts- und Finanzblatt und lesen Sie es gründlich.
- Im Interesse Ihres Anliegens *sollten Sie interessante Leute der Finanz- und Geschäftswelt persönlich kennenlernen.* Wenn Sie Ihren Bankdirektor nicht kennen, stellen Sie sich ihm vor; Sie sind ein Kunde der Bank. Lernen Sie die führenden Köpfe und wichtigen Geschäftsleute Ihrer Stadt kennen. Wenn Sie gesellschaftlichen Verkehr mit ihnen pflegen können, tun Sie das unbedingt. Zumindest jedoch müssen Sie sie kennen. Treten Sie Organisationen bei, in denen sich erfolgreiche Leute betätigen, zumal solche, die aktiv anderen helfen.

Die erörterten Hinweise stellen nur einige wenige Anhaltspunkte unter Hunderten von Möglichkeiten dar, die sich Ihnen bieten, um Ihre Aufmerksamkeit ständig auf Wohlstand auszurichten (den wir als Beispiel wählten).

Es kann natürlich sein, daß Sie überhaupt nicht daran interessiert sind, reich zu sein. *Es gibt viele andere lohnende Lebensziele;* aber vergessen wir nicht: Reichtum ist häufig ein nützlicher Ausgangspunkt auf dem Weg zu anderen Zielen. Wählen Sie also Ihr persönliches Ziel; mit Hilfe der hier empfohlenen bewährten Erfolgsmethoden können Sie jedes Ziel erreichen.

Nur: Was immer Ihr Lebensziel ist, Sie müssen ständig mit Ihrer geistigen Filmkamera *die Bilder einer Umgebung filmen, die mit diesem Ziel zusammenhängt.* Dieser Bilderwelt müssen Sie Ihre Aufmerksamkeit zuwenden – ständig und intensiv. Sie müssen Ihr Unterbewußtsein unentwegt mit einem fortlaufenden Strom geeigneter Vorstellungsbilder überschwemmen, mit Bildern von Gegenständen und Menschen des entsprechenden Milieus und Bildern von den Aktivitäten dieser Menschen, kurz: mit Bildern von allem, was mit dem Lebensziel, das Sie sich gesetzt haben, zusammenhängt.

Ihr geistiger Film muß, mit einem Wort, Ihrem Lebensziel entsprechen. Sie können es sich nicht leisten, sich immer wieder in Bildern von Mißerfolg und Verhängnis und Ihres eigenen Versagens zu verlieren, und dann erwarten, daß Sie damit Ihrem Unterbewußtsein einen Film über Ihren Lebenserfolg liefern können, der geeignet wäre, Sie an Ihr Lebensziel zu steuern. *Seien Sie daher wählerisch in dem, was Sie filmen; jedes einzelne Bild zählt mit.* Gehen Sie bei der Wahl Ihrer Freunde und Bekannten, bei Ihren Tätigkeiten, bei Ihrer Lektüre und allem, dem Sie Ihre Aufmerksamkeit zuwenden, selektiv vor, weil jedes Bild mitzählt. Ihr Film soll eine Vorwegnahme Ihres Lebenserfolgs sein.

Denn wie der dreifache Doktor und Lehrer des positiven Denkens Dr. JOSEPH MURPHY sagt: *»Was Sie im Film Ihrer Vorstellung verwirklicht sehen, das wird sich auch in Ihrem Leben verwirklichen!«* Zweifeln Sie nicht daran!

Kapitel 18

Setzen Sie sich dem Erfolg aus, um ihn anzuziehen

Der Film Ihrer Vorstellung muß das enthalten, was Sie sich wünschen. Wozu aber brauchen Sie überhaupt Bilder Ihrer Wünsche?

Erinnern Sie sich: Weil unser Unterbewußtsein auf nichts so schnell und so präzise reagiert wie auf Vorstellungsbilder. Die hier zur Rede stehende ERFOLGSMETHODE besteht deshalb einfach darin, *unser Unterbewußtsein ständig mit Vorstellungsbildern zu überfluten, die die erfolgreiche Verwirklichung unserer Wünsche vorwegnehmen.*

Die erfolgreiche Verwirklichung Ihrer Wünsche wollen wir von nun an einfach »Erfolg« nennen. Und um Erfolg geht es auch in diesem Kapitel, genauer: *wie Sie sich dem Erfolg aussetzen, um ihn an sich zu ziehen.*

Je mehr Sie sich dem Erfolg aussetzen, um so mehr Gelegenheiten werden Sie haben, sich erfolgreich zu sehen – und um so schneller werden Sie erfolgreich sein!

In dem bereits erwähnten Schlüsselwerk *»Wunscherfüllung«* habe ich herausgestellt, wie sehr Sie Ihren Erfolg beschleunigen können, wenn Sie sich aktiv um Kontakte mit markanten Persönlichkeiten, mit erfolgreichen Menschen bemühen, die über Ansehen, Einfluß und Geld verfügen. Es klingt brutal, ist aber so (und Tatsachen des Lebens sollten Sie sich nicht widersetzen), wie es Fachleute der Finanz- und Geschäftswelt ausdrücken: »Gehen Sie dorthin, wo Erfolg und Geld sind!«

Sie müssen sich aufraffen, müssen unter Menschen gehen, und zwar unter *solche, die Sie nicht herabziehen, sondern die Sie positiv aufzuladen vermögen – aufgrund ihrer Persönlichkeit und ihres Vorbildes.*

Wenn Sie für immer Angst vor Versagen ausschalten wollen, dann filmen Sie im Geiste Hunderte von möglichen Erfolgsgelegenheiten. Sorgen Sie dafür, daß ein ununterbrochener Strom von Vorstellungsbildern des Erfolges Ihr Unterbewußtsein buchstäblich überschwemmt.

Sie können nicht erwarten, daß sich Ihr Unterbewußtsein von nur selten bleibenden Anstößen fraglicher Intensität beeindrukken läßt. Wie wollen Sie Ihr Lebensziel erreichen, wenn Sie ihm nur gelegentlich ein schwächliches Vorstellungsbild dieses Ziels zukommen lassen?! Vergessen Sie nicht: Ihr Unterbewußtsein ist laufend geistigen Bildern verschiedenster Art ausgesetzt. Wenn daher nur eins von hundert geistigen Bildern, die Ihr Unterbewußtsein aufnimmt, Ihr Lebensziel zum Inhalt hat, dann wird sich ihm dieses vereinzelte Bild sicher nicht als dynamische Zielanweisung einprägen. Für die Wirksamkeit einer Zielanweisung sind – wir können uns dem nicht entziehen – *Häufigkeit und Intensität unserer bildhaften Vorstellung ausschlaggebend.*

Deshalb ist es so wichtig, daß Sie – sei es tatsächlich erlebend oder sei es durch Lektüre oder Fernsehen – sich Situationen, die das Ergebnis von Erfolg sind, und Menschen, die Erfolg haben, aussetzen, weil Sie dann Ihr Unterbewußtsein viel öfter und intensiver mit entsprechenden Vorstellungsbildern von Erfolg prägen, ja überschwemmen. Nur so können Sie die Macht Ihres Unterbewußtseins mobilisieren, den Inhalt Ihrer Vorstellungsbilder zu verwirklichen.

Kapitel 19

Ihr ideales Selbstbild als ständiger Ratgeber

Wie bereits erwähnt, haben neuere Forschungen der modernen Psychologie bestätigt, daß die Menschen »ein Selbstbild haben und zu dem werden, was sie sich zu sein vorstellen«. Das führt zu mehreren naheliegenden, aber äußerst wichtigen SCHLUSSFOLGERUNGEN:

1. Sie haben bereits ein Selbstbild – Ihr bisheriges – oder sind im Begriff, sich ein neues aufzubauen. Diesem Bild von einem künftigen Ich werden Sie mit Sicherheit entsprechen – im Guten wie im Bösen –, je nachdem, wie Sie Ihr künftiges Ich im Geiste sehen.
2. Sie sollten sich das bestmögliche Selbstbild, ein Idealbild, aufbauen – das geistige Bild jenes künftigen Ich, zu dem Sie in Wirklichkeit werden wollen –, denn genau so werden Sie in Zukunft sein.
3. Sie sollten jetzt damit anfangen, jenes künftige Ich zu werden, das Sie sich als Idealbild vorstellen.

Aber wie? Die am meisten motivierende und wirksamste Art ist die, *aus Ihrem Idealbild einen ständigen Begleiter zu machen.*

Nein, das ist nicht so schwer; es ist sogar ganz einfach: Als erstes müssen Sie entscheiden, was Sie in Zukunft sein wollen. Wenn Sie das nicht klar entscheiden können, dann stellen Sie sich das bestmögliche Ich vor, von dem Sie sich ein Bild machen können.

Das, was Sie werden wollen, machen Sie zu Ihrem Idealbild. Üben Sie mit Hilfe Ihrer Vorstellungskraft, bis Sie sich im Geiste ganz deutlich als das »sehen« können, was Sie werden wollen. Und jetzt stellen Sie sich also vor, Ihr Idealbild *sei Ihr ständiger Begleiter, Ihr unsichtbarer Freund, Ihr hilfreicher Ratgeber.*

Machen Sie sich ein ganz deutliches Bild von Ihrem idealen Ich, so daß Sie in Ihrer Vorstellung Ihr bestmögliches künftiges Ich genau sehen können. *Verwirklichen Sie es im Geiste!* Denken Sie an dieses bestmögliche Ich als an einen unsichtbaren, ständigen Begleiter. Er darf Sie nie verlassen; er muß immer in Ihrer Nähe sein, den ganzen Tag, die ganze Nacht ... Ihr ständiger Begleiter, Ihr unsichtbarer Freund, Ihr hilfreicher Ratgeber.

Sie haben jetzt das Ideal-Ich, das Sie werden wollen, in Ihrer Vorstellung als Idol, dem Sie nacheifern wollen, ständig neben sich ... als Begleiter, als Freund und Ratgeber.

Ratgeber? Wie kann ein nur in Ihrer Vorstellung existierendes Schattenbild Sie beraten?

Das ist nämlich das Beste an der Sache. Sie brauchen Entscheidungen – darunter manchmal schwerwiegende Entscheidungen – nicht mehr allein zu treffen. Sie können Sie – im Geiste natürlich – mit Ihrem Idealbild bereden ... mit dem bestmöglichen Ich, dem Ideal-Ich, das Sie allmählich oder auch sehr rasch zu werden im Begriff sind.

Sie fragen sich: »Was würde mein ideales Ich in dieser Situation tun?« Dann entscheiden und handeln Sie stets im Einklang mit dem weisesten, wertvollsten, vortrefflichsten Rat Ihres bestmöglichen Ich, des Ideal-Ich, das Sie werden wollen. *Sie folgen immer der Wahl oder Entscheidung, die dieses Ihr Ideal-Ich treffen würde* (und somit einer Gesetzmäßigkeit und dem Rat der Psychologie).

Das errichtet eine geistige Schutzschranke gegenüber jeglicher Versuchung, in Ihrem Sein und Wesen, in Ihrem Handeln und Umgang den hohen Ansprüchen Ihres Ideal-Ich nicht voll und ganz zu genügen. Auf diesem Prinzip beruht auch *die wirksamste Methode der Persönlichkeitsentwicklung und Charakterbildung.*

Wenn Ihr imaginäres Selbstbild des bestmöglichen Ich die Qualität einer geistigen Realität angenommen hat, so daß Ihr Ideal-Ich Sie »wirklich« unsichtbar überallhin als Freund und Ratgeber begleitet, dann werden Sie das erregende Gefühl haben, ein Wunder zu erleben. Es werden dann Ihr Ich und Ihr Idealbild miteinander verschmelzen – und Sie werden Ihr Ideal-Ich geworden sein!

»Die Menschen werden, was sie zu sein sich vorstellen.«

Kapitel 20

Probleme, schwierige Menschen und Sie selbst

Fangen wir mit den TATBESTÄNDEN an, denen sich die augenfälligsten Sachverhalte des Alltagslebens unterordnen lassen:

1. Entweder Sie bewältigen Ihre Probleme, oder Ihre Probleme überwältigen Sie.
2. Entweder Sie werden mit schwierigen Menschen fertig, oder diese machen Sie fertig. Es gehört zu den hervorstechendsten Eigenarten problematischer Naturen, daß ihnen kein Mittel zu schlecht ist, um andere mit ihrer Problematik zu beherrschen.
3. Entweder Sie beherrschen sich selbst, oder Sie werden erkennen müssen, daß Sie nicht nur die meisten Ihrer eigenen Probleme verursachen, sondern auch anderen Menschen Probleme machen, sogar vielfach denen, die Ihnen am nächsten und liebsten sind.

Diese einfachen Tatbestände sollten Grund genug für die Einsicht sein, daß Sie Ihre Probleme bewältigen und mit schwierigen Menschen sowie sich selbst fertig werden müssen. Doch liegen die meisten Probleme bzw. ihre Ursachen nicht offen zutage. Sie schlummern insgeheim in unserem Unterbewußtsein und treten auf überraschende Weise plötzlich zutage, ohne daß wir überhaupt etwas von ihrem Vorhandensein wußten. *So haben Probleme die Tendenz, sich wie Krebszellen unerkannt zu vermehren, bis ihr Wachstum uns überwältigt.*

Die Erde ist buchstäblich voller Menschen, die von der verhängnisvollen Vielfalt ihrer Probleme gänzlich überwältigt werden.

Probleme erzeugen in rascher Folge weitere Probleme. Wir haben von der vieldiskutierten Bevölkerungsexplosion weniger zu befürchten als von der sehr viel bedrohlicheren »PROBLEMEXPLOSION«.

Dieses Buch zielt nicht darauf ab, Probleme zu eliminieren (was unmöglich ist), sondern Ihnen die Methoden und mit deren Hilfe die Fähigkeit an die Hand zu geben, Probleme zu meistern in dem Maße, in dem Sie sich mit ihnen konfrontiert sehen; diese sollen Sie außerdem in den Stand setzen, mit schwierigen Menschen fertig zu werden, die Ihr Leben zerstören würden. Aber vor allem sollen Sie lernen, Herr über sich selbst zu sein – eine Voraussetzung dafür, die ideale Persönlichkeit zu werden, die Sie zu werden wünschen.

Diese höchst erstrebenswerten Ziele können Sie nicht einfach durch die Lektüre dieses Buches erreichen. Vielmehr müssen Sie dafür einiges tun: Sie müssen dieses Buch lesen wieder lesen ... und nochmals lesen, bis die Ihnen empfohlenen bewährten Erfolgsmethoden als automatische Reaktionen Ihres Denkens, Fühlens und Handelns angesichts jeglicher Situation und jeglichem Ereignis angewendet werden. Dieses Buch zielt darauf ab, Ihre Reaktionen so vorzuprogrammieren, daß Sie, was immer geschieht, sofort und automatisch so reagieren – oder überhaupt nicht reagieren oder nicht übermäßig reagieren –, daß Sie leistungsfähig und erfolgreich sein werden.

Sie müssen die bewährten Erfolgsmethoden dieses Schlüsselwerks anwenden. Nur dann haben Sie die Möglichkeit, erfolgreich zu sein.

Kapitel 21

Ruhe bewahren

Es geht um eine der allerwichtigsten Regeln, die auf dem WEG ZU IHREM IDEALEN ICH zu beachten sind: Ruhe bewahren.

Es ist die einzige Möglichkeit, Ihre Probleme überlegen, klug und logisch zu lösen: *Ruhe bewahren.*

Es ist die einzige Möglichkeit, schwierigen Menschen gegenüber die geistige Überlegenheit und Führung zu behalten, ganz gleich, wie beleidigend, arrogant oder feindselig sie sich verhalten: *Ruhe bewahren.*

Es ist die einzige Möglichkeit, eine Situation zu meistern, in der feurige Temperamentsausbrüche und ansteckende Gefühlsaufwallungen Sie bedrohen: *Ruhe bewahren.*

Das ist es, was RUDYARD KIPLING meinte: ». . . behalte deinen Kopf, wenn alle um dich herum den ihren verlieren – und dir die Schuld dafür anlasten.« *Ruhe bewahren.*

Wenn andere in törichtem Bemühen, durch Lärm zu übertönen, was sie durch vernünftiges Denken nicht zu lösen vermögen, schreien und brüllen und toben, dann lassen Sie solche Emotionen an der undurchdringlichen Mauer des Schweigens abprallen. Warten Sie geduldig das Abflauen des Sturms ab, ganz gleich, wie lange er anhalten mag. Unterdessen: *Ruhe bewahren.*

Um eine Persönlichkeit, die positive Kraft ausstrahlt, zu werden, besteht Ihr erster Schritt zur Überlegenheit – jener Überlegenheit, sich selbst so in der Hand zu haben, daß Sie andere und als Folge davon sogar die Umstände in der Hand haben – darin: *Ruhe bewahren.*

Ruhe bewahren heißt: Keine Gefühlsentladungen!

Ein ruhiges Gemüt in einer Krise wirkt wie das »Auge« des Taifuns. Bei einem Taifun wüten die zerstörerischen Wirbelstürme ringsum – außer im Zentrum (im »Auge«) des Sturms, dem Ort absoluter Ruhe im genauen Mittelpunkt der zerstörerischen Kräfte. Seltsamerweise kann man sagen, daß Ihre Augen wie die »Augen« von Wirbelstürmen sein müssen, *denn in jedem emotionalen Sturm müssen gerade Ihre Augen das Zentrum absoluter Ruhe sein.*

Und weil es die absolute Ruhe Ihrer entspannten Augen ist, auf der die ungewöhnliche und vielleicht erstaunliche Methode beruht, ein ruhiges Gemüt zu bewahren, werden Sie im folgenden Kapitel erfahren, wie Sie Ihre Gemütsbewegungen (Emotionen) mittels der Entspannung Ihrer Augen beherrschen können.

Kapitel 22

Gefühlskontrolle beginnt bei den Augen

Zwischen Ihren Augen und Ihrem Gefühlsleben besteht eine sehr enge Wechselbeziehung, die über die Funktion der Augen als Organ des Gesichtsinns weit hinausgeht.

Unsere Augen sind sehr gefühlsabhängig. Sie reagieren auf Gefühle. Aber sie vermögen auch Gemütsbewegungen (Emotionen) anzuheizen oder zu dämpfen. Der Gefühlsausdruck der Augen beeinflußt unmittelbar die innere Wahrnehmung, das heißt die Wahrnehmung von geistigen Bildern und Gefühlsbewegungen. *Deshalb ist es wichtig, daß wir den Gefühlsausdruck unserer Augen unter Kontrolle haben.*

Als erstes wollen wir uns vergegenwärtigen, wie unsere Augen auf Gefühlsbewegungen reagieren. Das kommt sprachlich deutlich zum Ausdruck. Unsere Augen gehen bei Schmerz von Tränen über; sie schmelzen vor Mitgefühl, blitzen vor Ärger, funkeln vor Zorn und glühen vor Leidenschaft. Das alles aber tun sie nicht nur als Reaktion auf unsere Gefühlsbewegungen, sondern *sie stimulieren auch diese Gefühle und heizen sie an, auf die sie gleichzeitig reagieren* – und die sie offen zum Ausdruck bringen.

Indem Sie also die Intensität des Gefühlsausdrucks Ihrer Augen mildern, können Sie derartige Gemütsbewegungen beruhigen. Damit tun Sie den ersten Schritt zur Erlangung eines ruhigen Gemüts. Und ein »ruhiges Gemüt« heißt ja nichts anderes als ein ausgewogenes seelisch-geistiges Gleichgewicht.

Die AUGENKONTROLLE VON GEFÜHLSBEWEGUNGEN geht wie folgt vor sich:

1. *Werden Sie sich der Gefühle bewußt,* die in den Augen zum Ausdruck kommen, und seien Sie sich klar darüber, daß Gefühlsspannungen Ihrer Augen die Gefühlserregung noch stimulieren (dies steht im Einklang mit dem von WILLIAM JAMES gelehrten Prinzip der Aktion und Reaktion).

   Dieses Bewußtsein befähigt Sie, sich auf Ihr Gefühl so zu konzentrieren, daß Sie es zu beherrschen vermögen, und zwar erlangen Sie die Kontrolle Ihres Gefühls durch die Entspannung der Augen.

2. *Entleeren Sie Ihre Augen.* Sie können den Ausdruck in Ihren Augen durch einen einfachen Befehl entspannen; Sie gebieten Ihren Augen, sich zu entleeren. Entleeren Sie Ihre Augen von Spannung. Stellen Sie sich vor, Sie hätten einen »leeren Blick«, Ihre Augen seien ohne Emotion, ohne Reaktion, leer. Ihr Blick ist ruhig, vollkommen entspannt, die Lider sind beinahe geneigt, vor Schläfrigkeit zuzufallen.

Wenn Ihre Augen völlig entspannt sind, können Sie auf keinen Fall heftige, unkontrollierte Gefühle wie Ärger, Zorn, Haß, Panik oder irgendeine Hochspannung weiterhin aufrechterhalten. Es ist Ihnen psychologisch unmöglich, zwei unmittelbar entgegengesetzte Gefühle gleichzeitig zu haben.

Indem Sie also Ihre Augen völlig entspannen und sie von allen Gefühlen »entleeren«, *gelingt es Ihnen, die Hochspannung aller selbstzerstörerischen Gefühle wie Ärger, Zorn, Haß und Angst abzuschalten.* Dies unterliegt, wie so vieles im Leben, dem universell gültigen Gesetz der Übereinstimmung.

Blitzen Ihre Augen vor Ärger, dann sind Sie Ihrem gesamten Gefühl nach verärgert. Funkeln Ihre Augen vor Zorn, dann sind Sie zorngeladen. Innerhalb des gesamten Nervensystems sind die Gefühle unteilbar; sie sind sich gleich (übereinstimmend).

Aus eben diesem Grunde, nämlich dem der Übereinstimmung, entspannen Sie Ihre Gefühle, indem Sie Ihre Augen von diesen Gefühlen entleeren. Sie können dann keine Spannung mehr empfinden. Und da Sie keine Spannung mehr empfinden können, sind Hochspannungsgefühle wie Ärger, Zorn, Haß und Angst – oder deren Ausdruck – nicht mehr möglich.

Sie schalten also Gefühlswallungen mit Hilfe einer Technik ab, die sich der Vorstellung bedient, daß das Gefühl durch die Entleerung der Augen neutralisiert wird. Aufgrund dieser Technik werden Sie sich sofort körperlich entspannt fühlen. Sie werden sich sofort geistig-emotional entspannt fühlen. Sie werden sich eine der erstrebenswertesten Qualitäten einer überlegenen Persönlichkeit aneignen: Gefühlskontrolle.

Kapitel 23

Niemals Gefühle in Schwierigkeiten investieren!

In diesem Kapitel wollen wir nicht etwa das Vorhandensein von Schwierigkeiten herunterspielen, sondern einige hilfreiche Anregungen bieten, wie man auf realistische Art und Weise mit Schwierigkeiten umgeht.

Geben wir zunächst zu, daß es in der Tat Schwierigkeiten gibt, denen wir begegnen und die uns in unterschiedlichem Maße herausfordern. Da wir manche Schwierigkeiten nicht verhindern können, müssen wir in jenen Fällen lernen, das Leben mit ihnen *zu akzeptieren, ohne daß wir uns deswegen von ihnen überwältigen lassen.* Es ist unsere eigene Schuld, wenn wir zulassen, daß uns die Schwierigkeiten des Lebens über den Kopf wachsen. Wir sind befähigt, mit allen Schwierigkeiten mit denen wir konfrontiert werden, fertig zu werden.

Als ich ein junger Mann war, las ich in einer Veröffentlichung von damals – vor fünfzig Jahren – folgenden Aphorismus, den ich seither niemals vergessen habe: »Das Leben ist real; das Leben ist ernst; aber deshalb brauchen Sie noch lange nicht gleich ›überzukochen‹!«

Leicht erregbare, überempfindliche Menschen finden an allem etwas nicht in Ordnung, und bei ihren überstürzten Bemühungen, alles sofort in Ordnung zu bringen, »kochen sie über«. Oder sie schmoren innerlich, bis ihre Gefühle ein einziges brodelndes Chaos sind.

Es würde uns helfen, wenn wir verstünden, was Schwierigkeiten eigentlich sind. *Sie sind sicher keine Belohnung, aber auch keine Strafe; sie sind schlicht Konsequenzen.*

Da Schwierigkeiten Konsequenzen sind, könnten sie vermieden werden, wenn ihre Ursachen vermieden würden. Das ist auch oft durchaus möglich. Wenn jedoch irgendeine Schwierigkeit nicht vorausgesehen und nicht vermieden werden kann, dann muß sie akzeptiert werden. Schwierigkeiten stellen sich nun einmal ein, und man muß mit ihnen fertig werden.

Oberstes und immer gültiges Gebot ist: Niemals Gefühle in Schwierigkeiten investieren!

Indem wir Gefühle in Schwierigkeiten investieren, übertreiben wir ihre Bedeutung, ganz gleich, worum es sich handelt. Wenn wir das jedoch nicht tun, beschränkt sich unsere Aufgabe darauf, die Schwierigkeiten richtig einzuschätzen, um den Grad an physischer und geistiger Anstrengung zu ermessen, die für ihre Bewältigung notwendig ist. *Schwierigkeiten können an Bedeutung nur zunehmen, wenn wir sie gefühlsgeladen angehen.* Wir verleihen den Schwierigkeiten, indem wir über sie klagen oder schimpfen oder gegen sie Sturm laufen, nur größeres Gewicht. »Wir protestieren zuviel«, sagte SHAKESPEARE.

Ein Kratzer an der Hand ist kein Stich ins Herz. Beladen wir also nicht gleich alles mit Gefühlen. Wenn wir nur gekratzt, nicht erstochen wurden, sind zweifellos unsere Gefühle mehr verletzt worden als unsere Person.

Manche Menschen jammern, ihr Maß an Unglück fließe über, wenn es längst nicht einmal voll ist. Sie gleichen in Gefühlen das Übermaß an Unglück aus, das sie überhaupt nicht haben.

Die meisten Schwierigkeiten sind bei weitem nicht so schlimm, wie sie zunächst aussehen. Nichtsdestoweniger soll man sich nicht mit einem Blitzableiter in jeder Hand in ein Gewitter von Schwierigkeiten begeben: *Laufen Sie Schwierigkeiten nicht nach!* Warten Sie, bis sie kommen. Das mag geschehen, aber vielleicht nicht so bald und vielleicht auch überhaupt nie!

Doch wenn – was schließlich möglich ist – die Schwierigkeiten dann da sind, sparen Sie Ihre Gefühle für Besseres auf! Seien Sie so gleichmütig gelassen wie einst BUDDHA oder die Stoiker, so ergeben geduldig wie einst HIOB. Investieren Sie niemals Gefühle in Ihre Schwierigkeiten! *Prüfen Sie sie mit besonnenem Kopf, mit vernünftigem Geist und ruhigen Gemüts.*

Ein Psychiater, der einem gefühlsgestörten Patienten zuhört und dabei die entsetzlichsten Dinge – über beabsichtigten Selbstmord, über Blutrache oder dergleichen – erfährt, kann dem Kranken nur »kühlen Herzens« helfen – wenn überhaupt. Das heißt keineswegs, daß der Psychiater nicht wirklich interessiert und engagiert wäre; es heißt lediglich, daß ein Psychiater nicht zulassen kann, daß seine eigene emotionale Anteilnahme an den bedauernswerten Patienten einem vernünftigen Urteil über die ohnehin bereits übermäßig gefühlsbeladenen Probleme im Wege stünde.

So dürfen auch wir nicht zulassen, daß unsere Gefühle uns der Vernunft berauben. Das Leben ist eine abwechslungsreiche, gerade auch vom Gefühlsleben her interessante Erfahrung für alle, die imstande sind, zu fühlen und zu denken, aber häufig eine Tragödie für all diejenigen, die sich von ihren Gefühlen überwältigen und, ohne zu denken, fortreißen lassen.

Ein gängiges Mittel, Schwierigkeiten mit untauglichem Mittel in Form überflüssigen Gefühlsaufwandes zu begegnen, ist der Wutanfall. Wut wirkt wie ein Stimulans. *Ein Wutausbruch ist aber stets eine Art Wahnsinnsanfall.* Er gibt Ihnen für kurze Zeit ein eingebildetes Gefühl der Stärke; aber noch lange danach sind Sie schwächer, und zwar nicht nur physisch, sondern auch gefühlsmäßig und geistig, noch sehr lange Zeit danach.

Jeder Gefühlsausbruch als Reaktion auf irgendwelche Schwierigkeiten senkt die Schwelle Ihrer Vernunft und Widerstandsfähigkeit um mindestens eine Stufe. Schwierigkeiten gefühlsmäßig anzugehen, ist gefährlich – etwa wie ein großer runder Felsblock, der auf der obersten Stufe einer Treppe liegt. Wenn er sich einmal in Bewegung setzt, kann nichts ihn mehr aufhalten; er setzt seine verhängnisvolle Talfahrt fort, bis er in den emotionalen Bodensatz hineinkracht und die Persönlichkeit vernichtet.

Schwierigkeiten sind an sich schon unerfreulich und schlimm genug *und sollten auf keinen Fall durch fehlinvestierte Gefühle aufgebläht werden.* Statt dessen sollte man versuchen, ihnen mit ruhigem Kopf und sanfter Hand beizukommen. Wir können eine kaputte Uhr nicht mit einem Hammer reparieren! Wir können die Uhr unseres Lebens nicht mit harten Schlägen reparieren oder durch Wutausbrüche neu regulieren. Sehen wir uns lieber vor, den Stundenschlag unseres Lebens auf die Harmonie der kosmischen Uhr der Ewigkeit einzustellen.

Kapitel 24

Sind Sie vielleicht überempfindlich?

Die meisten Menschen glauben, ihr Unglück, ob groß oder klein, sei die Folge dessen, was ihnen geschehen ist. Keineswegs! Unser Unglücklichsein, unser Kummer – wie auch Ärger, Zorn, Angst und andere abträgliche Gefühlsregungen – resultieren aus unseren GEFÜHLEN angesichts von dem, was uns geschieht oder geschehen ist.

Sie mögen nun Ihr eigenes Unglück – und vielleicht noch das anderer Menschen – selber kausal verursacht haben oder nicht, fest steht, daß Sie ganz gewiß die wichtigste Ursache des Unglücks sind. Denn ausschließlich Ihre Gefühle angesichts von dem, was Ihnen begegnet, und ihre REAKTIONEN auf Ihre Gefühle sind die unmittelbare und wichtigste Ursache für Ihr eigenes Unglück – wie auch für Ärger, Zorn, Angst und andere Gefühlsanwandlungen.

WILLIAM JAMES lehrte, *daß wir unsere Gefühle kontrollieren können, indem wir unser Handeln kontrollieren.* Und was für unser Handeln, für unsere Aktionen gilt, trifft ebenso auf unsere Reaktionen zu.

Zweifellos neigen wir alle dazu, übertrieben zu reagieren, in einer Art und Weise also, die zum Anlaß, auf den wir reagieren, in einem unangemessenen Verhältnis steht. Warum nun tendieren wir zu solchem Verhalten?

Der große französische Philosoph MICHEL E. MONTAIGNE machte folgende Beobachtung: »Ein Mensch wird nicht so sehr verletzt durch das, was ihm zustößt, als vielmehr durch seine Ansicht über das, was ihm zustößt.«

Das ist treffend. Es geht im Grunde nicht um das, was geschieht, sondern um das Gefühl, das wir angesichts eines Geschehens empfinden. Seien wir uns also bewußt, daß wir *auf unsere Gefühle übermäßig reagieren und nicht auf das, was diese Gefühle hervorgerufen hat.*

Übertriebenes Reagieren ist somit im wesentlichen ein Ausdruck der ÜBEREMPFINDLICHKEIT des Betreffenden. Logischerweise muß man daher zur Vermeidung von übermäßigen Reaktionen die Überempfindlichkeit bekämpfen. Das ist einfach und wird Ihnen Ihr ganzes Leben lang nur Vorteile einbringen.

Die Bekämpfung der Überempfindlichkeit muß damit beginnen, daß *man sich die Tatsache der Unvollkommenheit alles Menschlichen und Irdischen vergegenwärtigt und akzeptiert,* daß die Menschen selbst und ihre Werke unvollkommen sind. Diese sind nun einmal nicht vorhanden, bloß um Ihnen zu gefallen oder Ihrer Billigung zu bedürfen.

Es steht Ihnen auch nicht zu, Vollkommenheit zu beanspruchen und aufgrund dieses Anspruchs eine offensichtlich unvollkommene Welt bei jeder Gelegenheit vervollkommnen zu wollen – eine Welt voller offensichtlich unvollkommener Menschen, die so oft Situationen herbeiführen, die offensichtlich ebenso unvollkommen sind wie die Menschen selbst.

Akzeptieren Sie also die Unvollkommenheiten der anderen, so wie ja auch Sie selbst hoffen, daß diese Ihre eigenen Unvollkommenheiten akzeptieren. Wenn Sie jegliche Überempfindlichkeit abzulegen vermögen, werden Sie auch, wenn Sie Unvollkommenem begegnen, nicht mehr übermäßig reagieren.

Vergessen Sie nie: All die Menschen, denen Sie begegnen, sind damit beschäftigt, vor allem einmal für sich selbst zu sorgen; wenn die einen oder anderen dann und wann mit Ihnen zusammenstoßen, so ist das meistens gar nicht persönlich gemeint. Die anderen sind nur zu sehr mit ihren eigenen Problemen beschäftigt und jagen eigenen Zielen nach. Und da die anderen so sehr mit den eigenen Problemen beschäftigt sind, sind sie nicht besonders interessiert an Ihren zarten Gefühlen. So ist es nun einmal – akzeptieren Sie es! Wie schon gesagt: Tatsachen des Lebens sollten Sie sich nicht widersetzen!

Daher: *Keine Überempfindlichkeit! Und als Konsequenz hiervon: Nur nicht übertrieben reagieren!* Das bringt Ihnen gar nichts ein – höchstens Schwierigkeiten.

Eines Tages schrieb MARK AUREL, wie gesagt einer der weisesten Herrscher des alten Roms, in sein Tagebuch: »Ich werde heute Menschen treffen, die zuviel reden – Menschen, die egoistisch, selbstsüchtig, undankbar sind. Aber ich werde deswegen weder überrascht noch gestört sein, denn ich könnte mir eine Welt ohne solche Menschen gar nicht vorstellen.«

Jetzt, Jahrhunderte später, begegnen Sie noch immer den gleichen Menschen, auch solchen vom Schlage jener Römer. Seien Sie also nicht überempfindlich angesichts menschlicher Unvollkommenheiten und Schwächen und reagieren Sie nicht mit Ärger, Zorn oder Feindseligkeit. Akzeptieren Sie die Tatsache, daß es derartige Menschen nun einmal gibt, immer gegeben hat und immer geben wird. Da niemand seit Anbeginn der Menschheit diese Tatsache menschlichen Verhaltens je geändert hat, sind Sie bestimmt nicht als der eine ausersehen, der es jetzt tun soll!

Entspannen Sie sich besser. Legen Sie jegliche Überempfindlichkeit ab. Regen Sie sich möglichst nicht über andere auf. Reagieren Sie trotz Ihrer Mißbilligung nie unangemessen. Üben Sie sich in Gelassenheit und akzeptieren Sie, was nicht zu ändern ist. So bewahren Sie sich ein ruhiges Gemüt.

Kapitel 25

Sich nicht aus der Fassung bringen lassen!

Wenn Sie überempfindlich sind, können Sie jede Menge wirklicher oder eingebildeter Gelegenheiten finden, um unangemessen Ihren Ärger abzureagieren, was zumeist in Zornausbrüchen endet. Das bringt nichts Gutes. Ärger und Zorn, ob auf »Sparflamme« oder in zwanghaften Wutanfällen offen zur Schau gestellt, *unterhöhlen Ihre Kraft, und zwar in emotionaler, geistiger und körperlicher Hinsicht.* Sie verausgaben sich sinnlos – und zahlen es teuer!

Zornige Menschen büßen die Achtung der Mitmenschen ein und verlieren ihre Führungsmöglichkeiten – zu Recht. Denn Menschen, die hemmungslos ihre Wut abreagieren, *demonstrieren damit eigentlich nur, daß sie Neurotiker sind.* Neurotische Menschen aber werden ständig von der Wirklichkeit, mit der sie sich nicht abzufinden vermögen, zerrieben und reagieren nicht zuletzt eben deswegen mit Ärger und Zorn. MARK AUREL, dem weise philosophierenden Kaiser des alten Rom, zufolge ist »Zorn ein Zeichen von Schwäche, die zeigt, daß man verletzt ist und sich vor Schmerz windet«.

Sind Sie überempfindlich? Sind Sie leicht verletzbar? Verzehren Sie sich innerlich bei jeder beiläufigen Kränkung? Ist die Haut Ihres Gefühlslebens so dünn, daß die geringste gesellschaftliche Schramme zu einer schwärenden Wunde oder etwa sogar zur Blutvergiftung auszuarten droht?

Anstatt uns »Salz« in die Wunde zu reiben, indem wir ständig an sie denken und sie dadurch vertiefen, sollten wir uns *vornehmen, hinsichtlich unserer verletzbaren Gefühle robuster zu wer-*

den. Überempfindlichkeit wegen geringfügigster Verletzungen ist doppelt fehl am Platz.

Wenden Sie folgende einfachen, aber WIRKSAMEN METHODEN an:

- *Ignorieren Sie Schrammen!* Der als »Höllenhund« berühmt gewordene General der US-Marineinfanterie SMEDLEY BUTLER sagte, man habe ihn mit jedem nur möglichen nicht wiederzugebenden Kraftausdruck beschimpft. War der »Höllenhund« deswegen beleidigt? »Immer wenn ich jemanden höre, der mich anpöbelt, weigere ich mich, auch nur hinzusehen, wer da überhaupt redet«.

  Sie brauchen jedoch weder ein General noch etwa ein »Höllenhund« zu sein, um gefühlsmäßig robust und selbstsicher zu reagieren. Sie können sein wie der stille, vornehme BERNARD BARUCH, der Ratgeber von sechs Präsidenten der Vereinigten Staaten von Amerika. Er sagte: »Kein Mensch kann mich je demütigen oder verletzen. Ich gestatte es ihm nicht.«

  So können Sie tatsächlich Ärger und Zorn vermeiden, bevor Sie noch reagieren. Wandeln Sie die ruhig-überlegte Feststellung Bernard Baruchs ab in den Vorsatz: *»Nichts und niemand kann mich je verletzen. Ich lasse es nicht zu.«*

  Wie man das macht? Sie ignorieren schlicht und einfach alle, die Ihnen nahetreten möchten.

- *Blähen Sie Kleinigkeiten nicht auf!* Darin besteht eine andere Methode, übertriebene Reaktionen in Ärger und Zorn zu vermeiden. Machen Sie aus einer Mücke irgendeiner angenommenen oder auch wirklichen Beleidigung keinen Elefanten. *Seien Sie zu groß, um so klein zu sein!*

  Wenn Sie aber irgendeine angenommene oder auch wirkliche Beleidigung doch an Ihre »emotionale Schallmauer« haben herankommen lassen, dann benutzen Sie die Methode des Abschaltens.

- *Schalten Sie ab!* Wenden Sie die in diesem Buch bereits beschriebene Methode an, Ihre Augen zu »entleeren« und auf diese Weise zu verunmöglichen, daß abträgliche Gefühle irgendwelcher Art in Ihnen aufkommen. So schalten Sie Ihre Gefühle ab.

Auf diese Weise werden Sie ein ruhiges Gemüt erlangen, das nichts und niemand aus der Fassung bringen kann.

Es gehört nicht in den Rahmen dieses Buches, den Seelenfrieden erleuchteter Menschen zu propagieren, der unser Verständnis übersteigt; aber es ist ein erklärtes Anliegen dieses Buches, seinen Lesern die Möglichkeit aufzuzeigen, wie man sein Gefühlsleben ins Gleichgewicht zu bringen und sich die Ruhe des Gemüts zu verschaffen vermag — die das Ergebnis von größerem Verständnis ist.

Zu diesem Zweck werden wir uns in den nächsten Kapiteln im besonderen jenen Gefühlshaltungen widmen, die den Frieden unseres Gemüts vergiften.

Kapitel 26

Verstehen und ignorieren oder lachen und vergessen!

Verbitterte Menschen handeln wie Kartenspieler, die eine verlorene Partie noch einmal spielen und sie mit gezinkten Karten gewinnen möchten. Das ist unmöglich. Man kann Vergangenes nicht rückgängig machen. Die Partie bleibt verloren. Und mit falschen Karten kann man auch künftig nicht gewinnen.

Durch Verbitterung läßt sich die Vergangenheit nicht neu arrangieren. Eine schmerzhaft empfundene Erfahrung kann man nicht aus der Welt schaffen, indem man sie immer wieder neu durchlebt und sich an ein schmerzliches Ereignis klammert, an dem nichts mehr zu ändern ist.

Ganz gleich, was Ihre Verbitterung verursacht hat, es handelt sich um etwas in der Vergangenheit Geschehenes, und das kann daher nicht ungeschehen gemacht werden. Um Ihre Verbitterung loszuwerden, haben Sie nur ZWEI MÖGLICHKEITEN:

1. *Verändern Sie Ihre Gefühlshaltung* gegenüber der Ursache Ihrer Verbitterung. Erinnern Sie sich: Es kommt nicht auf das an, was effektiv geschehen ist, sondern allein auf Ihr Gefühl, das Sie mit der schmerzhaft empfundenen Erfahrung verbinden.

2. *Vergessen Sie's.* KONFUZIUS lehrte: »Daß einem Unrecht getan wird, ist nichts – es sei denn, man vergißt es nicht.« Wenn Sie es nicht vergessen, dann werden Sie verbittert und zwangsläufig ein zweifaches Opfer: erst des Geschehenen und dann Ihrer eigenen Verbitterung. Das Geschehene verliert sich im Nebel der Zeit. Ihre fortdauernde Verbitterung aber bleibt eine

schwärende Wunde, ein Geschwür, das die Gesundheit und Kraft Ihrer Psyche zerfrißt.

Verbitterung ist meist der Nährboden für die Entartung der Gefühle und somit die Grundlage einer VERHÄNGNISVOLLEN ESKALATION:

- Verbitterung führt zu Haß.
- Haß führt zu Feindseligkeit.
- Feindseligkeit führt zu Gewalt.

Es gilt darum, eine derart selbstzerstörerische Gefühlshaltung um jeden Preis zu vermeiden. Lassen Sie Verbitterung gar nicht erst aufkommen. Unterbinden Sie das Aufkommen dieses Gefühls am Ursprung des Geschehens, indem Sie *das Geschehen untersuchen – mit einfühlsamem Verständnis!*

In vielen Fällen werden Sie feststellen, daß die – im übrigen häufig nur eingebildeten – Vorwürfe, Kränkungen, Verletzungen oder wie immer gearteten Ärgernisse, an denen Sie Anstoß nehmen, gar nicht absichtlich oder gar nicht auf Sie gemünzt waren, vielmehr infolge nur allzu menschlicher Rücksichtslosigkeit von Leuten herbeigeführt wurden, die von ihren eigenen Gedanken, Anliegen und Problemen zu sehr eingenommen waren, als daß sie noch auf Ihre Gefühle hätten Rücksicht nehmen können. Nehmen Sie jedenfalls immer an, daß solche Ärgernisse nicht beabsichtigt waren, und *ignorieren Sie sie völlig.*

Warum? Weil Sie Ärger und Zorn – die unweigerlich zu Verbitterung führen – gar nicht erst aufkommen lassen dürfen. Und weil Verbitterung niemals Ihren Gegner trifft: sie fällt einzig und allein auf Sie selbst zurück. Und warum sollten Sie sich selber wehtun? Warum sollten Sie sich in Verbitterung verzehren?

Denken Sie immer daran: Es geht nicht um das, was geschieht, sondern darum, wie Sie es empfinden.

Sie haben die Wahl. Sie können annehmen, daß die Kränkung unbeabsichtigt war, und sie ignorieren. Sie können die Achseln zucken und die Sache zu unwichtig finden, als daß Sie sich mit einer solchen Bagatelle befassen wollten. Oder Sie können darüber lachen – was Ärger und Zorn sofort erstickt.

Ja, Sie haben die Wahl! Und ziehen Sie wirklich den Ratschlag in Betracht, den der durch seine Epigramme berühmte lateinische

Dichter MARTIAL uns schon vor bald zweitausend Jahren erteilte: *»Lacht – wenn ihr klug seid!«*

Lachen ist die Demonstration Ihrer Souveränität über den Ärger und über die Ursache des Ärgers. *Lachen Sie – und vergessen Sie die Sache! Vergessen Sie sie gleich.* Früher oder später werden Sie all die kleinen Ärgernisse ja doch vergessen, die Sie heute noch irritieren.

Warum sollten Sie sich durch irgendein unbedeutendes Geschehen aus der Fassung bringen lassen, an das Sie sich schon heute in einer Woche, in einem Monat, einem Jahr kaum noch werden erinnern können? Dann wird es Ihr Gleichgewicht, Ihr Glück nicht stören. Warum sollte es das jetzt?

Lachen Sie . . . und vergessen Sie die Sache sofort!

Kapitel 27

Selbstvergiftung durch Ärger und andere Gefühlsexzesse

In Südamerika gibt es einen Skorpion, der so wütend wird, wenn man ihn »ärgert«, daß er sich selbst sticht und an seinem eigenen Gift stirbt. Das ist eine passende Metapher für die Wirkung von Ärger, denn Ärger führt tatsächlich zur Selbstvergiftung.

Vor solcher Vergiftung durch eigenen Ärger haben schon die alten Philosophen gewarnt, und diese Warnungen haben durch die Jahrhunderte hindurch der Menschheit in den Ohren geklungen. Inzwischen *ist die Selbstvergiftung durch Ärger seitens der modernen Psychologie wissenschaftlich belegt worden.*

Der altgriechische Philosoph PYTHAGORAS schrieb: »Ärger beginnt in Torheit und endet in Reue.« Die moderne Psychologie fügt dem hinzu, daß zwar Ärger oft offen und heftig zum Ausdruck kommt, die auf ihn folgende Reue aber meistens unterdrückt wird und in verschiedenen Formen von Schuldgefühlen in unserem Unterbewußtsein weiterschwelt.

Der Rückschlag unseres Ärgers peitscht unser fieberndes Hirn und hinterläßt in unserer Psyche Narben, welche die Zukunft vielleicht niemals mehr heilt und die nachträgliches Bedauern nie mehr ganz zuzudecken vermag.

JOHN WEBSTER, der englische Dramatiker, warnte uns mit folgendem Wort: »Es gibt kein Ding in der Natur, das den Menschen so deformiert, so zum Tier macht wie heftiger Unmut.« Und der EARL OF CLARENDON, der englische Staatsmann und Historiker, wies auf Folgendes hin: »Ärger verletzt den, der von ihm besessen ist, viel mehr als denjenigen, gegen den er gerichtet ist.«

Das tut er in der Tat, denn Ärger ist Selbstvergiftung. Aber wir wollen nicht außer acht lassen, daß unser Ärger gewiß auch andere verletzt. Und indem wir andere Menschen verletzen, schaffen wir uns Feinde und haben mit ihrer Feindschaft zu rechnen.

Ärger schafft Ärger. Ärger eskaliert, bis die Situation den fragwürdigen Liebreiz eines Wespenschwarms hat, der andere Wespen angreift. Und das vorübergehende Hochgefühl darüber, daß man seinen Gefühlen – seinem Ärger, seiner Wut – freien Lauf gelassen hat, steht einfach in keinem Verhältnis zu dem dafür eventuell zu zahlenden Preis.

Ärger ist auch als Witz oder gescheite Ironie serviert nicht lustig. Er ist grausam und kommt teuer zu stehen. FRANCIS BACON meinte: »Ärger macht geistlose Leute witzig, beläßt sie aber in ihrer Armut.« Das als Gold empfohlene Schweigen kann wirklich sehr vorteilhaft sein, selten jedoch so sehr wie in Augenblicken solcher Regungen, andere zu ärgern. Sarkastische Bemerkungen, die andere nur des Witzes wegen verletzen, sind schlimm genug; aber wenn unter derartigen Gescheitheiten die scharfe Schneide kränkenden Ärgers spürbar wird, dann heilt die Wunde meist lange nicht.

»Wer den Ärger eines Augenblicks unterdrücken kann, erspart sich«, sagte Francis Bacon ferner, »vielleicht einen Tag des Bedauerns.« Wie wahr! Und modernen Psychiatern zufolge können die Schuldgefühle, die sich im Anschluß an unkontrolliertes Sichgehenlassen und die Verletzung anderer einstellen, viel länger als einen Tag andauern, nämlich ein Leben lang!

Deshalb ist es zweifellos sehr gut, wenn wir unseren Ärger beherrschen, aber noch besser, wenn wir ihn verhindern. Denn eine Gefühlsentladung gleicht einem Seesturm: die Wogen gehen noch hoch, wenn sich der eigentliche Sturm längst schon gelegt hat. *Der durch die Gefühlsentladung verursachte Aufruhr hört mit der Beendigung der Provokation nicht auf.*

Wer sich gewohnheitsmäßig zu ärgern und sich der Entladung seines Ärgers zu überlassen pflegt, neigt zu Wutanfällen und Zornausbrüchen. Und *jeder Wutanfall steigert die Disposition für weitere Zornausbrüche.* Der durch seine *»Biographien«* (vierundvierzig vergleichende Beschreibungen großer Griechen und Römer) berühmte griechische Philosoph und Historiker PLUTARCH stellte folgende Betrachtungen an: »Häufige Zornausbrüche erzeugen eine Neigung, zornig zu sein. Und diese Neigung hat zur Folge, daß der Mensch beim geringsten Anlaß aufbegehrt und verletzbar wird.«

Wir können aufgrund von Gefühlsübertreibungen ebenso »high« werden, wie von Alkohol oder Drogen. *Die Wirkung eines Gefühlsexzesses kann ebenso gefährlich und zerstörerisch sein wie die eines Alkohol- oder Drogenrausches.* Der Katzenjammer, der dann folgt, ist nicht weniger deprimierend, und die Gefahr, dieser Suchtgewohnheit zu verfallen, ist nicht weniger real. Eine solche zur Sucht gewordene Anfälligkeit für Wutausbrüche kann körperlich, geistig-seelisch und emotional ebenso gefährlich werden wie die Abhängigkeit von Alkohol oder harten Drogen. Im fortgeschrittenen Stadium ist diese Erkrankung der Psyche beinahe so schwer zu heilen wie Alkoholismus und Drogenabhängigkeit.

Im weiteren werden wir uns mit Methoden befassen, die geeignet sind, mit Gefühlsentladungen – Ihren eigenen wie auch den von anderen gegen Sie gerichteten – fertig zu werden. Zunächst wollen wir jedoch einige WICHTIGE ASPEKTE, die jedem Gefühlsaufruhr anhaften, etwas genauer unter die Lupe nehmen.

Wenn jemand im Unrecht ist und das nicht zugeben will, wird er ärgerlich. Wenn er zornig wird, so wirft das ein um so krasseres Licht auf seinen Irrtum; die Lohe seiner Wut erhitzt aber zugleich das Brandeisen seiner Schuld. *Ein Wutausbruch ist immer ein falsches und kostspieliges Manöver.* Wissen wir doch, daß ein sofortiges und offenes Eingeständnis des Irrtums jeden nicht gänzlich unfairen Gegner entwaffnet und ihm Verständnis, wenn nicht Bewunderung abnötigt.

Manifestationen des Zorns dienen auch dem Zweck, Aufmerksamkeit auf sich zu lenken. Heutzutage ist es Mode, zornig zu sein oder jedenfalls zornig-provokativ zu reden und zu handeln. Auf diese Weise ergeben sich zornige Demonstranten, die mehr oder weniger unabhängig von »ihrer« Sache laut protestierend auf die Straße gehen, in Gefühlsexzessen bis zum Delirium.

Ihren wahren Charakter kann man an ihrer Art zu reden erkennen. Die Musik, der Ton verrät regelmäßig Neurotiker am Werk. Die heute so üblichen grellen Mißklänge von Haß und Aggression enthüllen die brüchige Gefühlsstruktur der zornigen Aktivisten jeder Art.

Das Leben ist zu kurz, als daß wir es uns leisten könnten, die uns ohnehin aufgezwungenen Schwierigkeiten durch Haß und Feindseligkeit noch zu vergrößern. *Die Dramatisierung von Schwierigkeiten durch Gefühlsexzesse bringt nichts ein* – außer Schaden, vor allem für die entfesselten Mitwirkenden des Dramas. Wenn das die fehlgeleiteten Leute doch nur wüßten!

Sehen wir uns also die Möglichkeit an, wie man Gefühlsentladungen entweder verhindern oder ihnen abhelfen kann. Wir folgen dabei den Ratschlägen einiger großer Geister: »Das beste Heilmittel gegen Ärger ist Aufschub«, schrieb SENECA. Und THOMAS JEFFERSON definierte den Aufschub: »Wenn du ärgerlich bist, zähle bis hundert.« Diese alte und abgedroschen anmutende Mahnung hat den Gütepreis aufgrund ihrer Wirksamkeit erbracht.

SIDNEY SMITH schrieb aus eigener Erfahrung: »Es heißt, man solle die Sonne nicht untergehen lassen, ohne seinen Zorn abzulegen; ich aber möchte hinzufügen: ›Schreibe oder handle nie, bis sie untergegangen ist.‹ Diese Regel hat mich vor mancher voreiligen Handlung bewahrt. Es ist erstaunlich, wie anders wir ein und dasselbe Ereignis vierundzwanzig Stunden später sehen.«

Sprecht leise, riet SALOMON, dessen bloßer Name allein schon ein Symbol für Weisheit ist: »Sanfte Antwort dämpft die Erregung, kränkende Rede reizt zum Zorn.« Salomon sagte in seiner Weisheit ferner: »Der Geduldige ist reich an Einsicht, der Jähzornige treibt die Torheit auf die Spitze.«

Sie können die vier einfachen RATSCHLÄGE, die sich von seiner Weisheit ableiten lassen, beherzigen:

- Stets eine sanfte Antwort geben.
- Niemals andere zum Zorn reizen.
- Niemals sich zum Zorn hinreißen lassen.
- Nicht überstürzt handeln.

Ziehen wir die SCHLUSSFOLGERUNGEN, die sich aufgrund unserer Überlegungen aufdrängen: *Wir müssen unkontrollierte Gefühlsentladungen vermeiden, indem wir ganz bewußt die Art und die Angemessenheit unserer Reaktionen steuern.* Wir können uns selbst konditionieren, übertriebene Reaktionen zu vermeiden und – was in so manchen Fällen das Beste ist – gegebenenfalls überhaupt auf jegliche Reaktion zu verzichten.

Über eine Provokation lachen können heißt, sie zunichte zu machen; dem Urheber derselben anschließend verzeihen heißt, sie völlig zu vergessen.

Das Bedürfnis, um jeden Preis zu siegen, ist ebenso unzweckmäßig wie unwirksam. Es ist wesentlich befriedigender, einen Feind zu versöhnen, als ihn zu besiegen. *Ein versöhnter Feind ist kein Feind mehr;* ein besiegter Feind jedoch bleibt ein Feind und ist nur um so rachedurstiger.

Sie können die meisten Ihrer Aufgaben anderen übertragen; aber nur Sie allein können Ihrem Feind vergeben. Und nur Sie allein können sich mit einer Beleidigung auseinandersetzen. Dafür gibt es drei Möglichkeiten. Die erste besteht darin, die Beleidigung gar nicht zur Kenntnis zu nehmen. Wenn Sie das nicht können, dann lachen Sie über sie. Und wenn Sie nicht über sie lachen können, dann ist sie vermutlich verdient, und Sie sollten aus ihr lernen.

Ein Gegner ist ein Lehrer, wenn wir von ihm zu lernen bereit sind und unsere Gefühle uns nicht blind dafür machen, die Lektionen zu verstehen, die uns unsere Freunde nicht zu erteilen wagen. Sie werden im Leben immer wieder feststellen, daß Sie von Ihren Gegnern zumindest ebensoviel wie von Ihren Freunden lernen können. Daraus ergibt sich auch dies: Wenn Sie also Ihre Gegner schon nicht lieben können, so hassen Sie sie wenigstens nicht. Als Gegner zwingen sie Sie zu Initiativen und machen Sie stark. Als Provokateure fordern sie Ihre Selbstdisziplin heraus. Und indem Sie sich beherrschen, *behalten Sie die Kontrolle über sich selbst, über die anderen und über die Verhältnisse.* Dafür lohnt sich ein ständiges Bemühen um Ausgeglichenheit.

Kapitel 28

Sorgen – schalten Sie den Horrorfilm ab!

Aus den vorangegangenen Kapiteln wissen Sie, daß Ihre Gedanken im Grunde geistige Bilder sind und daß Sie – da sich Ihre Gedanken als eine ununterbrochene Abfolge von Vorstellungsbildern darstellen – einen geistigen Film auf die Leinwand Ihres Geistes projizieren.

Vorsicht: Wenn Sie sich Sorgen machen, prägen Sie Ihrem Unterbewußtsein einen *Horrorfilm* ein!

Wenn Sie sich fortgesetzt Sorgen machen, werden Sie im Geiste *wieder und wieder solche Horrorfilme durchleben und deren Inhalte unbewußt zum Steuerprinzip Ihres Lebens machen.* Die Inhalte, die Handlung und die handelnden Personen mögen variieren; aber ihre Wirkung auf Sie bleibt die gleiche.

Sorgen reiben Sie auf – gefühlsmäßig, geistig, körperlich. Sie werden, wenn Sie ihrer nicht Herr werden, ein menschliches Wrack aus Ihnen machen. Frönen Sie nicht dieser Selbstquälerei in dem irrigen Glauben, Sie würden »sich Sorgen machend« über Ihre Probleme »nachdenken«; so groß kann übrigens der Genuß des Selbstmitleids auch wieder nicht sein. Sich Sorgen machen ist nicht Nachdenken, sondern *Gefühlsüberschwang am falschen Platz.* (Wenn Sie wirklich nachdächten, würden Sie sich keine Sorgen machen.)

Wenn Sie sich in Sorgen verbeißen, so ist das wie ein »Wutanfall« – nur schlimmer! Ein Wutanfall läßt zumindest auch einiges Gift hinaus (obwohl er zugleich Ihre Psyche auch vergiftet); aber *mit Sorgen pumpen Sie alles freiwerdende Gift in Ihr Unterbe-*

wußtsein und vergiften auf die Dauer Ihr gesamtes Wesen. Die Folgen sind verhängnisvoll.

Sorgen sind ein Horrorfilm. Wovon handelt er? Von Mißgeschicken, von denen Sie fürchten, sie könnten Ihnen in der Zukunft widerfahren – ja: widerfahren *könnten!* Und Ihre Befürchtungen beschränken sich dabei – unter all den zahllosen Mißgeschicken, die Ihnen tatsächlich widerfahren könnten – auf *einige wenige,* weil schließlich das Leben gnädigerweise dieser Art Selbstquälerei Grenzen setzt. Würden Sie sich nämlich über alle nur denkbaren, also über Tausende von Mißgeschicken, die Ihnen in Ihrem Leben widerfahren könnten, Sorgen machen, dann würden Sie innerhalb eines Tages wahnsinnig!

So wählen Sie denn für Ihre Sorgen unter ein paar tausend Möglichkeiten nur einige wenige aus – aber diese lassen Sie in Ihrer Vorstellung als Horrorfilm wieder und wieder ablaufen.

Wenn Sie Ihr Leben zurückverfolgen, werden Sie mehrere INTERESSANTE TATSACHEN bezüglich all jener Mißgeschicke feststellen können, die einst den Inhalt Ihrer Sorgen ausgemacht haben:

1. Die meisten der von Ihnen befürchteten Mißgeschicke *sind niemals eingetreten!*
2. Die meisten der wenigen befürchteten Mißgeschicke, die tatsächlich eingetreten sind, *waren nicht annähernd so unheilvoll,* wie Sie sich das in Ihren Ängsten vorgestellt hatten. Wahrscheinlich haben sie Ihnen weniger geschadet als die Sorgen, die Sie sich deswegen gemacht haben und die gleichwohl nicht verhindert haben, daß diese Mißgeschicke eingetreten sind!
3. Vielleicht sind einige der von Ihren Sorgen vorweggenommenen Mißgeschicke tatsächlich so unerfreulich ausgefallen, wie Sie befürchtet hatten. Aber *Sie haben offensichtlich mit ihnen fertig werden können;* denn sonst würden Sie jetzt nicht dieses Buch mit dem Titel *»Lebenserfolg«* in der Erwartung lesen, daß es Ihnen gelingen wird, Ihr Lebensziel zu erreichen.

Und Sie müssen – soweit die Mißgeschicke eingetreten sind – erkennen, daß Ihre Befürchtungen deren Eintreten nicht verhindern konnten. Sich Sorgen zu machen verhindert niemals irgend etwas. Sie können sich Ihre Schwierigkeiten nicht aus der Welt »sorgen«!

Also hören Sie auf mit der Selbstquälerei. Schalten Sie die Horrorfilme Ihrer Sorgen ab.

Aber wie? Wie wird Ihnen dieses SO WICHTIGE ABSCHALTEN möglich?

- Blättern Sie zum ersten Kapitel dieses Buches zurück und lesen Sie es. Lesen Sie noch einmal jedes Kapitel – schnell, wenn's sein muß, gründlich, wenn's geht – und geben Sie jedem Kapitel den neuen Titel »Wie man aufhört, sich Sorgen zu machen«.
- Sie werden feststellen, daß jedes Kapitel dieses Buches eine praktische Anweisung unter dem Aspekt des neuen Titels enthält, die Sie auf der Stelle in die Tat umsetzen können.
- Dabei werden Sie sich nochmals vergegenwärtigen, was Sie mit Hilfe der in diesem Schlüsselwerk empfohlenen bewährten Erfolgsmethoden verwirklichen können. Mit ihrer Hilfe werden Sie befähigt, Ihr Lebensziel – und in dieser Richtung auch alle Ihre Nahziele – zu erreichen und zu der idealen Persönlichkeit zu werden, die Sie sein wollen. Mit ihrer Hilfe können Sie Ihr Unterbewußtsein auf klare Ziele ausrichten und sie in Ihrem Leben verwirklichen.

In den vorangegangenen Kapiteln haben Sie erfahren, wie Sie Ihr Denken so *konditionieren können, daß Sie sich ein ausgeglichenes Gefühlsleben und ein stets ruhiges Gemüt sichern,* frei von Ärger und Zorn, frei von Verbitterung und Haß, frei von allen störenden und zerstörenden Gefühlsexzessen. Die in diesem Kapitel behandelte Befreiung von Sorgen berührt ein zentrales Problem der meisten Menschen. Deshalb ist in jedem Kapitel des vorliegenden Buches *eine praktisch anwendbare Erfolgsregel zur Lösung dieses Kernproblems enthalten: »Wie man aufhört, sich Sorgen zu machen.«* Es wird zwar dort nicht in ebendiesen Worten erörtert, ist aber bei neuerlicher Lektüre leicht zu entdecken.

Also machen Sie sich jetzt, in diesem Augenblick, auf und lesen Sie jedes Kapitel noch einmal, um selbst diese so wichtigen Erfolgsregeln zu entdecken!

Kapitel 29

Setzen Sie rechtzeitig den Schlußpunkt!

Eine weitverbreitete menschliche *Schwäche ist, daß die Menschen einfach nicht mit dem aufhören können, womit sie aufhören sollten,* und zwar zur rechten Zeit.

Man könnte ein Buch mit einer Liste all der Unsinnigkeiten füllen, die die Menschen beharrlich fortsetzen, obgleich sie schon längst damit hätten aufhören sollen. Sie schaden sich auf diese Weise sehr. Die Folgen sind ihrer Art nach unterschiedlich und auch unterschiedlich schwerwiegend, jedoch immer nachteilig. Sie reichen von Fettleibigkeit bis zum vorzeitigen Tod, von Angst bis zum Selbstmord. Die Liste wäre endlos, und so sollen hier nur ein paar der augenfälligsten BEISPIELE angeführt werden.

Manche Menschen wollen einfach nicht rechtzeitig zu essen aufhören, werden übersättigt und fett und sterben früher als nötig. Andere Menschen wollen einfach nicht rechtzeitig aufhören zu trinken und werden zu Alkoholikern. Und wieder andere hören einfach nicht rechtzeitig auf zu reden, so daß sie den Mitmenschen auf die Nerven gehen.

Dies sind nur drei von zahllosen möglichen Beispielen. Sie betreffen physische Exzesse (obschon natürlich alles Körperliche – bewußt oder unbewußt – geistig gesteuert ist). Sie treten sehr häufig auf und wären doch so leicht zu vermeiden.

Warum kann man physische Exzesse leicht vermeiden? Weil sie der direkten Kontrolle des Bewußtseins unterliegen. Man ist sich ihrer bewußt oder sollte und könnte es sein. Deshalb kann man auch bewußt einen Schlußpunkt setzen, indem man sich einfach bewußt sagt: »Schluß!« *Man denkt: »Schluß!« und handelt danach!*

Derartigen Exzessen Einhalt zu gebieten, ist somit nicht allzu schwierig – solange es sich eben um rein physische und deshalb vom Bewußtsein und Willen kontrollierbare Übertreibungen handelt.

Schwieriger wird es mit dem Aufhören, wenn es sich um GEFÜHLSEXZESSE handelt, die nur zum Teil bewußt kontrollierbar sind. Selbst den Übertreibungen, die in den vorstehend aufgeführten Beispielen erwähnt wurden, ist schon sehr viel schwieriger Einhalt zu gebieten, wenn sie sich als gefühlsbedingt herausstellen und somit deren Ursachen im Unterbewußtsein verwurzelt und der bewußten Kontrolle weitgehend entzogen sind.

Gehen wir diese Beispiele noch einmal durch, und zwar diesmal unter der Voraussetzung, daß derartigen Exzessen emotionale Ursachen zugrunde liegen:

Unmäßiges und zu häufiges Essen kann zwanghaft sein – *eine Ersatzbefriedigung für unbefriedigt gebliebene Bedürfnisse* (nach Liebe, Glück, Erfolg usw.), eine Überkompensation, ein neurotischer Fluchtweg. Die Ursache ist in diesem Fall emotionaler Natur und tief im Unterbewußtsein angesiedelt. Die Eßsucht muß also als gefühlsbedingtes Problem gesehen werden. (Die dem medizinischen Symptom der Fettleibigkeit zugrunde liegende Fettsucht muß als psychosomatische Erkrankung behandelt werden.)

Das gilt sehr oft auch für übermäßigen Alkoholgenuß. Es handelt sich meist um *eine Flucht vor der Wirklichkeit und deren Anforderungen,* eine Flucht in die Betäubung oder in vorübergehendes Vergessen. Die Ursache liegt in diesem Fall ebenfalls im Unterbewußtsein, und das Problem ist gefühlsbedingt.

Ähnliches gilt für übertriebenen Redefluß. Meist kommt darin *ein Minderwertigkeitskomplex, der auf diese Art überkompensiert wird,* zum Ausdruck. Es handelt sich um eine gefühlsbedingte Zwangshandlung.

Sobald wir es mit Störungen des Gefühlslebens zu tun haben, wird es, wie wir sehen, schwierig. Sie liegen ja auch regelmäßig den vielfältigen Neurosen zugrunde, unter denen so viele Menschen leiden, wobei, wie CARL GUSTAV JUNG, der große Schweizer Psychologe, nicht ohne Humor bemerkte, doch wir alle mehr oder weniger neurotische Züge aufweisen – wenngleich nicht gerade pathologischen Grades.

Wir haben zu Anfang dieses Kapitels festgestellt, es sei eine weitverbreitete menschliche Schwäche, daß die Menschen einfach nicht rechtzeitig mit Übertreibungen aufhören können, obwohl sie es dringend sollten. Dann haben wir darauf hingewiesen, daß rein physische Exzesse sich unter direkter Kontrolle des Bewußtseins befinden und somit durch bewußtes Wollen gebremst werden können.

Hingegen haben Exzesse mit gefühlsbedingten Ursachen oder Übertreibungen, die an sich Gefühlsexzesse sind, ihre Ursachen im Unterbewußtsein, und ihnen ist deshalb viel schwieriger Einhalt zu gebieten. Einen Schlußpunkt zu setzen, erfordert Hilfe – die dieses Buch Ihnen bietet.

Das Anliegen dieses Kapitels ist genau dies: Wann und wie man einen Schlußpunkt setzen kann, wenn man mit gefühlsbedingten Problemen konfrontiert ist; denn das Unvermögen, rechtzeitig Einhalt zu gebieten, stellt eine der Hauptursachen für die Schwierigkeiten in dieser von Schwierigkeiten heimgesuchten Welt dar. Beherzigen Sie zunächst die NÜTZLICHE REGEL:

Lassen Sie sich niemals zu destruktiven Gefühlen hinreißen.
Wenden wir diese Regel auf das beinahe alltäglich sich stellende Problem der Kritik an. Kritik ist selten wert, was sie kostet. Am besten kritisiert man überhaupt nicht. Wenn Sie unbedingt Kritik üben müssen, dann besetzen Sie Ihre Kritik nicht auch noch mit destruktiven Gefühlen. Lassen Sie jedes Gefühl von Verärgerung, Zorn, Verbitterung, Haß oder sonstige negative Regungen beiseite.

Kritisieren Sie behutsam, nicht aggressiv; *bringen Sie Ihre Kritik mit deutlichem Wohlwollen und mit dem entwaffnenden Argument eines Verbesserungsvorschlages an* – und genau da halten Sie ein. Punkt und Schluß! Treiben Sie Ihre Kritik nicht bis zur Nörgelei um des Nörgelns willen. *Setzen Sie rechtzeitig den Schlußpunkt.*

Die meisten Streitigkeiten beginnen entweder mit Kritik, oder sie arten in hemmungslose Kritik aus. Entscheiden Sie im voraus, wie weit Sie mit Ihrer Kritik gehen wollen – und müssen – und belassen Sie es dabei. Fügen Sie Ihrer ursprünglichen Kritik in der Hitze einer sich aus ihr ergebenden Auseinandersetzung nichts mehr hinzu. Punkt und Schluß! *Lassen Sie Gefühlsmomente aus dem Spiel, setzen Sie rechtzeitig den Schlußpunkt.* Lehnen Sie weitere Auseinandersetzungen ab.

Wenden Sie diese Regel auch an, wenn Ihre Gefühle verletzt worden sind. Ihr Ego – wie das eines jeden Menschen – kennt als tiefverwurzelte Bedürfnisse erstens den Wunsch, wichtig zu sein, zweitens den Wunsch, bewundert zu werden, und drittens den Wunsch, anerkannt zu werden. Leider wissen das nicht alle Menschen. Und irgendein grober Mitmensch hat Sie in Ihrer Bedeutung verkannt oder Ihnen die Ihnen gebührende Bewunderung und Anerkennung vorenthalten. Also sind Sie in Ihrem Selbstwertgefühl verletzt.

Und Sie sind verärgert. Halten Sie genau hier ein. Setzen Sie schon jetzt den Schlußpunkt. *Ignorieren Sie das Vorkommnis. Vergeben Sie dem »Beleidiger«. Vergessen Sie die Sache.* Machen Sie sie nicht schlimmer. Denn Ärger führt zu Abneigung und Abneigung zu Haß – allein dadurch, daß Sie empört an das Vorkommnis denken. Lassen Sie sich niemals zu destruktiven Gefühlen hinreißen! Setzen Sie rechtzeitig den Schlußpunkt! Was geschehen ist, ist geschehen – Punkt. Sie können an der Vergangenheit nichts ändern – Punkt. Befreien Sie sich von ihr – Punkt. Durchleben Sie sie nicht immer wieder in der Erinnerung. Setzen Sie statt dessen den Schlußpunkt. Und damit hat sich's – Punkt und Schluß!

Oder Sie machen sich vielleicht Sorgen. Das tun die meisten Menschen.

Wenn es um etwas geht, an dem Sie etwas ändern können, hat das seine Berechtigung; nur ist es auch gefährlich. Denn wie bei den bereits erörterten Beispielen tritt eine emotionale Eskalation ein, und die Sorgen nehmen Ihnen die Ruhe, falls Sie keinen Schlußpunkt setzen können, und aus der Unruhe wird Angst, und Angst führt an den Rand des Abgrundes.

Wenn Sie sich also Sorgen machen, dann stellen Sie, *statt hilfloser Befürchtungen, nützliche Betrachtungen* an, die überlegt zu einer Lösung Ihres Problems führen. Was immer der Grund für Ihre Sorgen sein mag – setzen Sie einen Schlußpunkt! Lassen Sie sich von destruktiven Gefühlen nicht überwältigen – Punkt. Machen Sie Ihre Lage nicht durch Angst schlimmer – Punkt. Setzen Sie hinter Ihre Sorgen den Schlußpunkt – Punkt und Schluß!

Oder Sie können jemanden nicht leiden. (Sie brauchen nicht jeden zu mögen!) Aber wenn Sie jemanden nicht leiden können, halten Sie Abstand. Nehmen Sie sich die Worte DWIGHT EISENHOWERS zu Herzen, der gesagt hat: »Ich verschwende nie auch nur eine Minute mit Gedanken über jemanden, den ich nicht mag.« Er hielt auf diese Weise Abstand. Und das ist es, was auch Sie tun müssen. Sie können also jemanden nicht leiden? Dann eben nicht – Punkt. Das wär's – Punkt. Und das ist alles – Punkt. Denken Sie nicht mehr daran. Lassen Sie sich niemals von destruktiven Gefühlen fortreißen. Regeln Sie Schwierigkeiten, sogut Sie können – aber machen Sie sie nicht schlimmer. Setzen Sie rechtzeitig den Schlußpunkt. *Halten Sie Abstand* – Punkt und Schluß!

Wenn das Schicksal die eine Tür schließt, dann öffnet der Glaube eine andere. Darauf können Sie sich verlassen.

Kapitel 30

Nur kein Wettlauf gegen die Uhr!

Ihre Uhr ist wichtig. Sie zeigt Ihnen die genaue Zeit an. Aber lassen Sie nicht zu, daß sie Ihr »Boß« wird und Sie ständig zur Eile antreibt: Schnell! Schneller! Auf keinen Fall darf sie zu einem Folterinstrument werden, das Sie unter Druck setzt! Die Uhr kann Sie umbringen!

Dr. ANTHONY SIDONI, Chef der Abteilung für Stoffwechselkrankheiten im Allgemeinen Krankenhaus in Philadelphia, erklärte: »Wenn wir manche Arbeiten auf morgen verschieben würden, um sie erst morgen zu erledigen, würde unsere Chance, den morgigen Tag zu erleben, beträchtlich erhöht.« Er sagte das im Zusammenhang mit der Frage, wie die Lebenserwartung der Menschen erhöht werden könne.

Aber, so mögen Sie einwenden, es ist doch einfach soviel zu tun!

Allerdings. Nur: Es macht sich sicher nicht besser vom Krankenhausbett oder gar vom Grab aus!

Nicht wenige Menschen starben tatsächlich an den Folgen ihrer sich selbst aufgenötigten täglichen Hetzjagd, eines ständigen Wettlaufs gegen die Uhr. Doch sind sie vielleicht nicht völlig umsonst gestorben – wenn wir aus ihrem frühen Tod infolge Streß und Überforderung eine Lehre ziehen. Die LEHRE lautet:

Wenn Sie sich von Ihren Verpflichtungen derart tyrannisieren lassen, daß Sie sich in einem ständigen Wettlauf gegen die Uhr befinden,

- dann wird sie zu einem Folterinstrument, das Druck ausübt, immer mehr Druck;

- O so daß Sie sich abhetzen, abhetzen und immer mehr abhetzen;
- O bis Sie erschöpft, enttäuscht, verstört sind
- O und Sie sich Sorgen machen, immer mehr Sorgen und immer ernstere Sorgen ...

Doch Schluß damit! Es ist tatsächlich besser, aus eigenem Antrieb Schluß zu machen, als sich ins Grab zu hetzen. Wenn Sie nämlich mit dem Wettlauf gegen die Uhr aufhören, bevor der Tod Sie dazu zwingt, werden Sie glücklicher weiterleben – und das Geheimnis der Erfolgsmenschen erfahren, die alles erreichen, ohne ständig auf die Uhr blicken zu müssen.

Die wirklichen Erfolgsmenschen leben nicht nach der Uhr, vielmehr nach dem Stundenglas. Sie sehen ihre Aufgaben als Sandkörner im Stundenglas, die eins nach dem anderen – ohne Hast eins nach dem anderen – fallen. Und diese Erfolgreichen vollenden jede Aufgabe, eine nach der anderen, ohne Hast – ja, ohne jede Hast.

Für solche Menschen hat das Zifferblatt ihrer Uhr immer ein Lächeln bereit. – *Und Ihre Uhr?*

Kapitel 31

Genügt etwa die tägliche Bürde nicht?

Wie wir bereits erörtert haben, gilt es, Gefühlsexzesse jeder Art zu vermeiden. Wir müssen unangemessene Reaktionen in jeder noch so gefühlsgeladenen Situation vermeiden. Gefühlsentladungen im Hinblick auf vergangene Erfahrungen oder angesichts gegenwärtiger Situationen sind in jedem Fall schädlich; *Gefühlsentladungen jedoch im Hinblick auf etwas, das noch gar nicht eingetreten ist, sind schlicht und einfach lächerlich!*

Da gibt es die Geschichte von den Kindern, die in einen hitzigen Streit über den Ort gerieten, an dem der Vogel der Familie begraben werden sollte. Das eine Kind sagte, der Vogel verdiene ein ehrenvolles Begräbnis im Vorgarten. Ein anderes widersprach, der Vogel solle an einem ruhigen Platz im hinteren Garten begraben werden. Das dritte Kind aber verlangte, der Vogel müsse in freier Landschaft, auf einem waldigen Hügel begraben werden.

Als die Auseinandersetzung dann das Stadium wilden Geschreis erreicht hatte, mischte sich die Mutter ein: vorläufig sei kein toter Vogel vorhanden! Doch nicht nur das – die Familie hatte überhaupt keinen Vogel! Die Leute hatten lediglich davon gesprochen, einen Vogel zu kaufen, vielleicht, irgendwann.

Viele Erwachsene sind wie diese Kinder. Sie denken sich alle möglichen künftigen Tragödien, Katastrophen und Schwierigkeiten aus. Sodann reagieren sie in heftigen Gefühlsexzessen auf jene eingebildeten Geschehnisse, die gar nicht eingetreten sind. *Sich über eingebildete Schwierigkeiten, die gar nicht vorhanden sind und vielleicht niemals vorhanden sein werden, aufzuregen, ist einfach lächerlich, gleichwohl aber – trotz der Lächerlichkeit – gefährlich.*

Eingebildete Belastungen von morgen auf die wirklichen Belastungen von heute zu türmen, verdoppelt Ihre Bürde. Und wenn Sie sich weitere Bürden solcher eingebildeten Belastungen künftiger Wochen und Monate aufladen, dann wird die Last Sie unter sich begraben.

Genügt die tägliche Bürde nicht?

Kapitel 32

Das Rettungsboot für Zeiten der Sturmflut

Das vorangegangene Kapitel warnte Sie vor unangemessenen Gefühlsreaktionen im Hinblick auf eingebildete Schwierigkeiten, die man künftig auf sich zukommen sieht. Das bedeutet jedoch nicht, daß Sie versäumen sollten, sich geistig und gefühlsmäßig vorzubereiten, mit jeglicher wie immer gearteter Schwierigkeit, die auftreten mag, fertig zu werden.

Sie sollten sich nicht alle möglichen Schwierigkeiten einbilden und auf die von Ihnen eingebildete Situation bereits unangemessen reagieren. *Sie sollten überhaupt niemals unangemessen reagieren!*

Aber Sie sollten – das gebietet die Vorsicht – vernünftigerweise auf alles vorbereitet sein, was da kommen kann, so daß Sie nicht von Ereignisssen überwältigt werden können, die eines Tages vielleicht wie eine Sturmflut über Sie hereinbrechen könnten.

STURMFLUT! *Wir errichten unseren persönlichen Schutzdeich.* Wenn sich aber die Schwierigkeiten einmal zu haushohen Wogen – zur Sturmflut – türmen, dann genügt es nicht mehr, dieses oder jenes entstandene Leck mit der Hand zuhalten zu wollen. Wenn wir unseren schützenden Deich nicht hoch und nicht stark genug gebaut haben, werden die haushohen Wogen der anbrandenden Sturmflut ihn zertrümmern und unser Hinterland überfluten.

Um dann nicht im Meer unserer Sorgen zu versinken, sind wir für einen derartigen Notfall vorbereitet ... und haben ein Rettungsboot.

Wenn wir Schutz gegen eine Flut von Schwierigkeiten suchen, ist ein Boot besser als ein Deich. Ein Deich ist nützlich, aber nur begrenzt. Die Funktion eines Deiches besteht darin, Widerstand zu bieten. Wir sollten unseren Schutzdeich, der dem Widerstand gegen all die im Leben nun einmal unvermeidlichen Schwierigkeiten dient, planvoll errichten und ausbauen. Sonst kommen schon die geringsten Schwierigkeiten ungehindert an uns heran, und wir sind zu sehr vom ständigen Kampf gegen Kleinigkeiten in Anspruch genommen.

Das menschliche Nervensystem verfügt über *eine sogenannte »emotionale Schwelle«*. Über diese Schwelle ergießen sich Ängste, Verbitterung und Haß, die ganze Flut unserer Gefühle, unmittelbar in unser Bewußtsein. Indem wir diese Schwelle erhöhen – durch Aufstockung unseres Schutzdeiches gegen Schwierigkeiten –, verwehren wir den unbedeutenderen dieser störenden Gefühle den Zugang, so daß sie unser Bewußtsein gar nicht erreichen. Gegenteiligenfalls wären wir ständigen Gefühlsbeeinträchtigungen ausgesetzt und würden überempfindlich und verstört.

Ein Deich hat somit eine *wichtige Funktion angesichts der alltäglichen Ebbe und Flut, der unser Gefühlsleben ausgesetzt ist.* Wie nun bauen wir diesen Schutzdeich höher, der unsere Schwelle gegen unerwünschte Gefühle erhöht? Es gibt mehrere Möglichkeiten, und diese sind – zumindest die wichtigsten von ihnen – im einzelnen in verschiedenen Kapiteln dieses Buches beschrieben; deshalb brauchen wir sie hier nicht zu wiederholen.

Doch kommen wir zurück auf das eingangs dieses Kapitels erwähnte RETTUNGSBOOT. Dieses Rettungsboot soll Sie *sicher über Wasser halten, wenn sich die Schwierigkeiten zu einer Sturmflut auswachsen,* die Ihren Schutzdeich überflutet und Ihr Hinterland überschwemmt.

Der Wert eines Bootes liegt darin, daß es Sie über den Wassern Ihrer Schwierigkeiten hält, ganz gleich, wie hoch die Wogen der Sturmflut gehen. Ihr Rettungsboot gibt Ihnen das Vertrauen, daß Ihnen selbst die schlimmste Sturmflut nichts anhaben kann. Sie sitzen im Bewußtsein Ihrer Schwierigkeiten, ohne daß diese bagatellisiert werden sollen, gelassen im Boot und wissen, daß die Höhe der Sturmwogen keine Rolle spielt, denn *Ihr Rettungsboot wird immer oben schwimmen.*

Auf ein solches Boot für die Rettung aus der Not in schwierigen Zeiten kann niemand verzichten. Und es ist nur recht und billig, daß es – wie jedes Boot – einen Namen hat, der es adäquat kennzeichnet.

Der Name meines Rettungsbootes lautet VERTRAUEN.

Welchen Namen wählen Sie für Ihr Rettungsboot?

Kapitel 33

Weniger Kritik und mehr Verständnis

Möchten Sie beliebt sein? Versuchen Sie es mit weniger Kritik und mehr Verständnis!

Möchten Sie geliebt werden? Versuchen Sie es mit weniger Kritik und mehr Verständnis.

Möchten Sie Einfluß auf andere ausüben? Versuchen Sie es mit weniger Kritik und mehr Verständnis.

Möchten Sie Erfolg haben? Versuchen Sie es mit weniger Kritik und mehr Verständnis.

Kritisieren stößt die Menschen ab. Verständnis zieht die Menschen an. So einfach verhält es sich!

Nachdem wir das Wesentliche auf diesen einfachen Nenner gebracht haben, wollen wir die TATSACHEN UND GRÜNDE untersuchen, die für diese beiden Feststellungen sprechen.

1. *Weniger Kritik und mehr Verständnis, wenn Sie beliebt sein wollen:*

Kritik ist die Ursache vieler, vielleicht der meisten unserer unerfreulichen und unbefriedigenden Beziehungen zu anderen Menschen.

Kritik ist ein offener Angriff auf das Ego, genauer: das Selbstwertgefühl, eines anderen. Selbst wenn Ihre Kritik »berechtigt« ist, verletzt sie trotzdem den anderen in seinen Gefühlen und verursacht sofort Ärger, häufig sogar Haß und andauernde Feindseligkeit.

Jede Kritik gräbt sich tief ins Unterbewußtsein des anderen ein und steigt von dort immer wieder ins Bewußtsein hoch, sooft der Urheber der Kritik ins Blickfeld rückt oder auch nur erwähnt wird. Kritik ist nicht geeignet, Freunde zu gewinnen oder zu behalten. Das bringt nur Verständnis zustande.

Und ich meine mit Verständnis nicht etwa nur Trost im Unglück. Ich meine mit Verständnis vielmehr *ein wohlwollendes Eingehen auf den andern, das die Bereitschaft zu verstehen, Übereinstimmung und gefühlsmäßiges Akzeptieren in sich begreift,* und zwar nicht in begrenzter Weise, sondern als umfassendes Miteinander. Und dieses Verständnis sollten wir unbedingt lernen, üben und auch so oft wie möglich zum Ausdruck bringen.

Ohne Verständnis ist eine sogenannte »Freundschaft« nichts weiter als eine bloße Bekanntschaft.

2. *Weniger Kritik und mehr Verständnis, wenn Sie geliebt sein wollen:*

EDMUND BURKE, der große englische Redner und Staatsmann, verkündete: »Nächst der Liebe ist das Verständnis die göttlichste Leidenschaft des menschlichen Herzens.«

Wenn Liebe die göttlichste Leidenschaft des menschlichen Herzens ist und Verständnis ihr am nächsten kommt, dann sind das Vorhandensein und der häufige Ausdruck von Liebe und Verständnis *die wesentlichen Faktoren einer dauerhaften Liebesbeziehung.*

Wird Verständnis in seiner vollen Bedeutung als Bereitschaft zu verstehen, Übereinstimmung und gefühlsmäßiges Akzeptieren aufgefaßt, dann wird deutlich, wie entscheidend Verständnis für Liebe und Ehe ist. Viele Scheidungen sind das Ergebnis der – offen ausgedrückten oder ins Unbewußte verdrängten – Überzeugung, daß »er (oder sie) mich nicht versteht, weil er (oder sie) kein Verständnis für meine Probleme, Vorlieben, Gefühle usw. hat und mich *deshalb nicht wirklich liebt«.* Das sicherste Anzeichen mangelnden Verständnisses ist ständige Kritik.

Bevor ein Paar heiratet, sollten die Partner prüfen, ob sie zueinander passen, und zwar nach eben den wesentlichen Kriterien der Liebe und des Verständnisses. Sie wären gut beraten, mit der folgenden weisen Betrachtung, die der englische Schriftsteller Sir RICHARD STEELE, schon vor dreihundert Jahren anstellte: »Es gibt eine Art von Verständnis der Seelen, aufgrund dessen sie für einander bestimmt sind; und wenn wir zwei Menschen in Wärme und gegenseitiger Zuneigung vereint sehen, können wir sicher sein, daß es bestimmte Eigenschaften gibt, in denen die beiden einander ähnlich sind.«

3. *Weniger Kritik und mehr Verständnis, wenn Sie Einfluß auf andere ausüben möchten:*

Sie können keinen Einfluß auf andere ausüben, wenn Sie nicht Ihrerseits Verständnis – Bereitschaft zu verstehen, Übereinstimmung und gefühlsmäßiges Akzeptieren – für deren Interessen, Überzeugungen, Hoffnungen und Ideale aufbringen und es auch deutlich zum Ausdruck bringen.

Jeder Versuch, andere Menschen aus einer geistig und gefühlsmäßig bezogenen Opposition heraus beeinflussen zu wollen, muß scheitern. Wenn Sie sich verständnislos gegenüber den Menschen, die Sie beeinflussen möchten, und deren Überzeugungen und Anliegen zeigen, dann haben Sie nicht die geringste Chance, mit Ihren Ideen anzukommen, geschweige denn zu überzeugen.

Sie können auf andere keinen Einfluß ausüben, indem Sie versuchen, ihnen eine ihren Standpunkt mißachtende Ansicht aufzuzwingen. Erfolg haben Sie nur, wenn Sie sich in die anderen hineinversetzen, ihren Standpunkt verstehen, ihre Einstellung achten und ihren eigenen Vorschlag als Unterstützung ihrer – der anderen – Bestrebungen zur Erreichung ihrer Ziele auffassen und vertreten.

4. *Weniger Kritik und mehr Verständnis, wenn Sie Erfolg haben wollen:*

Daß rücksichtslose Menschen, die »über Leichen gehen«, den »Marschallstab im Tornister« hätten, ist ein reines Gerücht, sogar (in der Regel) im militärischen, geschweige denn im zivilen Bereich, der uns interessiert.

Setzen Sie sich – ob als Chef, ob als Kollege – nicht über Ihre Mitarbeiter und deren Standpunkte einfach hinweg. Sie müssen sich vielmehr von Ihren Mitarbeitern *zum Erfolg tragen lassen. Das Geheimnis: Sorgen Sie dafür, daß Sie leicht zu tragen sind!*

Natürlich bewegen Sie andere nicht dazu, Sie zum Erfolg zu tragen, wenn Sie sie nur kritisieren und für ihre Anliegen kein Verständnis zeigen. Wenn Ihre Mitarbeiter jedoch überzeugt davon sind, daß Sie Verständnis für deren Anliegen haben, dann tragen sie gerne bei zu Ihrem Erfolg (als Chef) oder Ihrem Aufstieg in eine höhere Stellung (als Kollege). Denn in beiden Fällen können Ihre Mitarbeiter damit rechnen, daß Sie sich aufgrund Ihres Erfolges um so besser auch für ihre Anliegen einsetzen können.

BERNARD BARUCH, der bereits zitierte Präsidenten-Berater, pflegte zu sagen: »Zwei Dinge sind schlecht für das Herz: die Treppen hinaufzurennen und Menschen zu überrennen.«

Wahrlich: Wenn Sie die Menschen nicht überrennen, werden diese eher bereit sein, Ihnen die Treppen hinaufzuhelfen. *Beides wird Ihr Herz schonen – körperlich und seelisch!*

Kapitel 34

Überlassen Sie was deren Sache ist den Fachleuten

Die Welt ist voller Fans des Do-it-yourself. So weit so gut. Doch es hat alles Grenzen.

Heutzutage gibt es immer mehr selbsternannte Autoritäten auf Gebieten, von denen die Betreffenden nur recht beschränkte Kenntnisse besitzen. Andere sind selbsternannte Experten in Tätigkeiten, für die sie nur unzureichend geschult und wenig begabt sind.

Ein Do-it-yourself-Fan zu sein, ist durchaus wünschenswert, solange es sich um harmlose Nebenbeschäftigungen und vergnügliche Hobbys handelt; sonst würden diese uns nämlich nicht soviel Freude machen, und wir wären nicht stolz auf das, was wir selbst zustandegebracht haben.

Do it yourself ist eine empfehlenswerte Devise hinsichtlich all der unzähligen im Alltag notwendigen Handgriffe und Verrichtungen, soweit die Ergebnisse annehmbar sind und der infolge mangelnder Erfahrung angerichtete Schaden minimal bleibt. *Wenn jedoch eine Aufgabe das Wissen, die Ausbildung und besonderen Qualitäten eines professionellen Spezialisten erfordert, über die wir nicht verfügen, dann überlasse man die Sache den Fachleuten.*

Es gibt natürlich viele Fachgebiete, die derart hohe Anforderungen an Wissen und Können stellen, daß da kein Neuling sein Glück versuchen würde. Von diesen brauchen wir hier nicht zu sprechen.

Was uns in Schwierigkeiten bringt, sind die Grenzfälle: Wenn wir unserer juristischen Kenntnisse so sicher zu sein glauben, daß wir Rechtsfragen ohne Beratung durch einen Anwalt beurteilen; wenn wir bei den sich ständig bietenden Anlässen zu eigenen medikamentösen Therapien greifen; wenn wir ohne Hilfe erfahrener Steuerberater unsere Steuererklärungen machen; wenn wir uns trotz mangelnden Wissens und Geschicks als Klempner, Elektriker, Mechaniker, Grundstücksmakler, Tischler, Dekorateur und dergleichen mehr betätigen – und das tun immer mehr Leute ohne ausreichende Voraussetzungen –, *dann wird das mehr als nur fragwürdig,* zumal wenn die Ergebnisse ungewollt komisch oder auch tragisch ausfallen.

Die eigene Selbstzufriedenheit und die Bewunderung, die uns Leistungen außerhalb unserer eigentlichen Fähigkeiten eintragen, sind zugegebenermaßen verführerisch. Doch die damit verbundenen Risiken sind meist im voraus nicht erkennbar, und da liegt die Gefahr. Die Gefahr ist oft beträchtlich und kann leicht in einem Unglück enden.

Bis auf sehr wenige, unerhebliche Ausnahmen gibt es keine Arbeiten, die Wissen und Können von Fachleuten erfordern und genausogut, wenn überhaupt, von Dilettanten bewältigt werden können. Wenn eine Arbeit das Wissen und Können eines Fachmanns erfordert, dann sparen Sie Zeit und Geld und vermeiden Ärger und Schaden, wenn Sie sie klugerweise einem Fachmann überlassen.

Ich habe im Laufe meines recht langen und ereignisreichen Lebens *die Erfahrung gemacht, daß bei allen wichtigen Unternehmungen die Dienste hochqualifizierter Fachleute immer mehr wert sind, als sie kosten.* Und mit dieser Ansicht stehe ich nicht allein. Ich bin sicher, das werden alle erfahrenen Leute der Wirtschaft und Politik wie auch alle Autoritäten welchen Fachgebietes immer bestätigen.

Wenn Sie ab sofort damit beginnen und es sich für den Rest Ihres Lebens zur REGEL machen, *Fachfragen den Fachleuten zu überlassen,* werden Sie sich viel Zeit, Geld, Schaden und Ärger ersparen!

Und derartige Angelegenheiten den Fachleuten zu überlassen, wird Ihnen *nicht nur Geld sparen; es wird Ihnen auch Geld bringen.* Es hat noch nie jemand ein nennenswertes Vermögen zusammengebracht – abgesehen von seltenen, von viel Glück begünstigten Ausnahmen – ohne die Hilfe von Fachleuten und meistens sogar von vielen Fachleuten.

Ein wichtiger Punkt der Technik, den Fachleuten was deren Sache ist zu überlassen, besteht darin, *ihnen die Sache wirklich zu überlassen.* Was bedeutet, daß Sie nicht einen Fachmann engagieren und dann mit Ihren amateurhaften Vorschlägen und Ratschlägen seine Zeit verschwenden sollten. Wenn ein Fachmann Informationen von Ihnen will, wird er Sie darum bitten. Wenn ein Fachmann einen Rat haben will, wird er einen anderen Fachmann – und nicht Sie – fragen. Der Fachmann mag Ihre Ansichten als Orientierungshilfe wünschen für das, was Sie wollen; aber wenn er um Ihren Rat bittet, wie er etwas ausführen, etwas machen soll, dann ist er kein Fachmann, sondern eine Niete, die Sie schleunigst durch einen wirklichen Fachmann ersetzen sollten.

Einer der größten Vorteile der Beauftragung von Fachleuten besteht darin, *daß Sie der Sorge um Ausführung und Durchführung enthoben sind.* Deshalb: Nachdem Sie sich so von den diesbezüglichen Sorgen befreit haben, machen Sie sich keine Sorgen. Die sind dann Sache des Fachmanns, und dafür unter anderem wird er ja auch bezahlt. Sie sollten ihm daher auf gar keinen Fall einen Teil seiner Sorgen abnehmen.

Denken Sie an den Rat des Psychologen und Philosophen William James: »Wenn einmal eine Entscheidung gefallen ist und die Ausführung auf der Tagesordnung steht, dann lasse man unbedingt jeden Gedanken an die Verantwortung und jede Sorge um das Ergebnis fahren.« *Kommen Sie nicht auf Ihre Entscheidung zurück.* Überlegen Sie es sich nicht von neuem. Zweifeln Sie nicht am guten Ausgang. Haben Sie absolutes Vertrauen zu Ihrem Fachmann. Drücken Sie ihm Ihr Vertrauen aus. Wenn es Schwierigkeiten geben sollte, soll er sich darum kümmern. Schließlich bezahlen Sie ihn dafür. Seien Sie ganz ruhig und überlassen Sie dem Fachmann die Arbeit, die er auf fachmännische Weise erledigen wird.

Dieses Kapitel wäre unvollständig, würde Ihnen hier nicht *die stets erreichbare Hilfe des größten aller Fachleute dringend empfohlen.* Ganz gleich, wie viele sterbliche Fachleute für Sie am

Werk sind, vertrauen Sie jenem HÖCHSTEN FACHMANN, für den keine Aufgabe im Mikrokosmos der Atome zu gering und keine Aufgabe im präzise arbeitenden unendlichen Universum mit seinen Milliarden herumwirbelnder Planetensysteme zu groß ist *und der ewig ist,* ohne Anfang und ohne Ende.

Ihm sollten Sie vertrauen. Ihm sollten Sie vertrauensvoll Ihr Leben unterstellen. Er ist so nahe wie Ihre Gedanken – und erreichbar über Ihr Unterbewußtsein, wie es in diesem Buch beschrieben wurde.

Kapitel 35

Die Macht der Geduld

Ausgerechnet ein normannischer Kreuzfahrer – den wir uns mit blitzender Klinge und rauschendem Banner vorstellen – soll die Macht der Geduld gepriesen haben? Ja, ausgerechnet! Von TANKRED, dem unverwüstlichen Helden des ersten Kreuzzuges, stammt der Ausspruch: *»Alles erledigt sich, wenn der Mensch nur warten kann.«*

Die MACHT DER GEDULD wird uns als Lektion immer wieder von der Geschichte erteilt. Dessenungeachtet setzen die Menschen beharrlich Macht mit Aktion gleich – mit sofortigem, zwanghaftem Handeln, wie es ihnen der Augenblick eingibt. Da all jene, die aus der Geschichte nicht lernen wollen, dazu verurteilt sind, immer wieder die gleichen Fehler zu machen, muß unserer hektischen Generation der »Sofortaktionen« die Macht der Geduld eindringlich vor Augen gehalten werden. Wir berufen uns dabei auf Weisheiten, die ihre Zeit und die Kurzsichtigkeit der Menschen überdauert haben.

Die Macht der Geduld ist nicht einfach ein Schlagwort, das man leicht abtun könnte.

Der französische Staatsphilosoph JOSEPH M. DE MAISTRE (1753–1821) bekannte: *»Wartenkönnen ist das große Geheimnis des Erfolges.«* Und das ist so ungefähr das Eindeutigste, das zu diesem Thema gesagt werden kann.

Als Geistlicher drückte vor einem Jahrhundert HORACE BUSHNELL das gleiche sanfter, aber nicht weniger bestimmt aus: »Nicht alle Menschen müssen groß sein im Handeln. *Die größte und sublimste Macht ist schlichte Geduld.«*

Und bei dem am meisten zitierten aller Großen des Wortes und Geistes, bei SHAKESPEARE, lesen wir: »*Wie arm sind jene, die keine Geduld haben. Welche Wunde heilt anders als nach und nach?*« Könnte man besser die Geduld anhand der Natur erklären? Die Natur heilt die Wunde – des Geduldigen. Je tiefer die Wunde, um so länger dauert die Heilung, und um so mehr erheischt sie Geduld. *Das ist ein Naturgesetz, das auch für Gefühlsverletzungen Geltung hat.* Wir sollten darüber nachdenken und uns der Macht der Geduld bedienen lernen.

Das Wort »Macht der Geduld« setzt Assoziationen frei, eine ganze Gedankenkette. TYRON EDWARDS, ein amerikanischer Schriftsteller des vorigen Jahrhunderts, schrieb: »*Wer geduldig ist, wird überdauern.*«

»Überdauern« verbindet sich in unserer Gedankenkette mit »Ausdauer«. Auf sie setzte CALVIN COOLIDGE, der US-Präsident der zwanziger Jahre: »*Nichts kann geduldige Ausdauer ersetzen.* Das Talent nicht: es gibt zahllose erfolglose Menschen mit Talent. Das Genie nicht: verkannte Genies sind fast sprichwörtlich. Bildung nicht: die Welt wimmelt von gescheiterten Gebildeten. Beharrlichkeit und Entschlossenheit sind *beinahe allmächtig.*«

Der englische Arzt und Sozialreformer SAMUEL SMILES (1812–1904) hinterließ uns die Beobachtung: »Sich zum Erreichen eines Zieles zu entschließen, ist häufig schon das Erreichen selber; entschiedene Entschlossenheit scheint vielfach beinahe den *Hauch von Allmächtigkeit* zu haben.«

Diese Zeugnisse sollen nicht nur Beispiele für eine, wie angesagt, assoziativ sich ergebende Gedankenkette sein, sondern auch aufzeigen, wie jedes Glied einer solchen Gedankenkette einen Schritt über unser ursprüngliches Motto – die Macht der Geduld – hinausführt. Der französische Dichter JEAN DE LA FONTAINE (1621–1695) schrieb: »*Geduld und Zeit erreichen mehr als Stärke und Leidenschaft.*« Dem sollten wir einen verwandten Ratschlag des englischen Dichters und Kritikers JOHN DRYDEN (1631–1700) hinzufügen: »*Hüte dich vor dem Zorn eines geduldigen Menschen.*«

Wie die Entwicklung unserer Gedankenkette zeigt, ist Geduld mit Beharrlichkeit verbunden. Der französische Naturforscher

Georges Louis Buffon (1707–1788) formulierte das so: *»Festhalten, bereit sein, ausharren. Geduld ist Genie.«* Und auch in den Lehren des französischen Essayisten Jean de la Bruyère (1645–1699) ist diese Verbindung von Geduld und Beharrlichkeit enthalten: »Kein Weg ist zu lang für den Menschen, der frei und ohne Hast vorwärtsschreitet; *keine Ehrungen sind zu fern für den Menschen, der sich mit Geduld auf sie vorbereitet.«*

Doch muß, wie schon deutlich wurde, Geduld mit Beharrlichkeit gekoppelt sein. Denn – das sagte Napoleon –: *»Der Sieg gehört den Beharrlichen.«* Es ist erstaunlich, daß dieser rücksichtslose Tatmensch und Eroberer den Faktor der Beharrlichkeit so wichtig einschätzte, wie er das tatsächlich ist.

Wir – denen uns der Zug zum Kolossalen mangelt und die wir nur gewöhnlich begabt sind – können uns immerhin an die Versicherung des großen englischen Philantropen und Sozialreformers Sir Thomas Fowell Buxton (1786–1845) halten: *»Mit gewöhnlicher Begabung und ungewöhnlicher Beharrlichkeit ist alles zu erreichen.«*

Also können wir alles erreichen, wenn nur unsere Beharrlichkeit ungewöhnlich ist. Ja, meinte auch Benjamin Franklin mit nur geringer Nuancierung: *»Wer Geduld hat, kann haben, was er will.«*

Nennen wir beides in einem: *Geduldige Beharrlichkeit!* Aufgrund geduldiger Beharrlichkeit »ist alles zu erreichen«, und Sie können »haben, was Sie wollen«.

Kapitel 36

Von den Vögeln lernen

Wenn der Mensch fliegen will, braucht er »seine« Maschine. Und bevor ein Pilot startet, prüft er sorgfältig, ob die Voraussetzungen gegeben sind: Funktionstüchtigkeit des Antriebssystems, Treibstoffvorrat usw. Wenn nicht – im voraus – perfektes Funktionieren des Apparates gewährleistet und, vor allem, für genügend Kraft gesorgt ist, wird kein Mensch den Versuch eines Starts zum Flug hinauf in den Luftraum – der Sonne zu – unternehmen. Und er tut recht daran!

Ich möchte mich hier keineswegs über die beim Fliegen angebrachten Vorsichtsmaßnahmen lustigmachen, die allerdings die Abhängigkeit des Menschen vom mechanischen Vehikel und vom Kraftstoff verdeutlichen. Ich möchte lediglich das Fliegen des Menschen mit dem der Vögel vergleichen.

Wie macht es doch ein Vogel? Er entfaltet seine Flügel, hebt sich in die Luft und fliegt davon – *ohne Furcht, ob die erforderliche Kraft zum Fliegen vorhanden ist oder nicht.* Zugegeben: Der Vogel ist in zweierlei Hinsicht besser fürs Fliegen ausgerüstet als der Mensch. Erstens hat ihm die Natur den zweckmäßigen Apparat beigesteuert, zweitens hat sie ihn mit dem Instinkt ausgestattet, der ihm die Sicherheit gibt, daß für die zum Fliegen erforderliche Kraft gesorgt ist, wann immer er sich in die Luft schwingt; er verfügt über die instinktive *Gewißheit, daß er die Kraft haben wird, indem er es tut.*

Und genau das ist die Lektion, die wir von den Vögeln lernen können: Wir sind zwar nicht wie sie zum Fliegen befähigt, können aber dennoch *die innere Zuversicht haben, daß wir die erforderliche Kraft haben werden, indem wir das, was wir tun wollen, tun.* Natürlich geht es uns dabei nicht ums Fliegen; uns Menschen geht es darum, unsere Persönlichkeit zu entfalten und unser Leben zu meistern. Es geht daher, wie gesagt, um die Zuversicht, daß wir die Kraft dazu haben werden, indem wir es tun.

Stellen Sie sich einen Vogel vor, der auf seinem Zweig sitzt und ängstlich die Flügel ausbreitet – aber der Kraft harrt, emporgetragen zu werden. Den Vogel gibt es nicht! Doch genau das tut der Mensch, wenn er angstvoll der Kraft harrt und nichts tut, anstatt sich zuversichtlich aufzumachen, um das zu erreichen, was er erreichen könnte. Der Mensch muß begreifen: *Die Kraft bekommt man, indem man »es« tut!*

Wenn wir darauf warten, daß man uns zu persönlichen Leistungen emporträgt, wenn wir keinen Versuch unternehmen, ehe wir irgendwoher im voraus die zur Erreichung unseres Ziels notwendige Kraft zugesichert, ja garantiert erhalten, dann sitzen wir fest, klammern uns ängstlich da an, wo wir sind, zaudernd, unentschlossen, untätig – bis wir allenfalls sogar noch den Platz verlieren, auf dem wir festsitzen, und . . . hinunterfallen.

Jedesmal wenn wir einen Vogel – Schwalbe oder Adler – in die Lüfte steigen sehen, sollten wir uns daran erinnern, *daß wir nur handelnd die Kraft zum Handeln erwirken.* Wir sollten lernen, daß uns die zum Erreichen eines Ziels notwendige Kraft erst mit dem Handeln zuteil wird, niemals im voraus, noch bevor wir uns zu handeln aufmachen.

Je tatkräftiger wir also handeln, desto mehr Kraft wird uns für unser weiteres Handeln zuteil werden. *Unsere Aktivität wird zum Generator für weitere Aktivitäten.*

Wie aber unterscheiden wir zwischen Vorsicht und Furcht? Woher wissen wir, ob wir etwas wagen sollen oder nicht? Wann sollen wir unser sicheres »Nest« verlassen, um unsere Fähigkeit und Kraft aufgrund persönlicher Leistung höher oben, »in freier Luft«, zu erproben?

Es gibt eine LEBENSWAHRHEIT, die lautet: *»Was immer der Mensch sich vorzustellen und zu glauben vermag, das kann er auch verwirklichen.«*

NAPOLEON HILL, der das Leben von fünfhundert amerikanischen Millionären studiert und analysiert hat, stellte diese Lebenswahrheit ins Zentrum seiner Erfolgsratschläge. (Die deutschen Ausgaben seiner in mehr als *zwanzig Millionen Exemplaren verkauften* Erfolgsbücher sind unter den Titeln *»Erfolg durch positives Denken«* und *»Denke nach und werde reich«* im Ariston Verlag erschienen.)

Dieser Lebenswahrheit, die einem Gesetz gleichkommt, können wir die Lektion anfügen, die uns die Vögel erteilen: »Die Kraft kommt mit dem Handeln.«

Wie ist es aber möglich, daß wir durch den Akt des Handelns die Kraft zu handeln erzeugen oder erhalten?

Die konservativsten Psychologen sagen, der Mensch nutze selten mehr als die Hälfte seiner tatsächlichen Fähigkeiten. Wir können demnach einfach durch Handeln unsere Kraft verdoppeln! Viele Psychologen meinen jedoch, der Mensch setze nur ein Zehntel seiner Kapazität ein. Sie sagen, man sei fähig, zehnmal soviel zu leisten – einfach durch Handeln!

Sie haben also zwischen doppelt und zehnmal mehr Kraft, als Sie einsetzen. Deshalb können Sie zwischen doppelt und zehnmal soviel leisten – einfach durch Handeln!

Es ist aber jedenfalls noch viel mehr Kraft für Sie verfügbar: jene unendliche Kraft, die das gesamte Universum und alles in ihm – Sie inbegriffen – mit Kraft versorgt! Es ist tatsächlich genau *soviel Kraft verfügbar, wie Sie zu nutzen sich zutrauen.*

Wenn ein kleiner Vogel sich zutraut, dort hinzukommen, wohin er will, dann sollten doch auch Sie das Zutrauen haben, das Ihnen Kraft verleiht, Ihr Ziel zu erreichen? *Die Kraft kommt mit dem Handeln!*

Kapitel 37

Welchen Eindruck machen Sie auf andere?

Eine der größten Schwierigkeiten, die unsere Persönlichkeitsentwicklung behindern und unser Selbstwertgefühl verunsichern, liegt darin, daß wir nicht wissen – oder falsch beurteilen –, welchen Eindruck wir auf andere Menschen machen.

Wir müssen uns selbst *mit den kritischen Augen der anderen* sehen. Wir müssen uns – unsere Stimme, Sprechweise und die Art, in der wir mit der Sprache umgehen, *mit den kritischen Ohren der anderen* hören. Wir müssen die Wirkung dessen, was wir sagen, kennen – indem wir uns Rechenschaft geben, ob es freudig aufgenommen, nur widerwillig akzeptiert oder abgelehnt wird. Wir müssen unsere ganze Persönlichkeit aufgrund unserer Kenntnis der persönlichen Wirkung (anziehende oder abstoßende Wirkung) *anhand der kritischen Wertung der anderen* einschätzen können.

Und das sind nur einige wenige Hinweise auf das, was wir vom GESICHTSPUNKT DER ANDEREN aus wissen müssen, wenn wir sinnvoll unsere Persönlichkeit entwickeln und entfalten wollen. Wir leben nicht allein in dieser Welt. *Unsere Umwelt ist vor allem auch die Welt der anderen.* Und die vielen anderen Menschen um Sie herum können Sie entweder aufbauen und für sich selbst einnehmen oder sie herabsetzen und von sich wegstoßen. Das eine oder das andere tun Sie in jedem Fall, ob Sie sich nun dessen bewußt sind oder nicht. Dabei ist entscheidend, welchen Eindruck Sie auf die anderen machen.

Wenn Sie irgendwo lesen, der Mensch sei der Herr seines Schicksals, und Sie wiegen sich daraufhin in einem falschen

Gefühl der Sicherheit, so nützt Ihnen das gar nichts. Wenn Sie Ihr Leben meistern und erfolgreich gestalten wollen, dann *müssen Sie die anderen für sich gewinnen und erfolgreich beeinflussen können.*

Sie können auf keinen Fall einen großen oder auch nur mittelmäßig bleibenden Erfolg erringen ohne den guten Willen und die Mitarbeit anderer, meistens sogar vieler anderer Menschen. Sie können nicht über andere Menschen hinweg zum Erfolg klettern; die anderen müssen Ihnen helfen, müssen nachschieben.

Da Sie – wie auch alle anderen Menschen – von Natur her nicht mit der Fähigkeit und dem Wissen ausgestattet sind, wie man andere motiviert, Sie auf Ihrem Weg zum Erfolg zu unterstützen, müssen Sie sich der dafür geeigneten Methoden bedienen, sie vervollkommnen und ständig anwenden. Die geeigneten Erfolgsmethoden, die ich im Laufe von vierzig Jahren als zielführend befunden habe, stehen Ihnen mit dem *»Schlüsselwerk bewährter Erfolgsmethoden«* zur Verfügung. In diesem Kapitel können wir uns auf eine einzige Erfolgsmethode beschränken. Es ist allerdings vielleicht die wichtigste von allen.

Es geht um die Notwendigkeit, Ihre *Beziehungen zu anderen Menschen so optimal zu gestalten, daß Sie diese für sich einnehmen und auf sie Einfluß ausüben können.*

Leistungen, die Ihre Zufriedenheit mit sich selbst fördern, mögen Ihnen ein begrenztes selbstbezogenes Vergnügen bereiten; doch müssen Ihre Leistungen zur Zufriedenheit der anderen ausfallen, wenn Sie von ihnen auf Ihrem Weg zum Erfolg unterstützt werden wollen. Es besteht heutzutage *ein Trend zur »Selbstverwirklichung« um jeden Preis,* die vielfach bis zu geradezu anmaßender Rücksichtslosigkeit geht und auf die letztlich notwendige Billigung unseres Verhaltens seitens der Mitmenschen bewußt verzichtet. Sie zeigt sich etwa in der Einstellung: »Die andern soll der Teufel holen!«

Mit einer solchen Einstellung wird natürlich seitens ebendieser anderen *keine Unterstützung auf Ihrem Weg zum Erfolg* zu erwarten sein. Ebendiese »anderen« – Ihre Bekannten oder deren Bekannte – begegnen Ihnen vielleicht auch unerwartet in einer

Situation, die möglicherweise entscheidend für Ihre berufliche Laufbahn oder für Ihr persönliches Glück ist. Dann werden Sie es bedauern, wenn Sie im Zug Ihres Strebens nach »Selbstverwirklichung« Ihre egozentrische Selbstdarstellung bis zum äußersten getrieben und die nun plötzlich wichtig werdenden anderen zum Teufel gewünscht haben.

Es ist nicht nur wünschenswert, es ist sogar notwendig, daß Sie sich darauf konzentrieren, die anderen in einem günstigen Sinn für Sie einzunehmen, so daß diese willens und bereit sind, ja mitzuhelfen wünschen, Sie zum Erfolg zu tragen.

Bevor Sie also irgend etwas sagen oder tun, stellen Sie sich im stillen die Frage: *»Bin ich dadurch leichter zum Erfolg zu tragen?«*

Kapitel 38

Die Frage »Verglichen womit?«

Bekanntlich war der ewig fragende griechische Philosoph SOKRATES mit seiner ewig nörgelnden XANTHIPPE verheiratet, deren erklärtes Ziel es war, dem Weisheitssucher das Leben schwerzumachen. Eines Tages wurde Sokrates von einem Freund gefragt, wie es seiner Frau ginge. Und charakteristischerweise antwortete Sokrates mit einer Gegenfrage: »Verglichen womit?«

Wie alle Fragen, die uns als von ihm stammende Aussprüche überliefert sind, birgt auch diese Frage eine große Weisheit in sich.

Menschen, Orte, Situationen, Geschehnisse, Erfahrungen, auch Gefühle, sind in ihrer Qualität nur relativ festzulegen. Wie gut oder schlecht, schön oder häßlich, harmlos oder gefährlich usw. sie sind, zumal noch in ihren graduellen Unterschieden, *hängt davon ab, womit sie verglichen werden.* Aufgrund dieser Tatsache ergibt sich für uns eine äußerst NÜTZLICHE METHODE hinsichtlich unseres täglichen Umgangs mit Menschen und unserer Konfrontation mit Orten, Situationen, Ereignissen sowie hinsichtlich unserer daraus resultierenden geistig-emotionalen Reaktionen.

Die Frage »Verglichen womit?« lehrt uns Toleranz und Mäßigung. Sie lehrt uns, unangemessene Reaktionen zu vermeiden, aber auch zu verstehen, was RUDYARD KIPLING schrieb: »Nimm Triumph- und Unglücksgehaben gelassen hin und behandle die beiden Täuscher genau gleich.« Die Frage »Verglichen womit?« ermahnt uns, wegen geringer Großzügigkeiten oder erwiesener Wohltaten nicht gleich einen Heiligenschein zu beanspruchen, und sie ermahnt uns, aus bescheidenen Leistungen keinen Triumph zu machen und kein Unglück aus unbedeutenden Enttäuschungen. All das ist ja relativ und erhält durch die schlichte Frage »Verglichen womit?« erst ihren richtigen Stellenwert. Dazu einige BEISPIELE:

1. Es gibt Milliarden Menschen, und ein jeder unterscheidet sich vom anderen. Wenn wir also versucht sind, irgend jemandem gegenüber, den wir beleidigend oder unerträglich finden, unangemessen zu reagieren, sollten wir uns im Hinblick auf sein Verhalten oder seine Art fragen: »Verglichen womit?« Im Vergleich mit dem Verhalten und der Eigenart zahlloser anderer Menschen sehen wir dann den Betreffenden als viel weniger beleidigend und unerträglich als zuvor. *Der Vergleich erweist uns toleranter.*
2. Leute, die ihren ganzen Reichtum zum Bau prunkvoller Herrenhäuser mit prächtigen Parkanlagen verwenden und uns in Worten oder Gesten ihren Triumph spüren lassen: »Da seht nur, was ich gebaut habe!«, sollten sich fragen: »Verglichen womit?« Vielleicht würde ihnen bei dieser Frage Dr. ALBERT SCHWEITZERS ziemlich primitives Krankenhaus einfallen, das er in Lambarene, Gabun, mitten im tropischen Afrika eingerichtet hat, um die kranken Eingeborenen des Landes zu pflegen. Oder es würden ihnen die Kathedrale von Chartres oder der Kölner Dom einfallen, die zur Verherrlichung des Ewigen erbaut worden sind! Man braucht nur zu fragen: »Verglichen womit?« , *und wir alle werden bescheiden.*
3. Alles, was uns im Leben widerfährt, ist sehr relativ, wenn man es ins Verhältnis setzt mit vergangenen, gegenwärtigen oder denkmöglichen anderen Erfahrungen oder Ereignissen. Wir sehen unsere Freuden und Leiden des Tages in einem richtigeren Verhältnis, wenn wir uns fragen: »Verglichen womit?« Es gibt zweifellos immer erfreulichere und auch schlimmere Erfahrungen als die, die wir gerade machen. Wir sollten uns daher immer bewußt bleiben, daß alles, was wir – im Guten wie im Schlimmen – erleben, *nie das letzte Glück oder die letzte Tragödie ist.* Das wird uns klar mit der Antwort auf die Frage: »Verglichen womit?«

4. Wir dürfen nie vergessen, daß das Wichtige bei allem ja nicht das ist, was geschieht, sondern das, was wir dabei gefühlsmäßig empfinden. Und bevor wir uns zu unangemessenen Reaktionen hinreißen lassen, *sollten wir in Ruhe die Gravität und die Auswirkungen jedes Zwischenfalls abzuschätzen trachten:* »Verglichen womit?« Wenn wir unseren Gefühlsüberschwang ablegen und gelassen die Sachlage und deren Folgen beurteilen, werden wir zumeist feststellen können, daß der Zwischenfall so schlimm, wie er im ersten Augenblick schien, nicht ist. So manches Vorkommnis können wir aus einiger Distanz sogar als eine der Trivialitäten des Lebens achselzukkend abtun. Die Frage »Verglichen womit?« – die der Weisheit eines SOKRATES entstammt – ist es *wert, daß Sie sich ihrer als einer Technik, die zu Mäßigung und Toleranz führt, bei jeder Gelegenheit bedienen.* Oder ist das etwa, verglichen mit anderen Mühen, die Mühe nicht wert?

Kapitel 39

Die Kunst des Neinsagens

In diesem Kapitel geht es nicht um Moral. Es wird nur vorausgesetzt, daß Sie über den moralischen Mut und die Vernunft verfügen, allem, was unrecht oder falsch ist, ein klares Nein entgegenzusetzen.

Hier wird Ihnen nun aber empfohlen, auch nein zu sagen, wenn etwas rechtens und sogar an und für sich wünschenswert ist.

Es gibt Millionen von Dingen in dieser Welt, die richtig und wünschenswert sind und die auch getan werden sollen, ja getan werden müssen – zu denen Sie aber im stillen, wenn schon nicht laut, nein sagen müssen. Ein einzelner Mensch hat aber nicht die Zeit und nicht die Fähigkeit, mehr als einige wenige von all den Dingen zu tun, die – von ihm aus gesehen – getan werden müssen. Daher ist unter diesem Gesichtspunkt, daß nämlich jeder Mensch ein Lebensziel hat, das zu Recht als vorrangig anzusehen ist, die BEWÄHRTE ERFOLGSMETHODE, die anzuwenden ist, ziemlich hart wie folgt festzulegen: *Im allgemeinen nein sagen, ja nur in ganz besonderen Fällen Ihrer überlegten Wahl!*

Diese Erfolgsregel bedarf einer näheren Erklärung. Sie sollten im allgemeinen nein sagen, weil Sie ganz einfach Ihr Denken, Ihre Zeit und Ihre Kraft auf Ihr eines Hauptziel, auf das, was Sie unter Ihrem Lebenserfolg verstehen, ausrichten müssen. Sie können unmöglich alles tun, worum Sie selbst sich kümmern möchten oder worum man Sie bittet. Und je erfolgreicher Sie werden, um so gültiger ist das. Immer häufiger werden Sie versucht sein, sich auf Nebengeleisen zu verlieren, und immer öfter werden Bitten an Sie gerichtet. Vielfach wird man Ihnen große Summen oder andere Begünstigungen anbieten; andererseits wird man Sie auch bitten, Ihre Fähigkeiten in den Dienst von wohltätigen Anliegen zu stellen.

Vergessen Sie aber gerade bei solchen Anlässen die Regel nicht: Im allgemeinen nein sagen, ja nur in ganz besonderen Fällen Ihrer überlegten Wahl!

Kehren wir zu dem wichtigen Lehrsatz von WILLIAM JAMES, den wir bereits kennen, zurück: *»Glaube erzeugt die Tatsachen«* – vorausgesetzt, man konzentriert sich ausschließlich auf das, was man anstrebt, und – so weiter der Psychologe – »man strebt nicht zur gleichen Zeit hundert andere, damit unvereinbare Ziele ebenso intensiv an«.

Sie werden also zu einer Menge wünschenswerter und lohnender Angebote nein sagen müssen, einfach *weil Sie unvereinbar sind mit dem, was Sie leisten müssen, um Ihr Hauptziel zu erreichen.*

William James lehrte, Sie sollten sich »ausschließlich« auf Ihr Hauptziel konzentrieren. Demzufolge müssen Sie im allgemeinen nein sagen.

Das ist zwar von vielen großen Denkern gelehrt worden, vielleicht aber von dem redegewandten englischen Staatsmann WILLIAM GLADSTONE am besten formuliert worden: »Um das Leben eines Menschen zu begreifen, ist es notwendig, nicht nur *zu wissen, was er tut, sondern auch, was er in voller Absicht ungetan läßt.* Dem körperlichen und geistigen Leistungsvermögen des Menschen sind Grenzen gesetzt, und ein weiser Mensch ist derjenige, der keine Zeit an Anliegen verschwendet, für die er nicht geeignet ist; und noch weiser ist derjenige, der sich unter all dem, was er gut bewältigen kann, für das Beste entscheidet und dieses Ziel konsequent verfolgt.«

Wiederholen wir die Quintessenz in der Kurzfassung unserer Formel: *Im allgemeinen nein sagen, ja nur in ganz besonderen Fällen Ihrer Wahl.*

Denken Sie daran, daß Ihr Unterbewußtsein zielgesteuert agiert und in ähnlicher Weise wie eine elektronische Computeranlage funktioniert. Steuern Sie es daher aufgrund einer klaren, ausschließlichen Zielsetzung, und Sie werden Ihr Lebensziel erreichen.

Wenn Sie jedoch Ihr unbewußtes Steuerungssystem auf viele verschiedene Ziele, die sich miteinander nicht vereinbaren lassen, programmieren, so werden gleichsam die auseinanderstrebenden Impulse sich gegenseitig aufheben oder sogar einen Kurzschluß auslösen und Ihr Steuerungssystem zerstören.

Deshalb müssen Sie *nein sagen zu allem, was Sie von Ihrer bewußten Zieleinstellung ablenkt* und das Erreichen Ihres Hauptziels in Frage stellt. Und Sie dürfen sich nur auf die Angebote und Ersuchen einlassen, die mit Ihrem Hauptziel vereinbar sind.

Ihr Nein zu so manchem, was zwar wünschenswert, aber unwichtig für Sie ist, macht Ihnen den Weg für das Jasagen frei, der direkt zu Ihrem Lebensziel führt.

Kapitel 40

Tun Sie nichts überstürzt!

Heutzutage wird sehr viel Unglück durch überstürztes Handeln angerichtet. Lehnen wir uns doch für eine Weile zurück, entspannen wir uns, um in aller Ruhe über den klugen Rat jener nachzudenken, die da warnen: *»Nicht immer gleich sofort handeln!«*

Gott gebot uns: »Seid still ... und wisset, daß ich Gott bin.« Gott können wir überall finden, denn Er ist überall; aber wenn wir still sind, finden wir am leichtesten zum Göttlichen Zugang. *Lernen Sie die Kunst, still zu sein – und zuzuhören.*

Der Dichter Bryan Waller Procter bekannte: »Die mächtigsten Kräfte werden durch die tiefste Stille genährt.« Und das ist wahr. Tyron Edwards riet uns: »Es gibt viele Augenblicke und Umstände im Leben, in denen Stillhalten unsere Stärke ist.«

Es gibt die Kunst des Aufschubs. *»Es ist die Kunst des wohlerwogenen Nichthandelns«*, wie William Cowper schrieb. Er redet keineswegs etwa der Trägheit das Wort. Es kostet zweifellos mehr Anstrengung, seinen Eifer zu zügeln, als auf der Stelle – überstürzt – zu handeln. »Wer sich die Zeit zum Nachdenken und Abwägen nimmt, wird klüger handeln als derjenige, der hastig und impulsiv handelt«, schrieb Charles Simmons.

Es ist meistens am klügsten, ein ungelöstes Problem vorurteilslos in der Schwebe zu lassen, bis sich eine klare, befriedigende Lösung aufdrängt. Das Lösen von Problemen erfordert kaum je ein sofortiges Handeln, zwingt uns nicht, nach der erstbesten Lösung zu greifen.

Durch stilles, ruhiges Überdenken der in Frage kommenden Alternativen rücken wir einer Lösung besser näher. Und bis wir sorgfältig alle möglichen Alternativen in Betracht gezogen haben und zu einer befriedigenden Beurteilung in bezug auf das richtige Vorgehen gekommen sind, bleiben wir besser bei dem, was der amerikanische Staatsmann JOHN RANDOLPH *»überlegte, disziplinierte, entschlossene Untätigkeit«* nannte – oder was sein Kollege JOHN C. CALHOUN als *»souveräne Untätigkeit«* bezeichnete. Überstürzen Sie nichts!

Es gibt ein kluges altes Sprichwort: »Wenn dein Baum Früchte trägt, freue dich, aber pflücke sie nicht, bevor sie reif sind.« Genauso müssen auch Sie die Früchte Ihres Erfolgsstrebens reifen lassen.

Natürlich möchten Sie so rasch wie möglich zu Erfolg gelangen; aber übereilen Sie nichts, Sie haben Zeit. Leute, die versuchen, schneller zu Erfolg zu kommen, als es ihnen möglich ist, geraten in Schwierigkeiten. Und es ist nun einmal *leichter, sich aus Schwierigkeiten herauszuhalten, als aus ihnen herauszukommen.* Angesichts eines konkreten Problems, dessen Lösung Ihnen unklar ist, können Sie sich nur in »überlegter, disziplinierter, entschlossener Untätigkeit« üben, bis Sie in aller Ruhe sämtliche möglichen Alternativen geprüft und sich vernünftig vergewissert haben, welches Handeln das richtige ist.

Es ist viel wichtiger für Sie, richtig zu handeln, als sofort zu handeln. Oder würden Sie ein Ei zerbrechen, um ein Küken herauszuholen?

Kapitel 41

Das Geheimnis der Hundertjährigen und die »magischen« Drei

Uns kann es nicht darum gehen, möglichst lange am Leben zu bleiben, sondern, wenn möglich, hundert Jahre lang gesund, aktiv, geistig frisch und glücklich zu bleiben.

Die Erfüllung dieses Wunsches kann ich natürlich nicht garantieren. Niemand kann Ihnen garantieren, daß Sie auch nur die nächsten Minuten überleben. Aber ich kann Ihnen berichten, wie zahlreiche Menschen tatsächlich hundert Jahre alt wurden und oft noch länger lebten.

Es gibt verschiedene Regionen unserer Erde, in denen ein weit über dem Durchschnitt liegender Prozentsatz der Bevölkerung bis über den hundertsten Geburtstag hinaus gesund, sogar körperlich und geistig bei Kräften bleibt. Diese Menschen sind geistig vital, und ihr Gedächtnis ist trotz ihres Alters gut. Wie ist das möglich?

- Die Menschen, die hundert und mehr Jahre leben, *aßen ihr Leben lang kalorienärmer.* Der tägliche Kalorienkonsum ist in jeder dieser Gruppen verschieden, beläuft sich aber lediglich auf zwölf- bis neunzehnhundert Kalorien pro Tag – gegenüber einem durchschnittlichen Kalorienkonsum von dreitausenddreihundert Kalorien täglich in den westlichen Industrieländern. Selbstverständlich sind diese Hundertjährigen weder fett noch auch nur übergewichtig, ebensowenig allerdings unterernährt, wie es an ihrem Aussehen, ihrer Gesundheit, Kraft und Vitalität abzulesen ist.
- Die Hundertjährigen hielten sich an eine *Nahrung, die proteinreich, aber cholesterinarm ist* (das trifft zum Beispiel auf

Sardinen und – erstaunlicherweise – auf Linsen zu, die beide zusätzlich noch viel Nukleinsäure, ein sprichwörtliches Alterselixier, enthalten). Auch nahmen sie viel weniger tierische Fette zu sich als Menschen, die jünger sterben, und überhaupt als der Durchschnitt der Bevölkerung des Westens.

- Die Hundertjährigen haben ihr Leben lang täglich *viel körperliche Bewegung* gemacht. Bewegung hält nicht nur den Körper jung, sondern auch den Geist.
- Die Hundertjährigen haben damit gerechnet, daß sie alt werden. Sie haben eine »jugendliche« Einstellung zum Leben. Sie fühlten sich mit siebzig »jung« und sagten das auch. Sie hielten es immer schlicht für selbstverständlich, daß sie hundert Jahre alt werden. *Sie empfanden hundert Jahre als ihre normale, natürliche Lebenserwartung.*

Ich bin auf dem Gebiet der Gerontologie kein Fachmann, ich vermittle hier nur einige der wissenschaftlich erwiesenen Tatsachen hinsichtlich wirksamer Vorbeugung vorzeitigen Alterns und Sterbens. In bezug auf Ernährung und körperliche Bewegung können Sie leicht Ihre eigenen Schlußfolgerungen ziehen.

Doch es gibt aufgrund des Phänomens der Hundertjährigen eine Schlußfolgerung, die für jeden von uns in unseren täglichen Aktivitäten und vor allem in unserem Streben, unser Lebensziel zu erreichen, von größter Bedeutung ist. Gemeint ist das GESETZ DER ERWARTUNG. Beachten Sie: Die Menschen, die hundert oder mehr Jahre alt werden, erwarteten ihr Leben lang, so alt zu werden.

Interessant ist, *daß unsere Erwartungshaltung offenbar nicht nur für das tägliche Leben, sondern auch für die Länge des Lebens selber entscheidend ist.* Dabei spielen natürlich auch andere Faktoren eine Rolle. Doch es ist bekannt, daß Menschen, die damit rechnen, früh zu sterben, zumeist nicht alt werden. Und Menschen, die sich stark danach sehnen (aus vielerlei Gründen, oft psychotischen), früh zu sterben, sterben zumeist tatsächlich sehr jung.

Was für eine *unheimliche Machtkonstellation, die sich aus dem Zusammenwirken von Wunsch, Glaube und Erwartung ergibt!* Sie haben nachweislich eine gewisse Macht sogar über Leben und

Tod! Wir wollen hier allerdings nicht über metaphysische Fragen spekulieren; überlassen wir Leben und Tod einer höheren Instanz.

Konzentrieren wir uns darauf, die »magischen« drei Phänomene menschlicher Macht, die auf der Kraft des Wünschens, des Glaubens und der Erwartung beruht, im Zusammenhang mit dem von uns angestrebten Lebenserfolg zu sehen und diese immensen Kräfte zu nutzen.

Wunsch, Glaube, Erwartung können tatsächlich als die »magischen Drei« gelten, weil sie wie durch Zauber in unserem Leben das bewirken, was wir als Lebenserfolg anstreben. Wir fassen hier nur zusammen, was in zahlreichen Kapiteln dieses Buches – hauptsächlich unter dem Stichwort der »Gesetze des Denkens und Glaubens« (die die genannten magischen Drei ja in sich schließen) – ausführlich erörtert ist. Und dies ist die NUTZANWENDUNG:

1. Sie müssen sich den von Ihnen angestrebten Lebenserfolg *intensiv wünschen.*
2. Sie müssen *tief daran glauben,* daß Sie Ihr Lebensziel erreichen.
3. Sie müssen *zuversichtlich erwarten,* daß Sie es erreichen.

Diese magischen Drei – Wunsch, Glaube, Erwartung – werden in diesem Kapitel erwähnt, weil sie, wie dargelegt wurde, zusammen mit anderen Faktoren sogar die Länge unseres Lebens in nicht geringem Maß zu beeinflussen scheinen. Ganz sicher aber bestimmen sie die Qualität unseres Lebens. *Sie ermöglichen es uns, unser Lebensziel und alle mit ihm zu vereinbarenden Nahziele zu erreichen.*

Kapitel 42

Sprechen Sie es aus!

Wollen Sie beliebt sein, müssen Sie *bei anderen beliebt* sein. Das ist der springende Punkt.

Wollen Sie erfolgreich sein, müssen Sie *bei anderen erfolgreich* sein. Selbst wenn Sie ein einsamer Goldsucher wären und Gold fänden, würde Ihr Erfolg noch immer von dem Wert abhängen, den andere Ihrem Gold beimessen, und von der Bereitschaft anderer, es zu kaufen. Im Geschäftsleben und bei allen sonstigen Unternehmungen hängt Ihr Erfolg maßgebend davon ab, daß andere Menschen auf Sie eingehen.

Wollen Sie glücklich sein, müssen Sie *mit anderen glücklich* sein. Einsames Glück ist geradezu ein Widerspruch der Bedeutung nach und jedenfalls schal und nicht befriedigend. Fragen Sie Menschen, die das ausprobiert haben!

Das einzige zutiefst befriedigende Glück liegt in der Gemeinsamkeit mit anderen Menschen – in der Liebe. Das schönste Glück ist natürlich das zweier Liebender (das hier nicht erörtert wird). Doch auch die Liebe unter Mitmenschen ist beglückend. Und deshalb ist jeder AUSDRUCK MENSCHLICHEN WOHLWOLLENS von größter Bedeutung. Sie sollten daher immer – bei jeder Gelegenheit – die folgenden drei Ratschläge beherzigen:

1. *Bringen Sie stets Ihre Dankbarkeit zum Ausdruck.* Das ist einfach und wird Ihnen infolge ständiger Anwendung bald in Fleisch und Blut übergehen. Sie werden immer etwas finden, das Sie zu Dank verpflichtet. Wenn Sie keinen besseren Grund zu haben glauben, dann können Sie immer noch zumindest dafür danken, daß sich der andere die Zeit nimmt, mit Ihnen

zu sprechen oder Ihren Brief zu lesen oder über Ihre Bitte nachzudenken. Eine Persönlichkeit übersieht niemals einen Anlaß, der zu Dank verpflichtet, und bringt dann auch die Dankbarkeit zum Ausdruck. Das kommt dem tiefverwurzelten unbewußten Bedürfnis der Menschen nach Anerkennung entgegen. Indem Sie sich bedanken, erfüllen Sie den unbewußten Wunsch nach Anerkennung. Es handelt sich um weit mehr als nur um eine freundliche Geste. Es hat eine tiefe, dauerhafte Wirkung.

2. *Bringen Sie stets Ihren guten Willen zum Ausdruck.* Setzen Sie nicht voraus, daß Ihre Freunde oder Ihre Familie Ihren guten Willen für selbstverständlich halten. Auch Ihnen nahestehende Menschen sehnen sich nach greifbaren Beweisen Ihres guten Willens. Wohlverstanden: Liebe oder Zuneigung mag die Grundlage der Beziehung sein. Das enthebt Sie aber nicht von solchen Beweisen. Dabei genügt es nicht, guten Willen zu haben, Sie müssen ihn zeigen. Versuchen Sie, bei jeder möglichen Gelegenheit Ihren guten Willen zum Ausdruck zu bringen – wenn Sie mit jemandem sprechen, telephonieren oder jemandem schreiben –, das wird »Wunder« in Ihrem Leben bewirken!
3. *Sprechen Sie gute Wünsche aus.* Gehen Sie nicht einfach von der Annahme aus, jeder, dem Sie begegnen, schreiben oder mit dem Sie telephonieren, sei sich der Tatsache bewußt, daß Sie ihm allgemein oder im besonderen Gutes wünschen. Tatsächlich ist es eher so, daß die Menschen, mit denen Sie zu tun haben, unbewußt annehmen, es liege Ihnen nicht viel an ihnen, wenn Sie Ihre guten Wünsche nicht zum Ausdruck bringen; infolgedessen werden diese Menschen auch Ihnen gegenüber, bewußt oder unbewußt, Gleichgültigkeit empfinden.

Es ist äußerst wichtig, daß Sie in der empfohlenen Art und Weise jedem Menschen, mit dem Sie zu tun haben, Ihr Wohlwollen aussprechen. Sie können aber auch rein im Geiste gegenüber Menschen, die Sie nicht kennen, die Sie aber in das Wirkungsfeld Ihrer Persönlichkeit einbeziehen möchten, gute Wünsche und Ihren guten Willen »hinüberfunken«. Das kann jedermann, und die Wirkung ist erstaunlich. (Diese Methode ist in Kapitel 70 meines Buches *»Wunscherfüllung«* ausführlich erläutert.)

Wenn Sie sich zur Gewohnheit machen, Ihr Wohlwollen zum Ausdruck zu bringen, so wird Sie das nicht nur beliebt, sondern auch glücklich machen.

Und es wird Sie außerdem reich machen! Sehr oft hängen die größten Geschäftsabschlüsse und die Beziehungen mit den wichtigsten Geschäftspartnern nur von diesen »Kleinigkeiten« ab. Ich kann das aus meiner eigenen Erfahrung bestätigen. Auch ich habe am Anfang meiner Laufbahn gegen diese Regeln verstoßen und sehr oft versäumt, bei jeder möglichen Gelegenheit freundliches Wohlwollen zum Ausdruck zu bringen (was eingeschlossen hätte: bei den »richtigen« Gelegenheiten, gegenüber den »richtigen« Leuten, zur »richtigen« Zeit), und habe erst sehr viel später – zu meinem großen Erstaunen – erfahren, was mein Fehler war. Seitdem habe ich gelernt, daß das keine »Kleinigkeiten« sind!

Versäumen Sie daher nicht, bei jeder Gelegenheit Ihrer Dankbarkeit, Ihrem guten Willen und guten Wünschen jedem Menschen gegenüber Ausdruck zu verleihen, mit dem Sie sprechen oder dem Sie schreiben. Dabei kommt es darauf an, daß Sie das ständig – ohne Ausnahme – tun, so daß es Ihnen zu einer Gewohnheit wird. Diese Einstellung wird Ihnen ein enormes persönliches Plus einbringen. Es wird Sie nicht nur beliebt und glücklich machen, Ihr Glück und Wohlwollen werden auf alle anderen Menschen ausstrahlen. Sie geben ihnen etwas, ohne daß Sie eine Gegenleistung für sich erwarten. Und gleichwohl werden Sie belohnt werden: *»Wie man sät, so erntet man.«*

Kapitel 43

Die Kunst des Gebens und Nehmens

Die Bibel lehrt: »Geben ist seliger als nehmen.« Das ist natürlich eine tiefgründige Weisheit, deren Wahrheit die Jahrhunderte hindurch überdauert hat und auch uns Heutige noch beeindruckt. Die Welt wäre besser, wenn mehr Menschen sie beherzigten.

Die wahre Größe des Gebens liegt im Nichterwarten einer Gegengabe. Es gibt aber auch eine Größe des Nehmens: nämlich zu geben – und wohlwollend-freundlich etwas dafür entgegenzunehmen.

Nehmen Sie die Gaben, ganz gleich, was es ist. Nehmen Sie sie nicht um der Gabe, sondern um des Menschen willen an. Geben Sie nicht in Erwartung von Dankbarkeit; *wenn aber Dankbarkeit angeboten wird, nehmen Sie sie freundlich an.*

Das ist nicht nur eine Frage guter Manieren, sondern ein psychologisch sehr wichtiger Akt. Geben hat ja immer, auch wenn ihm gänzlich selbstlose Motive zugrunde liegen (was nur allzu oft keineswegs zutrifft), etwas Gönnerhaftes, und deshalb droht stets die Gefahr, daß es im Unterbewußtsein des Empfängers Minderwertigkeitsgefühle auslöst, die sich leicht in Ressentiments auswachsen können. *Unbewußt hat der Empfänger ein Gefühl der Verpflichtung, einer stillen »Schuld«.*

Wenn der Gebende nicht unauffällig für die Gelegenheit sorgt, die es dem Empfänger ermöglicht, seinen Stolz in Form der Begleichung der »Schuld« zu wahren, kann das die Minderwertigkeitsgefühle und Ressentiments gefährlich schüren. Und jeder mit dem Geben beabsichtigte gute Zweck wandelt sich zum Bösen.

Die Gegengabe, sei sie nun materieller Art oder sei es der Ausdruck der Dankbarkeit in Worten oder brieflich, braucht natürlich nicht im entferntesten dem materiellen Wert der ursprünglichen Gabe zu entsprechen. Dessenungeachtet sollte sie freundlich als gleichwertig entgegengenommen werden.

Es ist ein wichtiges – und oft zwingendes – psychologisches Bedürfnis des Empfängers einer Gabe, dafür auch seinerseits etwas geben zu wollen. Zu diesem Bedürfnis kommt die Erwartung, daß die Gegengabe in freundlicher Anerkennung als gleichwertig oder gar höher eingeschätzt werde als die ursprüngliche Gabe.

An Beispielen für typische *Gegengaben aus Dankbarkeit* mangelt es nicht. Hier nur einige wenige Repräsentanten:

- Das Kind, das eine leere Konservendose bemalt und sie dann als »Blumenvase« jemandem präsentiert, der ihm etwas geschenkt hat.
- Die alte Dame, die aus Dankbarkeit und Liebe etwas häkelt.
- Der Mensch, der Ihnen in so hoher Anerkennung dankt, daß Sie sich hundertfach belohnt fühlen.

Solche Beispiele könnten endlos fortgesetzt werden. Denn Menschen mit Würde und Charakter ist wirklich daran gelegen, ihre Anerkennung auf die ihnen mögliche Art zu zeigen.

Sorgen Sie dafür, daß Sie sich für Ihre eigene, vorgängig erwiesene Großzügigkeit mehr als »belohnt« fühlen. Es ist eine wahre Kunst, »Dankesgaben« in Empfang zu nehmen. *Wenn Sie diese Kunst beherrschen, stellt sich abschließend das vollzogene Geben und Nehmen als ein gegenseitiger Austausch unter einander ebenbürtigen Partnern dar.*

Es ist seliger zu geben. Aber es ist auch segensreich, wenn Sie aufgrund der Annahme einer Gegengabe als eines Zeichens Ihnen erwiesener Dankbarkeit die Ehre und den Stolz Ihres Partners zu würdigen verstehen.

Auf diese Weise geben Sie doppelt. Und sind doppelt gesegnet.

Kapitel 44

Unaufhaltsam – wie ein mächtiger Strom

Ein Strom fließt unaufhaltsam seiner mit der Mündung ins Meer festgelegten Bestimmung zu. Und er gelangt ins Meer. Er hat sich seinen Lauf gegraben.

Das müssen auch Sie!

Sie müssen eine wohlüberlegte und entschieden festgelegte Bestimmung haben: Ihr Lebensziel. Sie müssen ein »Strombett« haben und sich in ihm, wie ein mächtiger Strom, unaufhaltsam Ihrem Lebensziel zubewegen.

Ein Strom kann infolge der Fluten eines Unwetters dann und wann sein Bett verlassen, aber er ändert nie seinen Lauf. Er strömt unbeirrbar seiner Bestimmung zu.

Das müssen auch Sie!

Sie mögen manchmal unter den Fluten eines Unwetters leiden. Aber wie der Strom müssen Sie auf Ihre Bahn zurückkehren, die zum Erfolg führt; Sie müssen Ihrem Lebensziel zusteuern.

Die Strömung ändert sich. Zuweilen geht es schneller vorwärts als gewöhnlich, zuweilen in großen kraftvollen Wogen, zuweilen still und gelassen. Aber immer strömen die Wasser ihrer feststehenden Bestimmung zu.

Das müssen auch Sie!

Wie der mächtige Strom werden Sie sich zuweilen langsamer als sonst vorwärtsbewegen. Lassen Sie sich deshalb nicht beirren. Die Geschwindigkeit, mit der Sie sich vorwärtsbewegen, ist nicht so entscheidend wie die Beständigkeit, mit der Sie auf Ihr Lebensziel zusteuern. Und Ihre Erfolgsdevise lautet – wie, unausgesprochen, die des Stroms – »Nur immer voran – dem Ziel zu!«

Es wird Ihnen helfen, wenn Sie Ihren Fortschritt *im Bild des Vorankommens eines mächtigen Stroms sehen und das nachempfinden, so daß Sie sich das »Gefühl« einer konstanten Vorwärtsbewegung erwerben,* und zwar das mit der inneren Gewißheit verbundene GEFÜHL,

- daß Ihr Leben auf Ihr Ziel hin verläuft und daß Sie auf dieser Bahn bleiben werden wie der Strom in seinem Bett;
- eines ständigen Flusses mächtiger, unaufhaltsamer Kraft auf vorgezeichneter Bahn, die ans Ziel führt;
- daß Ihr Leben auf vorgezeichneter Bahn verläuft, die – wie der Stromlauf in die Landschaft – tief in Ihr Unterbewußtsein eingegraben ist, und die mächtige innere Strömung Sie an Ihr Ziel tragen wird.

Es ist psychologisch sehr wichtig, daß Sie dieses »Strom-Gefühl« bekommen, *das Gefühl eines ständigen, mächtigen, unaufhaltsamen Vorankommens auf Ihr Lebensziel zu.*

Prägen Sie sich wieder und wieder das Bild des mächtigen Stroms ein, bis Sie dieses Gefühl bekommen und es sich jederzeit intensiv hervorrufen können.

Kapitel 45

Freundlich bis heiter ...

Es geht hier um einen wünschenswerten »Wetterbericht« über Ihre Stimmung und Einstellung. Wenn Sie Freundlichkeit zum Ausdruck bringen, weil Sie innerlich heiter sind, werden Sie mit Ihren Mitmenschen gut auskommen. Das ist eine derart einfache, offenkundige und unwiderlegbare Tatsache, daß es eigentlich überflüssig scheinen sollte, darüber noch ein Wort zu verlieren. Und doch ist das nötig.

Alle Menschen reagieren unangenehm – bisweilen; die meisten Menschen aber reagieren allzuoft unangenehm. Warum?

Der Grund liegt auf der Hand: Sie reagieren unangenehm, weil sie anderer Ansicht sind. Und warum sind sie das?

Es gibt Sie. Es gibt mich. Es gibt aber auch alle die anderen. Die Welt wimmelt von all den anderen, und keiner ist dem anderen gleich. Keiner ist wie Sie. Wie die alte Redensart besagt: »Keiner ist wie der andere.« Und da die anderen nicht wie Sie sind, denken und handeln sie auch anders als Sie – jedenfalls nicht immer so wie Sie oder wie Sie es gerne hätten. Das kommt in Ihrem Leben täglich vor. Wie reagieren Sie in solchen Fällen? Werden Sie da unangenehm? Oder bleiben Sie freundlich bis heiter? Oder ...?

Sie können grundsätzlich auf drei verschiedene Arten reagieren:

1. *Sie werden unangenehm*: Sie sind verstimmt, reden nicht mehr, zeigen aber deutlich Ihren Ärger. Oder Sie veranstalten eine lautstarke und peinliche Szene heftigen Widerspruchs. Oder Sie entscheiden sich im Ausdruck Ihres Widerspruchs für einen Mittelweg.

Da »angenehm« in diesem Zusammenhang gleichbedeutend mit »Zustimmung« ist, folgt daraus, daß »unangenehm« gleichbedeutend mit »Widerspruch« ist. Wenn jemand um jeden Preis in den unliebsamen Ruf geraten will, ein »unangenehmer Patron« zu sein, dann braucht er nur mit beinahe jedem über beinahe alles anderer Meinung zu sein. So erstaunlich es nun ist: obwohl sich kaum jemand absichtlich unbeliebt machen will, tun viele Leute genau das, indem sie bei jeder Gelegenheit widersprechen. Sie geben sogar ihre gegenteilige Meinung zum Besten, wenn sie niemand um ihre Ansicht gebeten hat. Kein Wunder, wenn solche Leute unbeliebt sind!

2. *Sie bleiben offen, denn Sie sind tolerant.* Das ist zweifellos die wünschenswertere Art der Reaktion, wenn andere Menschen nicht denken und handeln, wie es Ihnen gefällt. Wohlverstanden: Tolerant heißt nicht herablassend zu sein!

   »Sich engagieren« ist fast zu einem Modeschlagwort unserer Zeit geworden. Leider verstehen zu viele Leute darunter einfach, sich auf unangenehme Weise einzumischen und ihren Widerspruch zu destruktivem Protestieren hochzutreiben. Statt dessen würde es vielmehr nottun, daß wir nach Punkten der Übereinstimmung suchen und sodann auf dem gemeinsamen Boden der Übereinstimmung in einem Geiste aufrichtiger Toleranz und freundlichen Wohlwollens denken und handeln.

3. *Sie reagieren freundlich, denn Sie sind innerlich heiter.* Das ist die beste Art des Reagierens, wenn andere Menschen nicht so denken und handeln, wie man es gern hätte. Freundlichkeit zum Ausdruck zu bringen, fällt Ihnen nicht länger schwer, wenn es Ihnen gelingt, zu innerer Heiterkeit zu finden. Es kommt da einmal mehr das in vorangegangenen Kapiteln wiederholt erwähnte GESETZ DER ENTSPRECHUNG zum Tragen:

   Innerer Heiterkeit entspricht freundlicher Ausdruck. Es ist nicht miteinander vereinbar und daher gar *nicht möglich, daß Sie in einer entspannten Haltung freundlicher innerer Heiterkeit auf irgend etwas unangenehm reagieren!*

Denken Sie daran: Es gehört wesentlich zur ANZIEHUNGSKRAFT IHRER PERSÖNLICHKEIT, daß Sie nicht auf unangenehme Weise reagieren und sich in jeder Situation eine Ausstrahlung ehrlicher Toleranz und wohlwollender Freundlichkeit bewahren.

Wenn Sie dabei von einer entspannten Haltung innerer Heiterkeit ausgehen können, dann haben Sie die persönliche Ausstrahlung, die sich als am wirksamsten erwiesen hat, um die Barriere der Fremdheit und der Andersartigkeit zu durchbrechen und *ein willkommener Mitmensch zu sein!*

Kapitel 46

Was zu einer »glücklichen Reise« gehört

Das Ideal einer jeden Seereise – ich denke im besonderen an Kreuzfahrten – ist das, was allen, die das schon einmal mitgemacht haben, als ein »glückliches Schiff« bekannt ist. Ein »glückliches Schiff« bedeutet, daß alle an Bord – Offiziere, Mannschaften und im besonderen die Passagiere – zufrieden sind und sich des Lebens an Bord erfreuen.

Meine Frau und ich haben mehrere Kreuzfahrten unternommen. Immer gab es ein ungreifbares Etwas, das man schon am ersten Tag herausspürte und das mit jedem weiteren Tag »realer« wurde; dieses gewisse Etwas vermittelte uns den Eindruck, inwieweit es sich um ein »glückliches Schiff« handelte. Unsere Kreuzfahrten waren sehr erfreulich – das sollten sie ja auch sein –, aber es gab graduelle Unterschiede.

Es ist zweifellos etwas daran an dem berühmt-berüchtigten »In-einem-Boot-Sein«. Es kommt dabei, wenn das Ganze erfreulich sein soll, im besonderen Maße auf allseitige Zufriedenheit, gegenseitige Kooperation und ein zur allgemeinen Harmonie beitragendes angenehmes Verhalten eines jeden Menschen an.

Auf dem »Raumschiff Erde« nun reisen weniger als ein Viertel der »Passagiere« erster Klasse, während mehr als drei Viertel aller »Passagiere« mit der dritten, ja allerletzten Klasse, in der sie selbst gegen Hunger und Krankheit nicht mehr versorgt sind, vorlieb nehmen müssen.

Deshalb befinden wir uns auf dieser einen und einzigen Reise unseres »Raumschiffs Erde« nicht auf einem »glücklichen Schiff«.

Es würde sich kaum viel ändern, wenn wir von heute auf morgen die drei Viertel der Minderprivilegierten in Verhältnisse »erster Klasse« verpflanzen möchten. Zum einen sind derartige Möglichkeiten beschränkt, und zum andern sind einfach die dafür erforderlichen Mittel nicht vorhanden oder, sollten sie vorhanden sein, nicht verfügbar (ich formuliere es so im Hinblick auf die ungeheuren Gelder, die in die Rüstung gesteckt werden).

Dessenungeachtet wären die meisten der Armen und Ärmsten in aller Welt auf eine drastische Verbesserung des Lebensstandards nicht vorbereitet. Man kann, wie ich das erlebt habe, Menschen, die in Holz- und Lehmhütten leben, nicht zwingen, in neuerbaute moderne Reformwohnungen einzuziehen, wenn sie das nicht wollen, obwohl sie keine oder fast keine Miete zu zahlen hätten. Wie das Beispiel zeigt, ist das alles auch eine Frage der Bildung (die Ausbildung voraussetzt) und der Motivation.

Wir sollten daher *nicht drastische Veränderungen auf dem Papier propagieren, sondern allmähliche Verbesserungen in der Praxis durchführen.* Dabei wird es ebenso auf die Verbesserung der Ausbildung und Motivierung wie auf – selbstverständlich auch – die materielle Besserstellung dieser Benachteiligten ankommen.

Also, was ist auf unserem »Raumschiff Erde« zu tun? Zunächst müssen alle Passagiere einige GRUNDTATSACHEN akzeptieren:

1. *Wir sind – wir alle – tatsächlich »in einem Boot«.* Ob es nun einem Teil der Passagiere gefällt oder nicht, wir alle machen unsere eine und einzige Reise auf dem »Raumschiff Erde« zusammen. Es ist gewiß an der Zeit, daß alle die Tatsache akzeptieren, daß wir zusammen reisen, und daß niemand mehr sich versteift vorzugeben, wir reisten getrennt, nur weil wir verschieden sind. So wahr jeder von uns anders ist als der andere, so wahr ist es auch, daß wir alle zusammen reisen.
2. *Wir alle werden eine angenehmere Reise haben, wenn wir alle uns viel stärker bemühen, unser Raumschiff zu einem »glücklichen Schiff« zu machen.* Zuweilen sieht es ja wirklich so aus, als hätten viele der Passagiere (und der Offiziere und Mannschaften) nichts anderes im Sinn, als unser »Raumschiff Erde« zu einem Unglücksschiff zu machen. Es fehlt an Toleranz,

Wohlwollen, Freundlichkeit und, vor allem, am guten Willen zu gemeinsamer Zusammenarbeit. Aber, wir sind nun einmal »im selben Boot« auf derselben einen und einzigen Reise begriffen.

3. *Wir müssen die bedrängte, zum Teil katastrophale Lage von mehr als drei Vierteln unserer Passagiere in materieller und geistiger Hinsicht entscheidend verbessern.* Diese Erkenntnis drängt sich jedermann auf, der informiert ist. Zur Zeit aber unternehmen wir nicht einmal den Schein eines Versuchs, dies zu tun! Schlägt man eine Zeitung auf, könnte man meinen, das Wichtigste, das in unserer Welt zu tun ist, sei einerseits noch mehr zu rüsten und andererseits immer weniger zu arbeiten, um mehr zu verdienen. Wir sollten aber – um der drei Viertel anderer willen – nicht überlegen, wie wir uns schonen, sondern wie wir beitragen können, aus unserem »Raumschiff Erde« ein »glückliches Schiff« zu machen.

Es ist möglich. *Tatsache ist nur, daß wir es niemals versucht haben!*

Kapitel 47

Sich engagieren – ja, aber wissen wofür!

Der Ober fragte einen unglücklich dreinblickenden Gast, was er an der Suppe auszusetzen habe. Nicht ohne Humor erwiderte der Gefragte: »Es tut mir leid, daß ich sie aufgerührt habe.«

Es wird viele vergleichbare ernstere Situationen in Ihrem Leben geben: *Besser, Sie hätten die Dinge nicht aufgerührt!*

Vor mehr als zweitausend Jahren gab es einen römischen Dichter, in dessen Werken mehr Vernunft enthalten war als in denen der meisten Philosophen jenes ehrwürdigen Zeitalters der Weisheit; sein Name war PLAUTUS: *Er riet dringend davon ab, in einem Wespennest herumzustochern!*

Und trotzdem scheinen die Menschen zweitausend Jahre später noch immer dazu getrieben, in Wespennestern herumzustochern! Es ist eine völlig untaugliche Art, Schwierigkeiten beseitigen oder bewältigen zu wollen, indem man sie aufgreift, aufrührt, dramatisiert und in emotionellen Orgien tobt und feiert, daß es sie gibt. So werden Schwierigkeiten nur aufgebläht und neue Schwierigkeiten erzeugt, *aber niemals beseitigt.*

In unserer Zeit ungehemmten Auslebens aggressiver Gefühle werden solche Orgien meist unter dem Schlagwort veranstaltet: »Sich engagieren!« Junge, unerfahrene Leute lassen sich in fehlgeleitetem Idealismus allzuleicht manipulieren, sich ohne Rücksicht auf die Konsequenzen für mehr oder weniger jede »Sache« zu engagieren. Sie sehen nicht, daß die »Sache« von Leuten aufgerührt wurde, die aus dem »Anliegen« – für das andere sich engagieren – materiellen oder prestigemäßigen Profit schlagen und den anderen dann das Weiterrühren überlassen.

Wenn sich die »Sache« als Wespennest erweist, wer wird dann gestochen beim Herumstochern? Und sind etwa, selbst wenn die Aufrührer das Nest zerstören, die Wespen aus der Welt geschafft? Wie gesagt: Die Schwierigkeiten sind nicht auf diese Art zu beseitigen!

Es gibt eine große Zahl wertvoller Anliegen, die Ihren aktiven Einsatz verdienen und dringend erfordern. Damit kein Zweifel aufkommen kann: Hier wird nicht der Rat gegeben, daß Sie sich nicht engagieren sollen. Vielmehr sollen Sie *sorgfältig und überlegt wählen, wofür sie sich einsetzen.* Engagieren Sie sich bloß für eine Sache, zu der Sie mit Ihrem persönlichen Dienst oder Beitrag greifbare Ergebnisse herbeiführen können, Ergebnisse, die Ihres Einsatzes wert und Ihrer Person würdig sind.

Halten Sie sich an folgende REGELN DER VERNUNFT:

1. Setzen Sie sich nur für eine Sache ein, die Ihres Engagements wert ist und die infolge Ihres Einsatzes ein greifbares Ergebnis zeitigen wird.
2. Lassen Sie sich niemals »rekrutieren«, um in einem von einem professionellen Unruhestifter ausgesuchten Wespennest herumzustochern.
3. Lernen Sie die »sanfte Kunst«, Dinge oder Zustände, die Sie nicht ändern können, in Ruhe zu lassen. Vergessen Sie nicht: Es könnte Ihnen leid tun, derartiges aufgerührt zu haben!

Außer unbelehrbaren Unruhestiftern kommt kein Mensch auf die Idee, Wespennester ausfindig zu machen, um unreife Adepten der »Idee« in diesen Wespennestern herumstochern zu machen. Aber Schwierigkeiten hat jeder Mensch.

Die Psychologen haben entdeckt, daß die überwiegende Anzahl persönlicher Schwierigkeiten zurückverfolgt werden kann auf etwas, das man selbst irgendwann in der Vergangenheit gesagt, geschrieben oder getan hat. In fast allen Fällen hätten sich die Unannehmlichkeiten, Streitigkeiten oder Schwierigkeiten nicht ergeben, wenn der betreffende Mensch sie nicht selbst verursacht oder übertrieben aufgebauscht hätte.

Die alltäglichen Möglichkeiten, sich selbst in Schwierigkeiten zu verwickeln und sich dadurch Unannehmlichkeiten aufzuladen, *ergeben sich meist aus »harmlosen« Kleinigkeiten.* Im folgenden nur ein paar BEISPIELE:

- Sie haben – selbstverständlich »nicht absichtlich« – Gefühle verletzt, die verärgern, verbittern und eines Tages zur Vergeltung führen.
- Sie haben lediglich »Ihre gegenteilige Meinung« zum Ausdruck gebracht.
- Sie haben ja bloß »konstruktive Kritik« geübt.
- Sie haben, weil Sie »sich nicht provozieren lassen«, offen Partei ergriffen.
- Sie konnten ja nur der Versuchung nicht widerstehen, »einen Witz« zu machen.
- Es handelte sich um eine völlig »banale Meinungsverschiedenheit«.

Ja, eben all die kleinen Dinge, all die harmlosen Banalitäten und Trivialitäten!

Doch schon das unscheinbarste Stöckchen kann ein Wespennest in Aufruhr versetzen. *Und das verstößt gegen jede Kunst!*

Kapitel 48

Haben Sie einmal über Quasare nachgedacht?

Denken Sie manchmal, es sei ein zu großes Vorhaben, erfolgreich sein zu wollen? Wird Ihnen bisweilen heiß bei dem Gedanken, es könnte für Sie auf Ihrem Weg brenzlig werden? Sehen Sie sich manchmal von Ihrem Lebensziel so weit entfernt, daß Sie zweifeln, es je zu erreichen?

Denken Sie einmal über Quasare nach. Es werden nämlich dann Ihre kleinen Probleme so unbedeutend erscheinen, daß Sie sie mit dem Vertrauen und der Sicherheit eines Menschen anpakken werden, der *kleine Probleme in der richtigen Größenordnung* sehen und sie somit leicht lösen kann. Allein der Gedanke an Quasare wird alle Ihre Probleme unbedeutend erscheinen lassen!

Quasare sind Sternsysteme (quasistellare Quellen und Objekte) im Universum, die von allen bisher entdeckten am weitesten entfernt sind. Sie wurden 1963 von Astronomen entdeckt, und inzwischen hat man mehr als zweihundert von ihnen einigermaßen genau lokalisiert.

Wenn Sie meinen, Ihr Lebensziel sei unerreichbar weit entfernt, dann vergegenwärtigen Sie sich einmal die Entfernung der Quasare. Quasare sind auf oder ab *mehr als achtzig Sextillionen Kilometer von unserer Erde entfernt.* Doch dieses Wort für die sechste Potenz einer Million gibt keinen hinreichenden Begriff von der Distanz; man muß es in Zahlen geschrieben sehen: 80.000.000.000.000.000.000.000 Kilometer!

In einem so unermeßlich weiten Universum ist das, was Sie von Ihrem Lebensziel entfernt, vergleichsweise minimal. Wenn es Mitmenschen gibt, die Quasare sehen und sie in einer derart ungeheuren Distanz lokalisieren können, *dann können doch sicher Sie Ihr Lebensziel sehen, lokalisieren und es in verhältnismäßig kurzer Zeit erreichen!*

Und wenn Ihnen der Weg zu Ihrem Lebensziel zu hart vorkommt und es brenzlig wird, so daß es Ihnen bei dem Gedanken an Ihren Lebenserfolg heiß wird, dann vergleichen Sie doch einmal diese »Hitze« mit jener der Quasare. Ein Quasar strahlt zehn Trillionen – 10.000.000.000.000 – *mal soviel Hitze wie unsere Sonne aus!* Und die Sonne selbst ist ja auch nicht gerade von kühler Glut!

So mühsam kann Ihr Weg zum Erfolg nie sein, daß es Ihnen zu heiß werden kann.

Und dann machen Sie sich klar, daß die Quasare, die die Menschen in einer Entfernung von mehr als achtzig Sextillionen Kilometern ausfindig gemacht haben und die eine Hitze ausstrahlen, die zehn Trillionen mal so groß ist wie die unserer Sonne, daß also *diese Quasare nur einen winzigen Teil der Unendlichkeit darstellen,* die unbegrenzter Raum, unbegrenzte Zeit, unbegrenzte Energie, unbegrenztes Wissen und grenzenlos in allem ist!

Wie die Quasare sind auch Sie ein Teil jener Unendlichkeit. Wenn im ersten Teil dieses Buches vom unendlichen Geist die Rede war, zu dem Sie über Ihr Unterbewußtsein, das ebenfalls ein Teil des Unendlichen ist, Zugang haben und deshalb über alles verfügen werden, was Sie zur Erreichung Ihres Lebensziels brauchen, so ist jetzt der richtige Augenblick, den ersten Teil dieses Buches noch einmal zu lesen. Wenn der unendliche Geist kosmischer Dimension eine so gigantische Strahlungsenergie – im Zehntrillionenfachen unserer Sonne – für einen einzigen Quasar bereithält, dann ist ganz klar auch die Kraft für Sie bereit, die Sie brauchen, um Ihr Lebensziel zu erreichen.

Wenn Ihnen unklar ist, *wie Sie diese unendliche Kraft in Ihr Leben einströmen lassen können,* dann sollten Sie die ersten Kapitel dieses Buches wirklich nochmals lesen. Der Aufwand an Zeit und Mühe wird sich lohnen, denn für Sie ist es von grundlegender Wichtigkeit zu wissen, wie Sie unendliche Kraft in Ihr Leben einströmen lassen können.

Kapitel 49

Lassen Sie Vergangenes vergangen sein!

Leben Sie in der Gegenwart, lassen Sie Vergangenes vergangen sein.

Wenn Sie diesem Ratschlag folgen und sich die darin enthaltene Lebenswahrheit ständig vor Augen halten, wird sich vieles in Ihrem Leben grundlegend ändern, nämlich zum Besseren wenden.

Sie können nur in der Gegenwart leben. *In der Vergangenheit leben zu wollen, ist ein Versuch, der scheitern muß,* ist eine Flucht ins Imaginäre, die gefährlich ist. Natürlich können Sie sich an vergangenem Glück freuen, Sie können vielleicht auch vergangene Leiden nicht restlos vergessen. Aber Sie müssen auf vergangene Freuden und vergangenes Leid im Bewußtsein, daß sie vergangen sind, zurückblicken. Sie dürfen Ihre Erinnerungen, die selbstverständlich in Ihnen Gefühle auslösen, nicht als durchlebte Gegenwart nehmen.

Dies ist eine der wichtigsten Voraussetzungen für ein erfolgreiches und glückliches Leben: Vergangene Freuden und vergangenes Leid sind vergangen! Was zählt, ist die Gegenwart. Doch da Vergangenes in unserer Erinnerung bleibt, dürfen wir *das Vergangene nicht durch den Nachvollzug unserer Gefühle zu neuem Leben erwecken* wollen.

Sie müssen die Tatsache, daß Vergangenes vergangen ist, voll und ganz akzeptieren. Sie können Ihre Vergangenheit nicht noch einmal leben wollen. Sie können an der Vergangenheit absolut nichts ändern. Sie können nur in der Gegenwart leben, jetzt, heute.

Auch früher gemachte Fehler gehören der Vergangenheit an. Die Folgen vergangener Fehler mögen zwar mitunter bis in die Gegenwart hineinreichen und müssen dann natürlich in der Gegenwart bewältigt werden. Aber die Fehler selbst sind mit der Vergangenheit vergangen. Sie haben keine Gelegenheit, sie ungeschehen zu machen.

Allerdings können Sie *aus früheren Fehlern lernen* – wie aus dem Studium der Geschichte. Derartiges Lernen sollte jedoch ausschließlich auf intellektueller – nicht auf emotionaler – Grundlage vor sich gehen. Wenn Sie Geschichte studieren, vollziehen Sie ja all die Ereignisse, über die Sie lesen, auch nicht in Ihren Gefühlen nach. Gegenteiligenfalls könnten Sie zum Beispiel die Geschichte des Zweiten Weltkrieges nicht bewältigen.

Menschen, die Erinnerungen an vergangenes Leid, an erlittenes Unrecht oder an ihre eigenen Fehler emotionalisieren, vergiften damit ihre Gegenwart. *Unweigerlich sind diejenigen, die ihre Gefühle in Erinnerungen an vergangenes Unglück investieren, in der Gegenwart am unglücklichsten.* Das ist eine Zwangsfolge! Und es ist die sicherste Gewähr, für eine unglückliche Gegenwart zu sorgen.

Lassen Sie deshalb Vergangenes vergangen sein. Vorhang zu!

Und Vorhang auf für das Leben in der Gegenwart! Die Gegenwart bietet Ihnen hundert Gelegenheiten, die Sie ergreifen können, und diese bieten sich Ihnen *jetzt.* Ergreifen Sie sie.

Kapitel 50

Sie können nicht genug Fehler machen!

Der Erfolg fällt denen zu, die herausfinden, wie etwas nicht geht, und die aufgrund der Kenntnis dessen, wie es nicht geht, schließlich entdecken, wie es geht. So trägt jeder Fehlschlag zum schließlichen Erfolg bei.

Das ist es nämlich, worum es bei jedem wie immer gearteten Erfolg geht: *Zunächst – im Zuge von Fehlschlägen – herausfinden, wie es nicht geht, und sodann durch Eliminieren der Fehler herausfinden, wie es wirklich geht.*

Häufig kann man beides – wie es nicht geht und wie es geht – von denen erfahren, die das bereits wissen. Das ist der beste, der schnellste Weg, der am wenigsten kostet.

Aber es gibt Situationen, in denen man an solche Informationen aus welchen Gründen immer nicht herankommt und somit, gleichsam in Neuland, eigene Wege gehen muß. Man muß dann aus der eigenen Erfahrung lernen – und dazu gehören auch die Fehler, die man macht.

Charles Kettering, der große erfinderische Geist der Automobiltechnik, sagte, ein Erfinder – und er hätte hinzufügen können, jeder fortschrittliche Mensch, der versucht, etwas Neues herauszufinden – sei auf ständige Fehlschläge geradezu angewiesen. Und er erklärte das näher wie folgt: »Ein Erfinder muß zahllose Fehlschläge hinnehmen; seine Versuche mißlingen vielleicht tausendmal. Unsere große Aufgabe ist es zu *lernen, wie man aus mißglückten Versuchen auf intelligente Weise Nutzen zieht:* indem man nämlich immer weiterexperimentiert, ungeachtet aller Mißerfolge.« Und Charles Kettering, der wahrscheinlich mehr Verdienste als sonst jemand um das Multimilliarden-Dollar-Imperium von General Motors hat, gab uns auch die Erfolgsmethode an die Hand, wie man auf intelligente Weise aus Fehlschlägen Nutzen zieht:

1. Es nach jedem mißlungenen Versuch *aufs neue versuchen.*
2. Ganz gleich, wie oft etwas danebengeht, man darf auch wegen noch so vieler mißlungener Versuche *keinen Schaden an seinem Selbstwertgefühl nehmen.*

Tatsächlich führt einstweiliger Mißerfolg leicht zu permanentem Versagen, wenn die ersten Fehlschläge das empfindliche Selbstwertgefühl verletzen.

Unzureichend motivierte Menschen geraten in Panik, sobald sie ein paar Fehlschläge einstecken müssen. Sie ziehen sich in ihr bequemes Gehäuse risikoloser Passivität zurück, weil ihnen ein paarmal etwas mißglückt und deshalb ihr Selbstwertgefühl verletzt ist; enttäuscht befürchten sie, daß sie niemals mehr Erfolg haben können – und dies innerhalb eines Systems, in dem *Millionen von Leuten tagtäglich Erfolg haben!*

Wer jedoch tatsächlich im Zuge der zahllosen Versuche, die notwendig sind, um herauszufinden, wie es nicht geht, um dann zu erfahren, wie es wirklich geht, tausendmal erfolglos blieb und am Ende doch ans Ziel kam, der könnte die Notwendigkeit von Hunderten oder sogar Tausenden von Fehlschlägen all jenen erklären, die gleich die Flinte ins Korn werfen, nur weil sie ein paar Mißerfolge in Kauf nehmen mußten. Mit Mißerfolgen pflastert man seinen Weg zum Erfolg!

Das ist eine absolut bewährte Methode, um zu Erfolg zu kommen. Fehlschläge sollten deshalb weder gefürchtet noch vermieden werden. *Sie sollten vielmehr voll akzeptiert und intelligent genutzt werden!*

Beherzigen Sie diesen Ratschlag. Er kann Ihr ganzes Leben verändern. Zu wissen, daß man aufgrund seiner Fehlschläge »auf intelligente Weise Nutzen ziehen kann«, wie Charles Kettering es formulierte, stellt einen der Schlüssel zum Erfolg dar.

Sie dürfen sich also wegen Mißerfolgen keinesfalls in Ihrem Selbstwertgefühl verletzt fühlen; und ebensowenig dürfen Sie zulassen, daß Sie sich infolge dieser oder jener Fehlschläge mit Schuldgefühlen belasten. *Nein, keine Schuldgefühle!*

Damit soll nicht bewußt begangenen Fehlern das Wort geredet werden, die ja eigentlich keine Fehler mehr sind (die uns unabsichtlich unterlaufen), sondern ein bewußtes Fehlverhalten darstellen. Ein solches Fehlverhalten ist weder intelligent noch empfehlenswert; es ist auch aus moralischen Gründen *nicht vertretbar, etwas zu tun, von dem wir wissen oder auch nur glauben, es sei falsch.*

Bewußtes Fehlverhalten verdient das unvermeidliche Schuldgefühl, das die sichere Folge ist. Und wie Ihnen jeder Psychologe sagen wird, ist das Schuldgefühl, das sich aufgrund bewußten Fehlverhaltens unvermeidlich einstellt, wesentlich stets größer als jede mögliche Befriedigung oder jeder Nutzwert solchen Fehlverhaltens. Und versuchen Sie nicht, sich einzureden, dem sei nicht so!

Indessen gilt das nicht für die zahllosen in unserem Leben unabsichtlich begangenen Fehler, denen, wie gesagt, ein nicht bewußtes Fehlverhalten zugrunde liegt. *Sie sind nur die natürliche Konsequenz unserer Unvollkommenheit.* Und unvollkommen sind allerdings wir alle.

Niemand sollte also Schaden an seinem Selbstwertgefühl nehmen oder unter Schuldgefühlen leiden »ehrlicher Fehler« wegen, die das Ergebnis jenes wertvollen Lernprozesses des »Ausprobierens« sind: um herauszufinden, wie es nicht geht, bis man durch Eliminieren der Fehler schließlich entdeckt, wie es geht.

Derartige Versuchsfehlschläge haben lediglich statistischen, aber keinen moralischen Wert. Ein Schuldgefühl wäre da nicht am Platz. Vielmehr ist ein Gefühl der Leistung angebracht, weil man sich *mit jedem Fehlschlag einen Schritt näher* an der Entdeckung dessen befindet, was man sucht, und somit näher am Erfolg!

THOMAS A. EDISON mußte zehn Jahre lang zahllose Fehlschläge in Kauf nehmen, bis es ihm gelang, den Nickel-Eisen-Akkumulator zu bauen. Er und seine Mitarbeiter prüften und klassifizierten siebzehntausend verschiedene Pflanzenarten, bis es ihnen gelang, aus einer von ihnen den Kautschuk liefernden Milchsaft Latex in größeren Mengen zu gewinnen.

Wären Sie gewillt, siebzehntausend »Fehler« oder Fehlschläge einzustecken, um den einen großen Erfolg zu haben? Jedenfalls werden Sie erkannt haben, *wie notwendig und wertvoll es ist, Fehler zu machen!*

Edison lieferte mehr Fehlschläge als irgend jemand sonst. Als Ergebnis derselben hatte er aber auch ein viel größeres Wissen (wie es nicht ging) als irgend jemand sonst. Und aufgrund dieses Wissens hatte er schließlich auch mehr Erfolg als irgend jemand sonst! Er ließ tausendunddreiundneunzig Erfindungen patentieren, die ihm Millionen einbrachten.

Kann Angst vor Fehlern Sie noch von Ihrem Lebenserfolg abhalten?

Kapitel 51

Keine »Babymethoden« für Erwachsenenprobleme!

Wenn ein Baby etwas will – Nahrung, Trost, Aufmerksamkeit –, dann weint es. Wenn Weinen nicht sofort irgend jemandes Hilfe erbringt, dann brüllt das Baby aus Leibeskräften. Das bewegt dann meistens den »Jemand« dazu, die gewünschte Hilfe beizusteuern. Und das prägt sich dem Unterbewußtsein des Babys ein.

Auf solche Weise findet dieser natürlich und in mancher Hinsicht auch notwendige Instinkt des Kleinkindes in der Kindheit immer weiter seine Fortsetzung. Das kleine Kind, das noch nicht weiß, wie es logisch überzeugen kann, *weint weiterhin, um Aufmerksamkeit auf seine Bedürfnisse zu lenken, und es brüllt, um seine Ansprüche durchzusetzen.*

Die Eltern verstärken die unbewußte Erinnerung an die Wirksamkeit dieser »Babymethoden« als Mittel, Wünsche seitens »irgend jemandes« gratis erfüllt zu bekommen, indem sie dem Weinen und Brüllen des Kindes nachgeben.

Wenn aus den auf diese Art verzogenen Kindern Halbwüchsige werden, wird ihnen ihr erwachtes Ichgefühl das »Babygebrüll« nicht mehr gestatten, und sie setzen statt dessen Klagen und Trotz ein. Ihr »Brüllen« wird nun meist im Schutz einer Gruppe zur Geltung gebracht, wobei es zunehmend um »Forderungen« geht. Oder sie demonstrieren ihr »Leiden« in Form der Verweigerung, indem sie sich in die Einsamkeit oder als »Aussteiger« von der Gesellschaft zurückziehen, oder durch asoziales Verhalten.

So sehen wir uns dann Erwachsenen gegenüber, die von Kindheit an gewohnt waren, mit Hilfe ihrer zunächst natürlichen kindlichen Mittel und ihrer später beibehaltenen INFANTILEN

METHODEN die Aufmerksamkeit auf sich zu ziehen und irgend jemandes sofortigen willfährigen Beistand zu erwirken.

Das soll keine Abrechnung mit unserer heutigen Jugend darstellen, obwohl gerade diese Generation bemerkenswert viele Leute aufweist, die diese Art kindlichen Verhaltens als Erwachsene beibehalten haben. Aus der natürlichen, die Erwachsenen verpflichtenden Situation heraus, daß einem weinenden Baby geholfen werden muß, stellt jede Generation seit den Anfängen jeder Kultur einen gewissen Anteil an jungen Menschen und Erwachsenen, die ihre Kümmernisse zu erleichtern und ihre Bedürfnisse zu befriedigen suchen, indem sie ein kindliches Verhalten an den Tag legen.

Was ist das ERGEBNIS?

Als Individuen werden sie zu den problematischen Menschen einer jeden Generation. Sie reagieren selbst auf ganz normale Situationen unangemessen, und in unangenehmer Weise, auf jede eingebildete Bedrohung ihres zartbesaiteten Ich, das zunächst ihre Eltern, dann ihre Mitmenschen und schließlich stets auch sie selbst in sämtlichen Phasen ihres Lebens über Gebühr verwöhnt und verzärtelt haben.

Als Gruppen werden sie zum menschlichen Problem einer jeden Gesellschaft. Sie stellen das Gros destruktiver Anführer, aggressiver Demonstranten und militanter Chaoten, die sich in ihren Aktionen austoben. Diese können nur als Exhibitionen infantilen Verhaltens gesehen werden, wobei dies auf die beteiligten jungen Leute wie auch auf die Erwachsenen zutrifft.

Als diese problematischen Menschen Babys waren, weinten sie, um die Aufmerksamkeit auf sich zu lenken – und irgend jemand kam zu Hilfe. Als sie kleine Kinder waren, brüllten sie – und irgend jemand eilte herbei. Kindisches Verhalten schliff sich ihrem Unterbewußtsein ein – als wirksame Methode, irgend jemandes Aufmerksamkeit und willfährigen Beistand zu erzwingen. Und so behielten sie das ihre gesamte Jugend hindurch bei bis ins Erwachsenenalter.

Babys, Kinder, junge Leute und Erwachsene werden weiter an ihrem infantilen Verhalten festhalten, solange es wirksam ist, irgend jemanden zur sofortigen Aufmerksamkeit und Hilfe zu bewegen. Irgendwann wird allerdings jeder Mensch einmal erfahren, daß sein infantiles Verhalten zur Erreichung seiner Ziele nicht mehr wirksam ist. Dann wird er aufhören, die Lösung seiner Probleme als Erwachsener weiterhin mit Hilfe von »Babymethoden« zu versuchen.

Im *»Ersten Brief des Paulus an die Korinther«*(1 Kor. 13, 11) heißt es: »Da ich ein Kind war, da redete ich wie ein Kind . . . ; *da ich aber ein Mann ward, tat ich ab, was kindisch war.«*

Das sollten wir auch für uns beherzigen. Wir müssen alles Kindische – insbesondere alle Züge infantilen Verhaltens – abtun. Nur als reife Erwachsene können wir unsere Ziele erfolgreich verfolgen und erreichen.

Kapitel 52

Familien, die zusammen bleiben

Theologen predigen seit langem: »Familien, die zusammen beten, bleiben zusammen.« Das ist eine erwiesene Tatsache, sie braucht hier nicht näher erörtert zu werden. Daß es nicht mehr viele Familien gibt, die gemeinsam beten, ist eine andere Tatsache.

In einer Zeit, in der die Familie, der Eckpfeiler sozialer Stabilität, brüchig geworden ist, sollten wir *alles tun, was möglich ist, um die Familienzusammengehörigkeit zu erhalten.* Wir wollen an dieser Stelle nicht die Gründe des soziologischen Zusammenbruchs der Familie anleuchten, und vor allem wollen wir nicht alles auf das heutzutage überbetonte »Generationenproblem« schieben; denn der Bruch ist ebenso groß – wie zwischen den Generationen – innerhalb derselben Generation. Dieser Bruch wird beispielsweise in dem immer gefährdeteren Verhältnis zwischen Mann und Frau deutlich sichtbar, die, den Statistiken zufolge, einer zunehmenden Entfremdung unterliegen, die zum Fluchtweg in die Scheidung führt. Das ist nicht auf »Generationenprobleme« zurückzuführen; das ist vielmehr ein VERSTÄNDNISPROBLEM.

Für etwas derart Ernstes sollte man eigentlich keine leichtfertig anmutenden Patentlösungen anbieten, und doch möchte ich deren zwei empfehlen – die allerdings nicht ganz so leichtfertig sind, wie sie zunächst scheinen mögen. Urteilen Sie selbst:

Schlechthin ein Wundermittel ist das LACHEN: *Familien, die zusammen lachen, bleiben zusammen!*

Humor, liebevoller Humor ohne Spitzen, glättet die Reibungsflächen, die dem Familienzusammenhalt abträglich sind. Wir verlassen uns dabei erneut auf das Gesetz der Entsprechung. Es ist ganz unmöglich, verstimmt, unduldsam, böse zu sein oder jene unerfreuliche »schlechte Laune«, die so zerstörerisch für die Familienharmonie ist, beizubehalten, wenn man liebevollem Humor begegnet. *Mißmut und Humor sind unvereinbar.*

Humor als persönlicher Charakterzug eines Menschen erleichtert viel im Leben. Seinen Sinn für Humor häufig und mit vergnügtem Lachen zum Ausdruck zu bringen, trägt viel zu einer glücklichen Familie bei, zumal wenn sich Humor und Lachen bei jedem Mitglied der Familie finden. Das fröhliche Einvernehmen wird begünstigt durch die Tatsache, daß Humor und Lachen immer ansteckend wirken.

Offensichtlich sind Kritisieren und Nörgeln nicht förderlich für ein glückliches Familienleben, noch sind es schlechte Laune und Streitereien. Leider lebt man sich aber in dieser Art nirgends so ungehemmt aus wie gerade innerhalb der eigenen Familie. Wieviel besser wäre es, wenn das Alltagsleben einer Familie erfüllt wäre von liebevollem Humor und frohem Lachen! *Familien, die zusammen lachen, bleiben zusammen.*

Ein weiteres, die Familie zusammenschweißendes Element ist *Spaßhaben* – gemeinsam möglichst viel Spaß miteinander zu haben. *Familien, die zusammen Spaß haben, bleiben zusammen!*

Die Mitglieder der Familie sollten sich natürlich gegenseitig lieben. Und sie sollten einander ihr Liebe zeigen. Nichts hält eine Familie so zusammen wie die Liebe. Das ist klar, so daß darüber nicht weiter diskutiert zu werden braucht. Doch es ist fast ebenso wichtig, daß die Familienmitglieder gern Gemeinsames miteinander tun, gern zusammen sind. Und das trifft nur zu, wenn alle an dem Zusammensein ihre Freude, ihren Spaß haben.

Die meisten Menschen bemühen sich außerhalb der Familie, beliebt und geschätzt zu sein. *Sie zeigen sich außerhalb der Familie »von ihrer besten Seite«.* Leider ist das gleiche im Kreise der Familie nur selten der Fall. Die Familie nimmt man als selbstverständlich, wogegen man den Kontakt nach außen mit größerem persönlichem Einsatz pflegt.

»Wenn er doch daheim ebenso gesprächig und aufmerksam wäre wie hier!« – »Wenn sie doch daheim ebenso charmant und liebenswürdig wäre wie hier!« Aber eben – »hier« ist ein Restaurant, und man sitzt zusammen mit Freunden, nicht allein, nicht zu Hause. Und ähnlich geht es natürlich auch den Kindern – und Eltern. »Wenn Vater doch ebenso herzlich und ausgelassen zu Hause wäre wie im Kreise seiner Klubkollegen!« – »Wenn Mutti doch ebenso unterhaltsam und lustig zu Hause wäre wie bei ihren Damentreffen!« – »Wenn doch der Filius zu Hause die gleiche Begeisterung wie beim Fußball an den Tag legen würde!« – Und so weiter.

Nun ja, das mag ein bißchen viel verlangt sein. Oder vielleicht doch nicht? Was ist denn daran so schwer?

Jedenfalls sollte das Zuhause nicht der Ort sein, an dem man sich gehenläßt. Das Zuhause sollte der Ort sein, an dem man seine Liebe gehenläßt. Und Freude und Spaß miteinander hat!

Familien sollten Spaß haben – miteinander! Das Zuhause sollte ein Ort der Freude sein!

Die Einzelheiten – das Wie und Wann, das Wo und Was – fallen Ihnen schon selber ein.

Kapitel 53

Freundlichkeiten erhöhen das Selbstwertgefühl

Was Sie im folgenden erfahren, hat – wie so vieles in diesem *»Schlüsselwerk bewährter Erfolgsmethoden«* – seinen Wert nur, wenn Sie im Alltag Ihres Lebens praktischen Nutzen daraus ziehen. Es gilt, die als wirksam erkannten Methoden gegenüber jedem Menschen und bei jeder Gelegenheit (das ist viel verlangt, ich weiß) anzuwenden.

Eine WIRKSAME METHODE – die den anderen wie auch Ihnen selbst zugute kommt – besteht darin, *durch Ihre Präsenz, durch Ihr Verhalten das Selbstwertgefühl der Menschen, mit denen Sie zusammenkommen, zu bestärken, zu steigern.* Bemühen Sie sich immer, wenn Sie mit jemandem sprechen, irgend etwas zu sagen, das dem anderen wohltut! Es kann ein aufrichtiges Kompliment, eine anregende Ermutigung sein; oder Sie berichten Ihrem Gegenüber von einer anerkennenden Äußerung, die ein Dritter gemacht hat. Bringen Sie immer Ihren guten Willen und wohlwollende Freundlichkeit zum Ausdruck, auch, wo immer möglich, Ihre Dankbarkeit. Es gibt Dutzende verschiedenster *Freundlichkeiten, die man anderen sagen kann, um ihnen eine Freude zu machen, ohne deshalb zum Lügner oder Schmeichler zu werden!*

Legen Sie sich eine Liste all der verschiedenen Freundlichkeiten zu, die man jemandem sagen kann und die das Selbstwertgefühl des anderen erhöhen. Sehen Sie sich die Liste so oft an, daß Sie, wenn Sie mit jemandem sprechen, geradezu spielerisch alle Register der im konkreten Fall angebrachten Freundlichkeiten ziehen können.

Das gilt für *Gespräche von Mensch zu Mensch wie auch per Telephon.* Wann immer und aus welchem Anlaß auch immer Sie mit jemandem sprechen, sagen Sie etwas Freundliches, das seinem Selbstwertgefühl wohltut.

Das bezieht sich auch auf *Gespräche in Gruppensituationen,* sei es im kleinen Kreis zwangloser Unterhaltung oder sei es im Rahmen öffentlichen Auftretens als Redner oder im Radio oder Fernsehen. Das, was Sie sagen, um das Selbstwertgefühl Ihrer Zuhörer zu bestärken, kann der Teil Ihrer Rede sein, der bei Ihrem Publikum am meisten ankommt und somit das Fundament für die Billigung Ihrer Ansichten und sachlichen Vorschläge seitens dieses Publikums legen.

Ebenso gilt das für den *Unterricht an Schulen* welcher Art immer. Ein Lehrer, der den Schülern das ihren Selbstwert bestärkende Gefühl der Genugtuung vermittelt, gerade dieser Schulklasse anzugehören, bietet viel mehr als eine akademische Vermittlung des Lehrstoffs; dieser Lehrer bietet eine geistig-emotionale Therapie! Der Unterricht mag das Wissen mehren, aber die geistig-emotionale Therapie trägt zum Aufbau der Persönlichkeit des Schülers bei und verhilft ihm zu einer positiven Einstellung.

Und unsere Einstellung ist ja vielleicht das Wichtigste für unseren Lebenserfolg – wie WALTER SCOTT, Psychologe an der Northwestern University, sagte: »Erfolg oder Versagen ist viel eher die Folge unserer geistigen Einstellung als unserer geistigen Fähigkeiten.«

Aufbauende Freundlichkeit können Sie – und sollen Sie – auch in Ihrer *persönlichen und geschäftlichen Korrespondenz* zum Ausdruck bringen. Sogar wenn der Inhalt im ganzen aus diesen oder jenen Gründen vielleicht keine guten Nachrichten enthält, so sollten Sie gleichwohl Ihren Brief mit einem anerkennenden Wort, mit einer Ermutigung oder dem aufrichtigen Ausdruck von Dankbarkeit, guten Willen oder guten Wünschen abschließen.

Es mag zusätzliches Nachdenken und ein wenig mehr Zeit erfordern, wenn Sie auf diese Art anderen Menschen wohltun; aber Sie können sich darauf verlassen, daß es sich vielfach lohnt. Abgesehen von allen anderen Vorteilen lohnt es sich schon im

Augenblick, da Sie es tun: *Sie selbst werden sich sofort unendlich viel besser fühlen!*

PLUTARCH, der große römische Biograph, berichtete von einem Mann, der plötzlich reizbar und übellaunig geworden war. Als ihm seine Gefährten sein unangenehmes Verhalten vorwarfen, zeigte ihnen der Mann einen neuen, einen eleganten Schuh. Er hielt ihn seinen Kritikern zur Prüfung hin: »Ist dieser Schuh nicht gut gemacht und von ausgezeichneter Qualität?«

Seine Kritiker stimmten zu, der Schuh sei in der Tat gut gemacht und von bester Qualität in Material und Form. Darauf sagte der Mann: »Aber wenn ihr euch den Schuh nur betrachtet, könnt ihr nicht wissen, daß er meinen Fuß drückt. Er drückt mich aber, und das macht mich reizbar.«

Sehr viele Menschen »drückt ein Schuh«. Aber weil das Leben der anderen – oberflächlich betrachtet – in seiner nach außen zugewandten Seite immer in schönster Ordnung zu sein scheint, machen wir uns nicht klar, daß diese anderen vielleicht doch irgendwo der Schuh drücken könnte. Wir können von außen nur selten erkennen, daß es den anderen innen wehtut, und sollten uns deshalb hüten, über andere Menschen vorschnell und allzu kritisch zu urteilen.

Auch aus diesem Grund sollten wir gegenüber allen Menschen, mit denen wir zusammenkommen, stets *Freundlichkeit, wohlwollendes Verständnis und guten Willen zum Ausdruck bringen.* Jede Freundlichkeit, die Sie anderen erweisen, erhöht nicht nur deren Selbstwertgefühl, sondern lindert auch, wenn sie verletzt sind, ihren Schmerz.

Es lohnt sich auf jeden Fall – nicht nur weil auch Sie einmal der Schuh drücken könnte! Denn Sie werden sich, in Ihrem eigenen Selbstwertgefühl bestärkt, in Ihrer Haut wohlfühlen.

Kapitel 54

Bloß keinen Heiligenschein!

Im vorangegangenen Kapitel und in mehreren anderen Kapiteln dieses Buches wurde versucht – und ich hoffe mit Erfolg –, Sie davon zu überzeugen, wie wichtig für den Aufbau unserer Persönlichkeit und die Erreichung unserer Ziele eine grundsätzlich wohlwollende Einstellung gegenüber unseren Mitmenschen ist: Wir sollen uns stets von gutem Willen leiten lassen und den anderen gegenüber Freundlichkeit zum Ausdruck bringen.

Aber Achtung: *Gegenstand dieses Buches sind bewährte Erfolgsmethoden, mit deren Hilfe Sie den von Ihnen angestrebten Lebenserfolg verwirklichen können.* Nichts läge mir ferner, als mich hier als selbsternannter Lehrer altruistischer Menschenfreundlichkeit aufzuspielen und mir selbst und meinen Lesern einen Heiligenschein aufsetzen zu wollen!

Im Gegenteil: Nehmen wir doch einmal, bevor wir unser Thema weiterverfolgen, solche aus billigem Material selbstfabrizierte Aureolen und die Leute, die sich ihren eingebildeten Heiligenschein selbst aufsetzen, etwas näher unter die Lupe. Tatsächlich scheint es heutzutage eine ständig wachsende Zahl selbstgerechter Träger solcher Strahlenkränze zu geben, die mit Berufung auf ihre Güte und guten Werke »für eine gute Sache eintreten« – sei es im Rahmen der Familie, der Gemeinde, des Staates, sei es im Rahmen privater Institutionen oder sozialer, politischer oder religiöser Organisationen.

Eine gute Sache braucht zwar durchaus Führerpersönlichkeiten, die sich ihrer annehmen und die Mitarbeiter leiten – und die das Verdienst und die öffentliche Anerkennung möglichst weitgehend denen überlassen, die die Arbeit verrichten. Ich vermag aber jenen nicht Beifall zu zollen, die für die Armen und die materiell oder geistig Zukurzgekommenen sprechen und auf deren Rücken *persönliche Imagepflege oder einträgliche Geschäfte betreiben, was oft auf dasselbe hinausläuft!*

Das Fernsehen, in unserer Zeit Imageschöpfer Nummer eins, erwiese der Öffentlichkeit einen größeren Dienst, wenn es weniger Zeit und Raum der Image- und Starpflege widmete und statt der Erklärungen der oft erst durch das Fernsehen miterschaffenen Großen mehr über die Ansichten und Situationen jener brächte, deren Probleme gelöst werden sollen, sowie jener, die sich »an der Wurzel« um die Lösungen bemühen.

Ein solches Programm würde das Publikum besser informieren und aktivieren. Es würde die Zuschauer viel eher motivieren, sich in den Dienst einer echt guten Sache zu stellen. Und es würde die Monotonie der ständigen Vorführung von Imagefiguren und der Kreierung immer neuer Leader – der meisten mit einem Heiligenschein –, von der Fernsehen und andere Medien geradezu besessen zu sein scheinen, in höchst angenehmer Weise unterbrechen.

Bis es jedoch zu dieser wünschenswerten Erleuchtung und Wandlung kommt, haben wir den einen Trost: *In dem Maße, in dem das öffentliche Interesse wacher und brennender wird, so daß es schließlich wirklich heiß und brenzlig wird, zerschmilzt so mancher selbstfabrizierte Heiligenschein* –, und diesem Los entgehen auch publizitätsgeschneiderte Imagefiguren nicht.

Nichts aber wirkt kläglicher als ein Möchtegern mit zerschmolzenem Heiligenschein. Er hätte im Hinblick auf das billige Material seiner Aureole gut daran getan, den berühmt gewordenen Ausspruch des einstigen US-Präsidenten Harry Truman zu beherzigen: *»Wenn Sie Hitze nicht aushalten, dann raus aus der Küche!«* Trumans Ausspruch hat dann ein prominenter amerikanischer Boxtrainer abgewandelt wie folgt formuliert: »Wenn du Angst haben mußt, dann raus aus dem Ring!«

Kapitel 55

Gut im »Nehmen«, gut im »Bleibenlassen«

Bleiben wir noch – jetzt unter einem neuen Aspekt – bei HARRY TRUMANS Ausspruch: »Wenn Sie Hitze nicht aushalten, dann raus aus der Küche!

Es ist ein guter Rat. Und es ergibt sich aus ihm ein nützlicher Grundsatz: *Entweder »es« auf sich nehmen und aushalten oder »es« bleibenlassen!* Wenn Sie auch, wie Boxer sagen, »gut im Nehmen« sein mögen, so wird es in Ihrem Leben doch Situationen geben, die Sie als unerträglich empfinden, aber kaum ändern können; dann ist es besser, wenn Sie sich durchringen, sich zu sagen: »Lassen wir es.«

Das klingt nicht gerade heroisch, nicht wahr? Nun: Kopf voran gegen eine Mauer zu rennen, hat keinen Wert. Das ist keineswegs heroisch, vielmehr nichts als dumm.

Andererseits müssen wir tatsächlich auch »gut im Nehmen« sein. Wir müssen fähig sein, zumindest jene erträglichen Schläge hinzunehmen, die das Leben einem jeden von uns austeilt. Jeder von uns hat sein Maß an Schwierigkeiten, Enttäuschungen und leidvollen Erfahrungen zu verkraften. Sagen wir es gleich: Ein hübsches Maß hiervon ist zu vermeiden.

Wenn jedoch unvermeidliche Schwierigkeiten über Sie hereinbrechen, dann müssen Sie beweisen, daß Sie »gut im Nehmen« sind, indem Sie folgende VERHALTENSREGELN beachten:

1. *Zugeben,* daß es die Schwierigkeit gibt. Nicht versuchen vorzugeben, es sei nicht so, wenn es so ist.
2. Die Schwierigkeit, weil sie unvermeidlich war, als einen der Schicksalsschläge des Lebens *akzeptieren.*

3. Sich auf die geänderte Lage *einstellen.* Die Fähigkeit, sich auf Veränderungen einzustellen, zumal auf unangenehme, stellt einen kennzeichnenden Charakterzug einer erfolgreichen Persönlichkeit dar.
4. *Handeln,* um die Lage zu verbessern. In fast jeder Situation gibt es irgend etwas, das man tun kann, um sie zu verbessern.

Die Beachtung dieser vier Punkte, in dieser Reihenfolge, werden Sie in die Lage versetzen, auf die bestmögliche Weise mit so gut wie jeder Schwierigkeit, die Sie nicht vermeiden konnten, fertig zu werden. Sie werden imstande sein, sie, wie immer hart der Schlag Sie traf, immer noch »gut zu nehmen«.

Die Entschlossenheit, sich nicht umwerfen zu lassen, und die grundsätzliche Zuversicht, daß Sie aus der neuen Lage das Beste machen wollen, werden Ihrer Fähigkeit im »Nehmen« enorm zugute kommen.

Doch die meisten Schwierigkeiten sind gar nicht unvermeidbar! Sie können zumeist von sich aus entscheiden, ob es in Ihrem Interesse ist, es mit ihnen aufzunehmen oder – wie wir eingangs dieses Kapitels festgestellt haben – es bleibenzulassen.

In der AUFNAHME DES KAMPFES gegen Schwierigkeiten liegt etwas ungemein Charakterstärkendes. Es ist eine Belastungsprobe hinsichtlich unseres geistig-seelischen und köperlichen Durchhaltevermögens und *bestärkt uns in unserem Selbstvertrauen und in unserer Kraft.*

Solange das »Nehmen« von Schwierigkeiten ihrer Meisterung und Beseitigung dient und darüber hinaus eine Übung im Lösen von Problemen und zur Stärkung des Charakters darstellt – »nehmen« Sie sie! Solange ein Gefühl schöpferischer Erregung mit der Annahme von Herausforderungen oder mit dem Bewältigen der Lage verbunden ist – seien Sie froh. Das gehört zur Freude am Leben.

Wenn aber Schwierigkeiten jemandem dazu dienen sollten, sich als Märtyrer zu fühlen oder andere mit seinem Märtyrertum zu beeindrucken, um deren Aufmerksamkeit oder Zuwendung zu erhalten, *dann ist eine ernste psychische Störung im Spiel,* und der Betreffende bedarf der qualifizierten Hilfe eines Psychotherapeuten oder eines Arztes (wenn möglich der psychosomatischen

Schule) zur Behandlung dieser Störung, der sehr oft Gefühlskonflikte zugrunde liegen.

Wie steht es nun mit dem BLEIBENLASSEN? Wann sollte man »es« angesichts von Schwierigkeiten bleibenlassen und *auf die Aufnahme eines Kampfes verzichten?* Dafür gibt es selbstverständlich keine festen Regeln. Jede Situation ist anders, und jeder Betroffene ist anders.

Aber Sie sollen sicher nicht mit dem Kopf gegen eine Mauer rennen, nur um Ihren falschverstandenen Heroismus oder aber Ihre Begabung als Märtyrer unter Beweis zu stellen. *Wenn Sie tatsächlich an eine Mauer kommen, rennen Sie sich den Kopf nicht ein, lassen Sie die Mauer stehen – lassen Sie »es« bleiben!*

Im Leben eines jeden Menschen gibt es eine Reihe von Barrikaden, durch die man nicht durchkommt und es gibt vielleicht in Ihrem Leben die eine, an der Sie zerbrechen können, wenn Sie darauf bestehen, mit dem Kopf gegen sie zu rennen. *Lassen Sie »es« bleiben!*

Wie sind nun diese Mauern beschaffen, die man lieber stehenlassen als als einrennen sollte? Hier ein paar BEISPIELE:

Irgendwo im Irrgarten der Wege Ihres Lebens haben Sie, vielleicht vor langer Zeit, vielleicht erst kürzlich, den verkehrten Weg eingeschlagen. Er schien im Augenblick der richtige gewesen zu sein, nun jedoch verbarrikadiert Ihnen auf einmal eine Mauer Ihren Zugang zu Glück und Erfolg, und sie erweist sich als Schranke, durch die Sie nicht durchkommen. Erkennen Sie: Sie sind auf dem verkehrten Weg; suchen Sie den richtigen.

Oder Sie haben sich vielleicht auf eine verkehrte Tätigkeit eingelassen, die Ihnen unerträglich ist. Wenn das so ist, erbringen Sie wahrscheinlich unzureichende Leistungen und haben deshalb keine Chancen in Ihrem, im falschen Beruf. Geben Sie den Beruf auf! In vielen Partnerschaften stehen die Betreffenden vor der Mauer ihrer gegenseitigen Unvereinbarkeit. Geben Sie den Partner auf! Oder Sie verkehren mit Menschen, die Ihnen weder anregende Unterhaltung noch erfreuliche Erfahrungen vermitteln. Geben Sie sie auf!

Denken Sie, wenn Sie sich Schwierigkeiten gegenübersehen immer daran: *Sie haben die Wahl – Sie können »es« auf sich nehmen oder »es« bleiben lassen!* Was immer Sie tun, hängt von Ihrer wohlüberlegten Entscheidung ab.

Dabei brauchen Sie auf keinen Fall zu fürchten, daß die Entscheidung, aufgrund deren Sie eine als unerträglich empfundene Situation hinter sich lassen, Ihnen den Ruf eines Feiglings einbringen wird. Wenn Sie selbst sich nicht als Feigling vorkommen müssen, weil Sie auf Ihrem Weg wirklich an eine Mauer gekommen sind, dann können Sie auf Ihre Entscheidung nur stolz sein: Es ist mutiger – und klüger –, Verlorenes hinter sich zu lassen und sich neuen, lohnenderen Zielen zuzuwenden, als sich an einer Mauer zugrundezurichten, nur weil man Angst vor dem hat, was irgend andere möglicherweise von einem denken könnten.

Man kann »gut im Nehmen« sein, und gleichwohl ist es im Leben oft klüger, »es bleibenzulassen«.

Bleiben Sie nicht in der Küche, wenn Sie die Hitze nicht aushalten – oder wenn »es« die Sache nicht wert ist!

Kapitel 56

Jeder kann erfolgreich sein – leicht!

Der französische Apotheker und »Erfinder« autosuggestiver Techniken EMILE COUÉ gab allen seinen Patienten das kluge Rezept: *»Denken Sie immer von allem, was Sie tun, daß es einfach ist, und dann wird es einfach.«*

Dieser Ratschlag des Dr. Coué gilt in besonderem Maße für das Erfolgsstreben. Denken Sie immer: Erfolgreich zu sein ist leicht. Denn das ist es!

Erfolgreich zu sein ist leicht – vorausgesetzt, Sie verstehen darunter die Tatsache, daß die in diesem Schlüsselwerk empfohlenen BEWÄHRTEN ERFOLGSMETHODEN nicht schwer zu begreifen, einfach zu lernen und einfach anzuwenden sind. Tatsache ist, daß mir nicht eine einzige Erfolgsmethode einfällt, die für irgend jemanden nicht leicht zu begreifen, zu erlernen und anzuwenden wäre. Die Konsequenz ist klar: *Wer sie anwendet, kommt leicht zum Erfolg.*

Zugegeben, es gibt einige wenige Menschen, die geistig-seelisch oder körperlich so krank sind, daß in ihrem Fall Erfolg eine Frage bloß gradueller Verbesserung ihres beklagenswerten Zustandes ist. Aber um solche Ausnahmefälle geht es ja hier nicht.

Mit Ausnahme jener tragischen Fälle kann jedoch jeder Mensch, ganz gleich welcher Nationalität oder Rasse, leicht Erfolg haben. Und das schließt auch die in den Industrieländern wie auch in der dritten Welt lebenden Millionen Menschen ein, die im Augenblick noch zu wenig motiviert und ungenügend ausgebildet sind, all die Männer, Frauen und Jugendlichen, die von Klassenkämpfern und Reaktionären als die armen Benachteiligten oder die benachteiligten Armen abgetan werden: Sie alle können mit Leichtigkeit erfolgreich sein. Auch für sie gilt: Erfolg hängt nicht davon ab, was sie jetzt sind; Erfolg hängt davon ab, was sie zu sein sich vornehmen. Erfolg hängt nicht davon ab, was sie jetzt sind; Erfolg hängt von dem ab, was sie verwirklichen werden.

Erinnern wir uns an NAPOLEON HILLS Erfolgsregel: *»Was immer der Mensch sich vorzustellen und zu glauben vermag, das kann er auch verwirklichen!«* So kann jeder Mensch sein Lebensziel mit Leichtigkeit erreichen.

Beachten Sie, daß »Leichtigkeit« hier nicht bedeutet leichthin oder nebenbei. Es geht nicht ohne intensives Denken und Bemühen.

Sie können nicht leichthin, nebenbei und ohne intensives Denken und Bemühen erfolgreich sein; aber Sie können leicht erfolgreich sein, denn es gibt Hunderte von bewährten Erfolgsmethoden, und *jede dieser Erfolgsmethoden ist leicht zu begreifen, zu lernen und anzuwenden.*

Millionen von Menschen haben sich einreden lassen, ihre gegenwärtige Situation verurteile sie zu einem Leben in Armut oder Mittelmäßigkeit. Das ist Unsinn! Das stimmt einfach nicht.

Millionen von Menschen leben in Armut oder an der Schwelle der Armut aus dem einfachen Grund, daß weder sie noch die Leute, die dafür bezahlt werden, ihnen zu »helfen« – Erzieher, Lehrer, Sozialhelfer usw. –, bewährte Erfolgsmethoden anwenden. Und dabei sind diese Erfolgsmethoden, die die Armen anwenden können und anwenden sollten, um nicht arm zu bleiben, so leicht zu begreifen, so leicht zu lernen, so leicht anzuwenden, daß einfach jeder sie nutzen kann!

Und mit »jedem« meine ich nicht nur die Millionen der Armen selber, sondern auch die Tausende ihrer staatlich und privat aufgebotenen Helfer, die diese Menschen betreuen. Die Armen verdienen eine bessere Motivierung und Erfolgsschulung, als sie ständig im Chor singen zu lassen: »Ich bin arm, aber ich bin trotzdem jemand.« Das heißt doch im Satzabstrich nichts anderes als eben: »Ich bin jemand, der arm ist.«

Die tägliche Suggestion »Ich bin arm«, die zu der durch und durch negativen Konditionierung »Ich bin arm« führt, *muß durch die positive Konditionierung »Ich werde Erfolg haben« ersetzt werden.* Die positive Suggestion »Ich werde Erfolg haben«, tausendmal wiederholt, wird sich verwirklichen. Wer die in diesem Schlüsselwerk empfohlenen bewährten Erfolgsmethoden anwendet, wird Erfolg haben!

Kapitel 57

Warum nicht Geld? Ja, Geld!

Nachdem ich vierzig Jahre meines Lebens dem Erforschen, Prüfen und Sammeln bewährter Erfolgsmethoden gewidmet hatte, verfaßte ich – folgerichtig – das *»Schlüsselwerk bewährter Erfolgsmethoden«*. Diese Erfolgsmethoden sind aufgrund der inzwischen erreichten Verbreitung meiner auch in zahlreiche Fremdsprachen übersetzten Bücher und der Veröffentlichung zahlloser Artikel in Zeitschriften und Zeitungen vielen Millionen Leser bekannt.

Zahlreiche Leser waren so freundlich, mir zu schreiben, und wenn »Erfolg« auch für die vielen Menschen sehr Unterschiedliches bedeutet, so habe ich doch festgestellt, *daß für die meisten Menschen das Geld einer der wichtigsten Aspekte des von ihnen angestrebten Erfolges ist.* Das ist ebenso natürlich wie recht und billig, da ja Geld das Mittel für Möglichkeiten darstellt, die ohne Geld unmöglich wahrgenommen und ausgeschöpft werden könnten.

Die meisten Leser, die mir im Zusammenhang mit den von mir vorgeschlagenen, zum Geldverdienen geeigneten Erfolgsmethoden geschrieben haben, wollen das große Geld keineswegs einfach auf einem Bankkonto anlegen und zinsbringend horten. *Sie sehen im Geld das Mittel zur Verwirklichung ihrer Wünsche und Anliegen.* So werde ich denn weiterhin trachten, der mir zugesprochenen Rolle als »Amerikas Erfolgsberater« gerecht zu werden, indem ich – seit meinem Rücktritt in den Ruhestand nun eben in meinen Büchern – die verschiedensten bewährten Erfolgsmethoden vorschlage und klarstelle, wie man Geld anzieht – und wenn ich »Geld« sage, dann meine ich eine Menge Geld!

Sie werden feststellen, daß viele der in meinen vier Büchern enthaltenen Ratschläge unmittelbar oder mittelbar auf den Erwerb von Geld angewendet werden können, auch wenn manche dieser in der Thematik der einzelnen Kapitel bleibenden Ratschläge vielleicht nicht spezifisch auf Geld ausgerichtet sind. In diesem Kapitel jedoch wollen wir uns ganz speziell mit dem Thema Geld befassen.

Zunächst gilt es, zum Geld eine Beziehung zu schaffen, indem Sie sich eine GELDBEZOGENE BEWUSSTHEIT aneignen. Das ist bereits eine bewährte Erfolgsmethode, denn *um große Summen anzuziehen, müssen Sie »geldbewußt« sein.* Finanz- und Erfolgsberater, Wirtschaftler, Psychologen, Soziologen und überhaupt Fachleute, die sich mit der Frage beschäftigen, wie man reich wird, sind sich einig darüber, daß es wesentlich ist, »geldbewußt« zu sein.

Die in diesem Buch enthaltenen psychologisch fundierten Methoden, mit deren Hilfe Sie Ihre Ziele erreichen, beziehen sich natürlich auch auf Geld. Es geht nun einfach darum, diese Methoden im Hinblick auf das konkrete Ziel, reich zu werden, anzuwenden. *Die Bewußtmachung dieses Ziels erreichen Sie auf die Ihnen grundsätzlich bereits bekannte Art:*

- Sie können Vorstellungsbilder einsetzen: Sich reich, das heißt sich in entsprechenden Verhältnissen sehen!
- Sie können eine Zielanweisung benutzen: Millionär sein! Oder jede andere Ihnen persönlich passende Zielanweisung.
- Sie können zur Unterstützung dieses Vorgehens die geschilderten Konzentrationsmethoden anwenden.

Eine der zugkräftigsten Konzentrationsmethoden, wenn es um Geld geht, bedient sich des Geldes selbst: einer BANKNOTE ALS LESEZEICHEN. Sie halten jetzt ein Buch in den Händen, das Ihnen bewährte Erfolgsmethoden vermittelt, wie Sie zu Geld kommen können. Nehmen Sie eine Banknote geringen Wertes – je nach der Währung Ihres Landes einen Zehner, einen Zwanziger, einen Hunderter; sagen wir jetzt einfachheitshalber eine Zehnernote –, am besten eine funkelnagelneue, und legen Sie sie in dieses Buch ein, so daß ungefähr fünf Zentimeter des Scheins den oberen Buchrand überragen. Während Sie lesen, Seite um Seite, und umblättern, wird Ihnen diese überlappende Zehnernote immer wieder ins Auge stechen. Wenn Sie dann aufhören zu lesen, legen Sie den Schein als Lesezeichen dort ein, wo Sie aufhören. Wenn Sie bei der nächsten Gelegenheit weiterlesen, dann beginnen Sie bei Ihrer Zehnernote und legen sie ein paar Seiten weiter hinten wieder ein.

Sie werden überrascht sein von dem Aufmerksamkeitseffekt Ihrer Zehnernote als Lesezeichen! Zunächst wird Ihr Schein ein Objekt Ihrer bewußten Konzentration sein und *Ihre bewußte Aufmerksamkeit geradezu herausfordern*. Mit der Zeit jedoch wird diese Zehnernote – zunehmend unabhängiger von Ihrer Bewußtheit – einen geldbezogenen Eindruck in Ihrem Unterbewußtsein hinterlassen, und ganz allmählich wird Ihr Unterbewußtsein die Beachtung des Geldscheins übernehmen. Ihr Lesezeichen wird Ihre bewußte Aufmerksamkeit kaum noch von Ihrer Lektüre ablenken; es wird sich aber intensiv und dauerhaft *Ihrem nun bereits konditionierten Unterbewußtsein einprägen!*

Wenn Sie auf diese Art eine Zehnernote als Lesezeichen benutzen, wird das die Wirkung der Erfolgsmethoden, die Gegenstand dieses *»Schlüssselwerks bewährter Erfolgsmethoden«* sind, in hohem Maße beschleunigen und vervielfachen, wenn es darum geht, wie man Geld wie ein Magnet anzuziehen vermag.

Fassen wir zusammen:

- Ihr Ziel ist es, geldbewußt zu werden. *Sie stellen sich als reich vor* und sehen sich in Verhältnissen reicher Leute.
- Indem Sie geldbewußt sind und sich als reich vorstellen, richten Sie Ihr Unterbewußtsein darauf aus, Sie zu den Gelegenheiten, persönlichen Kontakten und zu den Mitteln, großen Wohlstand zu erwerben, *hinzuleiten oder all dies anzuziehen.*

Diese Nutzung der Macht Ihres Unterbewußtseins zum Erreichen der von Ihnen angestrebten Ziele ist in verschiedenen Kapiteln dieses Buches im einzelnen erörtert und wird daher hier nicht noch einmal wiederholt; hier soll lediglich noch erläutert werden, wie man mit Hilfe unscheinbarer Münzen eine unbewußte Zielausrichtung bewirkt.

Wir gehen wiederum von unserem Beispiel einer *wirksamen Zielanweisung für Reichtum* aus: »Millionär sein!« Diese Kurzformel Ihrer Zielanweisung wiederholen Sie laut, wenn Sie allein sind, im stillen in Gegenwart von anderen – bei jeder Gelegenheit, und indem Sie Ihre Formel unentwegt, Hunderte von Malen täglich wiederholen, werden Sie Ihrem Unterbewußtsein »Millionär sein!« eindringlich einprägen . . . »Millionär sein! Millionär sein!«

Wenn Sie das Wochen und Monate lang getan haben, dann werden Sie »geldbewußt« sein. Sie werden den Umstand, reich zu sein, im Geiste vorweggenommen und Ihr Unterbewußtsein entsprechend konditioniert haben.

Zur Unterstützung Ihrer Vorstellungsbilder und Ihrer bewußten Zielanweisung können Sie sich der METHODE DER KONZENTRATION mit Hilfe von Münzen bedienen:

- Nehmen Sie drei bis sechs Münzen in die eine Hand, legen Sie sodann eine der Münzen in die andere Hand und *wiederholen Sie konzentriert Ihre Zielanweisung dreimal:* »Millionär sein! Millionär sein! Millionär sein!«
- Anschließend legen Sie eine weitere Münze in die andere Hand und wiederholen nochmals dreimal Ihre Zielanweisung *»Millionär sein! Millionär sein! Millionär sein!«*
- Machen Sie so weiter, bis alle Münzen die Hand gewechselt haben, und wiederholen Sie jedesmal dreimal Ihre Zielformel »Millionär sein!« Und diese Konzentrationsübung wiederholen Sie *so häufig wie möglich.*

Denken Sie nicht, diese Methode sei zu simpel. Sie ist wirksam. Probieren Sie sie aus. Stellen Sie sich reich vor, und Sie werden wie ein Magnet Geld anziehen.

Kapitel 58

Das »Unmögliche« wagen – als erster!

Ununterbrochen geschehen Dinge, die »es nicht gibt«, weil es sie nicht geben darf. Zahllose Leistungen werden vollbracht, die nicht zu vollbringen sind – *bis einer es tut!*

Aber die Errungenschaften menschlicher Zivilisation lassen sich durch Skeptiker weder aufhalten noch wegdiskutieren. Der Fortschritt beschleunigt sich heutzutage in rasendem Tempo, eben weil diejenigen, die – mit Selbstvertrauen ausgerüstet – ihre Ziele verfolgen, sich durch die Verkünder des »Unmöglichen« und ewig zweifelnde Skeptiker nicht beirren lassen und eines Tages einfach das angeblich Unmögliche leisten – *wodurch es dann möglich wird!*

Bisweilen erfahren sogar die tatkräftig Erfolgreichen erst, daß etwas unmöglich ist, nachdem sie es längst getan haben. So erging es jedenfalls General George S. Patton im Zweiten Weltkrieg vor Trier. Als er sich mit einer Division seiner Dritten Armee zum Angriff auf die Stadt vorbereitete, blies das Oberste Hauptquartier der Alliierten den Angriff ab: für den Sturm auf Trier brauche man mindestens vier Divisionen. Bis den General aber diese Nachricht erreichte, hatte Pattons eine Division die Stadt bereits eingenommen, und so antwortete er in der für ihn kennzeichnenden Art: »Habe Trier mit einer Division bereits eingenommen. Soll ich es zurückgeben?«

Ja, was ist nicht alles zustandegebracht und geleistet worden, obgleich es einst als unmöglich galt! Denken wir nur an all die entsetzlichen Krankheiten, die früher einmal weder verhindert noch geheilt werden konnten. Heute erinnern wir uns kaum noch ihrer Namen, denn die meisten jener entsetzlichen Krankheiten gibt es heute nicht mehr. Tatkräftige Pionierwissenschaftler hatten es einfach nicht glauben wollen, daß diese Krankheiten nicht verhindert werden können, und haben die Impfstoffe entwickelt, die die Krankheiten sehr wohl verhindern. Und andere Pionierwissenschaftler, die nicht glauben wollten, daß diese Krankheiten unheilbar seien, haben Heilmittel entwickelt, aufgrund deren diese Krankheiten nun heilbar sind.

Es gibt allerdings noch immer Krankheiten, die nicht verhindert und nicht geheilt werden können. Aber diesem Terrain des Unmöglichen *ringen tagtäglich in ihrem Kampf gegen das »Unmögliche« mutige Wissenschaftler die erstaunlichsten Erfolge ab.* Und das gleiche spielt sich Tag für Tag auf allen Gebieten menschlichen Forschens und Leistens ab!

Ziehen wir aus dieser Tatsache die SCHLUSSFOLGERUNG, die sich uns aufdrängt:

1. Wir sollten uns niemals darauf versteifen zu glauben, daß etwas, das wir tun möchten, unmöglich sei. Wenn die anderen annehmen, es sei unmöglich, so besteht *»hoher Verdacht«, daß der, der es wagt und tut, Erfolg hat,* und zwar in diesem Fall zwangsläufig ganz außerordentlichen Erfolg.
   Millionen Menschen sind von der Seuche befallen, schon das Nächstbeste, das sie tun möchten und auch tun könnten, für unmöglich zu halten, geschweige denn all das, was wirklich ihren Mut und restlosen Einsatz herausfordern würde. Diese Seuche ist die Ursache des Versagens jener Menschen, die nicht einmal einen Versuch wagen, und jener Schnell-Aussteiger, die sich in ihren Zweifeln bei der ersten Schwierigkeit bestätigt sehen und aufgeben.
2. Da es zahlreiche Menschen gibt, die soviel Vertrauen in ihre Fähigkeiten und ihre Kraft setzen, daß sie immun sind gegen besagte Seuche, *wird tagtäglich »Unmögliches« vollbracht.* Ihr Lohn ist rascher Ruhm und Wohlstand.
   In diesen *»Schlüsselwerk bewährter Erfolgsmethoden«* wäre etwas Entscheidendes vernachlässigt, wenn Sie in ihm nicht die Ermutigung fänden, vertrauensvoll das »Unmögliche« zu wagen, indem Sie es tun.

Da jedoch der Lohn für die Erbringung von zuvor für unmöglich gehaltenen Leistungen Ruhm und Wohlstand ist, werden Sie immer mit anderen mutigen Menschen im Wettstreit liegen. Nur dem ersten, der das »Unmögliche« schafft, fällt aber höchster Lohn zu. Und da die Erfolgreichen, die – bewußt oder unbewußt – bewährte Erfolgsmethoden anwenden, diesen Wettbewerb erzwingen, *muß es Ihr Ziel sein, das unmöglich Scheinende zu tun und der erste zu sein, dem es gelingt!*

Kapitel 59

Sie brauchen die anderen

Beinahe alles, was Sie haben, gebrauchen oder benutzen, verdanken Sie geistigen und materiellen Vorleistungen anderer Menschen. Es gibt Tausende, vielleicht Millionen von Menschen, deren Dienste Sie unmittelbar oder mittelbar in irgendeiner Form in Anspruch nehmen oder in Anspruch nehmen könnten.

Selbstverständlich kennen Sie nur einige wenige der Tausende oder Millionen, die daran beteiligt sind, daß Sie Ihre Nahrung, Kleidung, Wohnung, Einrichtung, Ihren Beruf, Ihr Einkommen, Ihren Komfort haben (die Aufzählung könnte endlos fortgesetzt werden).

Entscheidend ist die *Einsicht, daß andere Menschen für Sie wichtig sind.* Ohne Unterstützung und Hilfe, ohne die Dienste und die Mitarbeit anderer Menschen können Sie nur sehr wenig erreichen.

Deshalb werden Sie in diesem Buch immer wieder bewährte Erfolgsmethoden dargestellt finden, die darauf abzielen, daß Sie Erfolg bei Menschen haben, die ihrerseits Ihnen zum Erfolg verhelfen werden. Zur Schärfung Ihrer Aufmerksamkeit, die Ihnen bei der Wahl der Menschen Ihres Umgangs zugute kommen soll, unterscheiden wir – vereinfachend – *nach dem Kriterium ihrer grundsätzlichen Lebenseinstellung* die Menschen wie folgt:

- Die Ich-will-Menschen, die alles schaffen;
- die Ich-will-nicht-Menschen, die sich allem entgegenstellen und alles aufhalten;
- die Ich-kann-nicht-Menschen, die in allem versagen.

Wenn Sie die Menschen vom Gesichtspunkt dieser drei Kategorien aus sehen (was mit etwas Übung ein leichtes ist), wissen Sie, an welche Gruppe Sie sich halten müssen – welche die Menschen sind, die Ihnen zum Erfolg verhelfen können. Es sind natürlich *die Menschen mit der Einstellung »Ich will«, die alles schaffen.* Sie sind es, die Sie als Partner, Mitarbeiter und, wenn möglich, als Freunde wählen sollten.

Natürlich sollen Sie niemanden ignorieren. Es ist vorteilhafter, man hat die Neutralität der Ich-will-nicht-Menschen für sich als ihre Feindschaft gegen sich. Unglücklichen vom Schlag »Ich kann nicht« zu helfen, ist immer großherzig und gut. Doch es ist unbedingt notwendig, daß Sie sich die Mitarbeit und Freundschaft derer sichern, die alles schaffen – wenn Sie in großem Stil erfolgreich sein wollen!

Nehmen Sie sich den weisen Rat des brillianten englischen Geistlichen ROBERT HALLS zu Herzen: »Von einem, der einen klugen und verständnisvollen Freund erworben hat, darf man sagen, er hat *sein Vermögen verdoppelt.«*

Mit einem weiteren klugen und kooperativen Freund verdreifachen Sie Ihr Vermögen. Gewinnen Sie sich hundert solcher Freunde, und Sie werden Ihr Vermögen und Ihren Einfluß hundertfach vervielfältigen. Um Vermögen, Einfluß und Macht zu Pyramiden zu türmen, gibt es bewährte Erfolgsmethoden. Eine der wichtigsten ist die: *Gewinnen Sie sich Freunde und Mitarbeiter der Einstellung »Ich will«!*

Die Machtpersönlichkeiten an der Spitze – sei es in der Wirtschaft, sei es in der Politik oder wo immer – haben mächtige Freunde, die ihnen geholfen haben, dorthin zu gelangen, wo sie sind, und die sie dort halten: an der Spitze! In unserer Zeit ist das Leben mehr denn je abhängig von der komplexen Verflechtung menschlicher Beziehungen, und jeder trägt seinen Teil zum Erfolg des anderen bei. Zwangsläufig bleibt der Einzelgänger in seiner Zurückgezogenheit links liegen.

Unter erfolgreichen Leuten heißt es (und das ist wiederum eine Tatsache des Lebens, der wir uns nicht verschließen sollten) zu Recht: »Wer keine Freunde hat, beweist, daß er kein Talent, keine Energie, keine Anziehungskraft und keinen Einfluß hat.«

Die einzige Ausnahme mag für den Künstler gelten, der für sich allein in seiner Abgeschlossenheit arbeitet; aber sogar ein Künstler muß sich eines Tages bemühen, bei anderen Menschen Beifall und Zustimmung für seine Meisterwerke (sofern es sich um solche handelt) zu erhalten, wenn er zu Ruhm und Vermögen kommen will.

Kapitel 60

Groß oder klein – eine Frage der Einstellung

Es gibt ein einfaches Mittel, um festzustellen, wie groß jemand wirklich ist:

- Sieht er auf die anderen hinunter?
- Sieht er zu anderen auf?

Das ist ein sicherer Test für die Größe eines Menschen. Manche Menschen nehmen irrigerweise an, daß sie, weil sie groß sind, sich leisten können, auf andere hinunterzusehen. Das ist ein trauriger Trugschluß. *Ein Mensch ist nur dann groß, wenn er zu anderen aufzusehen vermag; und wenn er es vermag, dann tut er es.*

Am himmeltraurigsten ist natürlich der Trugschluß, wenn von der Statur her große Leute auf kleine hinuntersehen, als ob die körperliche Größe der wahre Gradmesser für menschliche Größe wäre! Eine Begründung erübrigt sich.

Ausschlaggebend für die diesbezügliche Haltung eines Menschen ist zweifellos seine innere Einstellung. Sie bestimmt seine Sicht der anderen, sie veranlaßt ihn, auf die anderen Menschen hinunterzusehen oder – umgekehrt – in allen Menschen etwas zu erkennen, zu dem man aufsehen kann.

Das ist ungeheuer *wichtig für die anderen; wichtiger noch ist es jedoch für Sie!*

Überlegen wir zunächst, warum es so ungeheuer wichtig für andere ist, daß man zu ihnen aufsieht: Die Menschen – alle Menschen – haben bestimmte tiefverwurzelte, WEITGEHEND UNBEWUSSTE BEDÜRFNISSE. Diese Bedürfnisse sind bekannt und wissenschaftlich belegt. Sie werden in allen meinen Büchern erörtert, weil sie die Schlüssel für die Wirksamkeit vieler bewährter Erfolgsmethoden darstellen. In diesem Kapitel wollen wir nur auf drei dieser grundlegenden seelischen Bedürfnisse aller Menschen eingehen.

Jeder Mensch hat das Bedürfnis, bewundert zu werden: Sie mögen sagen, das sei nur Eitelkeit. O nein! Nennen Sie es Eitelkeit, wenn Sie wollen, oder wie immer; aber bedenken Sie, daß das unbewußte Bedürfnis, bewundert zu werden, eines der am stärksten motivierenden, ja geradezu zwingenden menschlichen Bedürfnisse darstellt. Bei manchen Menschen tritt es stärker hervor, bei anderen weniger; aber je mehr es unterdrückt ist, um so gefährlicher ist es, wenn man es ignoriert.

Sie erfüllen allen Menschen das tiefe Bedürfnis, bewundert zu werden, wenn Sie zu ihnen aufsehen. Sie mögen einwenden, Sie könnten an diesem oder jenem überhaupt nichts finden, das Sie bewundern könnten. *Finden Sie es!*

Ganz gleich, für wie unbedeutend Sie jemanden, mit dem Sie zu tun haben, halten mögen, denken Sie nach, bis Sie etwas an diesem Menschen finden, das Sie bewundern können. Sie werden etwas finden – und schon sehen Sie zu dem Menschen auf. Das ist doch *nicht schwer, aber für Sie selbst wichtig,* wie Sie noch sehen werden.

Jeder Mensch hat das Bedürfnis, anerkannt zu werden: Ebenso wie das Bedürfnis, bewundert zu werden, gehört auch das – ebenfalls weitgehend unbewußte – Bedürfnis, anerkannt zu werden, zu den am stärksten motivierenden und zwingenden aller menschlichen Bedürfnisse. Jeder Mensch, mit dem Sie zu tun haben, hat etwas an sich oder etwas geleistet, das Sie anerkennen oder wofür Sie ihm danken können. Sie meinen nicht? *Finden Sie es!*

Sie werden etwas finden. Und bringen Sie dann Ihre Anerkennung, Ihren Dank offen zum Ausdruck. Indem Sie das tun, sehen Sie schon zu ihm auf.

Jeder Mensch hat das Bedürfnis, sich als wichtig zu empfinden: Selbst die scheinbar unbedeutendsten Menschen haben ein tiefverwurzeltes, weitgehend unbewußtes Bedürfnis, sich als wichtig zu empfinden. Es ist dies – verständnisvoller formuliert – das, was gemeinhin – aus der Sicht von außen – Geltungsbedürfnis genannt wird.

Bei einem Menschen, der angesehen und einflußreich ist, wird dieses Bedürfnis von selbst befriedigt; aber jene, die das nicht sind, sehnen sich innerlich zutiefst danach, daß irgend jemand ihr Bedürfnis erfüllt, sich nützlich und deshalb wichtig fühlen zu können. (Das ist ja auch das Hauptproblem alter Menschen.) Dieser Jemand, der irgend etwas Wichtiges an angeblich unwichtigen Menschen findet, können Sie sein. Auf diese Weise sehen Sie zu diesen Menschen auf.

Und warum eigentlich? Warum das Ganze? Was bedeutet das für Sie?

Es bedeutet für Sie den sehr wichtigen Unterschied, klein oder groß zu sein!

Kapitel 61

Sich vorstellen »als ob«

Im ersten Teil dieses Buches wurde klargestellt, daß das menschliche Denken in Vorstellungsbildern abläuft. Deshalb sind Ihre Gedanken, die eine ununterbrochene Folge von Vorstellungsbildern darstellen, im Grunde ein geistiger Film. In Ihrem Vorstellungsfilm sind Sie der Star. *Ihre Rolle kann die eines Versagers oder eines Erfolgsmenschen sein.* Oder Sie können auch die Rolle einer im Durchschnittlichen oder Mittelmäßigen verhafteten Figur spielen, die sich zwischen Versagen und Erfolg bewegt.

Mit der Zeit werden Sie entdecken, daß Sie in Ihrem wirklichen Leben die Rolle ausfüllen, die Sie in Ihrem geistigen Film spielen, denn die Rolle, die Sie in Ihrem Vorstellungsfilm spielen – Versagen oder Erfolg –, ist als bildhafter Eindruck, der sich Ihrem Unterbewußtsein einprägt, für die Gestaltung Ihres Lebens bestimmend.

Ihr Vorstellungsfilm ist das Mittel, mit dem Sie durch Ihr Denken, also bewußt, Ihr ständig empfangsbereites Unterbewußtsein anweisen: *»Das will ich im wirklichen Leben sein, haben und tun.«*

Ihr so programmiertes Unterbewußtsein agiert folgerichtig wie ein kybernetisches, ein zielorientiertes System. Einer ferngelenkten Rakete vergleichbar wird seine Effizienz jedes Ziel, das in sein Steuerungssystem einprogrammiert ist, suchen und erreichen. Und das tut es natürlich nicht als ein isolierter Apparat, sondern durch Ihr Verhalten und Handeln.

Die Funktion Ihres Unterbewußtseins besteht tatsächlich darin, in die Realität Ihres Lebens umzusetzen, was immer Sie sich intensiv und ständig vorstellen. Da Ihr Unterbewußtsein Ihr »Steigrohr« zu der unendlichen Macht des Geistes kosmischer Dimension ist, kann es Ihnen alles, was für die Erreichung Ihres Lebensziels immer notwendig ist – Ausbildung, Möglichkeiten, Finanzierung, persönliche Kontakte – zuführen oder Sie zu all dem hinführen.

Die Macht Ihres Unterbewußtseins, die Inhalte Ihres in Vorstellungsbildern ablaufenden Denkens in Lebenswirklichkeit umzusetzen, übersteigt in ihrer buchstäblich wunderbaren Wirkungsweise unser menschliches Verstehen.

Aber wir wissen, daß das so ist. Und staunend erkennen wir, daß die Bibel eine heutzutage wissenschaftlich erwiesene Tatsache vorwegnahm: *»Wie ein Mensch denkt, so ist er.«*

Dies ist Inhalt der Lehre aller Religionen von jeher. Es ist auch die tiefgründige Schlußfolgerung aller Philosophie. Und diese Tatsache wird wieder und wieder durch die Ergebnisse der Psychologie, der Psychiatrie und der Verhaltenswissenschaft bestätigt: »Wie ein Mensch denkt, so ist er.«

So nimmt denn Ihr Denken Ihre Zukunft vorweg. Es gestaltet sie. Wir können uns das nicht oft genug vergegenwärtigen. Deshalb wird hier bewußt nochmals wiederholt, was ja schon – viel ausführlicher – dargelegt wurde. Es wurde hier aber auch noch einmal wiederholt zur Vorbereitung auf die bewährte ERFOLGSMETHODE DES »ALS OB«.

Die wunderwirkende psychologische Macht des »Als ob« war bis zu einem gewissen Grade allen großen Denkern seit Anbeginn der Bewußtwerdung der seelisch-geistigen Kräfte des Menschen bekannt. Aber es war der bereits wiederholt zitierte große Psychologe und Philosoph WILLIAM JAMES, der das Scheinwerferlicht seines glänzenden Verstandes auf die psychologisch fundierte Methode des »Als ob« richtete und deren beinahe unbegrenzte Möglichkeiten ins richtige Licht rückte: *als Schlüssel zum Erreichen der wie immer gearteten persönlichen Ziele eines Menschen!*

Die Anwendung der bewährten Erfolgsmethode des »Als ob« wird Sie in die Lage versetzen:

- die Persönlichkeit zu werden, die Sie sein möchten,

- jedes von Ihnen angestrebte Lebensziel zu erreichen,
- alles zu bekommen, was Sie sich wünschen.

Drei leicht zu begreifende, leicht zu vollziehende Schritte gehören zu dieser bewährten Erfolgsmethode, die in der von Psychologen inspirierten Terminologie die »Als-ob-Methode« genannt wird.

Der erste Schritt: *Stellen Sie sich alles, was Sie sich wünschen, vor, als ob es bereits verwirklicht wäre.* Indem Sie das tun, lassen Sie Ihre Wünsche Wirklichkeit werden. So stellen Sie sich also bildhaft die Persönlichkeit vor, die Sie sein möchten, als ob Sie sie schon wären.

Psychologen nennen das die *»ständige Visualisierung eines Vorstellungsbildes des idealen Selbst«*. Diese Verbildlichung Ihres Ideal-Ich muß wie ein geistiger Film ablaufen und in Aufmerksamkeit erregender Weise herausstellen, wie Sie aussehen, sprechen, handeln – als ob Sie bereits die Persönlichkeit wären, die Sie sein wollen.

In Ihrer Phantasie müssen Sie sich selbst klar und bildhaft sehen, und zwar in möglichst vielen Einzelheiten, als ob Sie bereits Ihr Ideal-Ich wären. Und als diese Idealpersönlichkeit müssen Sie in Ihrer Phantasie bereits Ihre Zukunft erleben, so wie Sie sie sich wünschen.

Wenn Sie dies intensiv und ständig tun, in jeder freien Minute, Tag für Tag, Woche für Woche, Monat für Monat, dann *werden Sie zweifellos die Persönlichkeit werden, die Sie werden wollen.*

Es könnte Ihnen vorkommen, als ob wir hier ein Wunder anheischig machen möchten. Aber es ist kein Wunder. Und es wird in Ihrem Fall kein Wunder sein; es wird lediglich die Bestätigung einer bekannten, psychologisch fundierten Methode und eines wissenschaftlich erwiesenen Prozesses darstellen.

Falls Sie es vorziehen, das »Wunder« aus der Sicht der Religion zu erklären, dann war Ihr Vorstellen »als ob« ein Gebet, das erhört wird – wie es in der Bibel heißt: »Wie ein Mensch denkt, so ist er.«

Und im Klartext eines weisen Philosophen vom Rang eines Mark Aurel heißt das gleiche dann: »Unser Leben ist das Ergebnis unserer Gedanken.«

Nach Kriterien moderner Logik und des Gesetzes der Entsprechung kann man sagen: Handeln – in diesem Fall Werden – muß übereinstimmen mit konstantem, also gleichbleibendem Denken. Und um unsere Überlegungen abzuschließen, kehren wir zur Psychologie zurück und zu WILLIAM JAMES: *»Glaube (intensives, konstantes Denken) erzeugt die Tatsachen.«*

Kapitel 62

Denken »als ob«

Das vorstehende Kapitel zeigte den ersten Schritt zu der Wunder wirkenden Macht der psychologisch fundierten Methode des »Als ob«, wie sie in so hervorragender Weise von dem Psychologen William James gelehrt worden war.

Dieser erste Schritt bestand in der Vorstellung des »Als ob«, und zwar speziell im Hinblick auf die Persönlichkeit »als ob«: Vermöge Ihrer Vorstellungskraft können Sie sich im Geiste als die Persönlichkeit sehen, die Sie werden wollen. Sie sind der Star Ihres eigenen geistigen Films, und in Ihrer Vorstellung werden Sie die Persönlichkeit, die Sie sein wollen. Sodann, aufgrund ständiger, intensiver Vorstellung Ihrer selbst so, als ob Sie bereits die Persönlichkeit, die Sie sein wollen, wären, setzen Sie unbewußte Kräfte in Bewegung, die, wie William James sagte, die Tatsachen erzeugen.

Nun unternehmen Sie den zweiten Schritt in der Nutzung jener wunderwirkenden Macht der Methode des »Als ob«. Der zweite Schritt besteht im Denken »als ob«. Zu denken »als ob« bedeutet, daß Sie nun *wie die Persönlichkeit, die zu sein Sie sich vorgestellt haben, zu denken beginnen.* Da Denken immer bildhaft abläuft, ist natürlich auch dieses Denken »als ob« eine Abfolge von Bildvorstellungen.

Aber Sie konzentrieren jetzt Ihr Denken bzw. Vorstellen »als ob« darauf, was diese »Als-ob«-Persönlichkeit – Sie also, wenn Sie geworden sind, was Sie sein wollen – denkt bzw. sich vorstellt. Und das ist Erfolg. Sie wollen Erfolg haben. Ihre »Als-ob«-Persönlichkeit aber hat den Erfolg, den Sie haben wollen. *So wird der von Ihnen angestrebte Erfolg vermöge der Macht positiven Denkens Wirklichkeit werden.*

Sie folgen mit dieser Methode dem Rat des weltberühmten Lehrers positiven Denkens Dr. JOSEPH MURPHY, der durch sein Schrifttum und seine Vorträge Millionen Menschen von der Kraft positiven Denkens überzeugt hat: »Wer sich seinen Erfolg bildhaft vorstellt und ihn mit Freude durchlebt, als ob er bereits eine Tatsache seiner Lebenswirklichkeit wäre, wird in der vorgestellten Art erfolgreich sein. Das ›Wunder‹ wird von der Kraft positiven Denkens und unerschütterlichen Glaubens gesetzmäßig bewirkt.«

Sie müssen also denken, als ob Sie erfolgreich wären. Das heißt: *Sie denken, daß Sie erfolgreich sind.* So eignen Sie sich sehr rasch jene höchstwichtige, geradezu allmächtige ERFOLGSHALTUNG an, auf die es ankommt. Erinnern Sie sich in diesem Zusammenhang der bereits zitierten lapidaren Feststellung des Psychologen WALTER SCOTT: »Erfolg oder Versagen ist viel eher die Folge unserer geistigen Einstellung als unserer geistigen Fähigkeiten.«

Diese Erfolgshaltung müssen Sie ständig einnehmen. Fangen Sie sofort damit an!

Wenn Sie zum Beispiel reich sein wollen, müssen Sie *wie jemand denken, der reich ist.* Sie sehen die Fülle Ihres Reichtums und Ihrer materiell fast unbegrenzten Möglichkeiten. Sie freuen sich über all die aufregenden Betätigungen und großzügigen Bewirkungen, die Ihnen – auch im Dienste der anderen – Ihr Reichtum erlaubt.

Wenden Sie die hier empfohlenen BEWÄHRTEN ERFOLGSMETHODEN an. Um geldbewußt zu werden, benutzen Sie die Zehnernote als Lesezeichen. So prägen Sie Ihrem Unterbewußtsein aberhundertmal die zwingende Zielanweisung ein: Millionär sein! (oder jede andere Ihnen persönlich liegende Zielformel).

Sie können mit der gleichen Vorgangsweise die Erfüllung aller Ihrer Wünsche – Glück, Liebe, Freundschaft, Einfluß, Macht, Ruhm – erreichen, indem Sie diese Wunder wirkende, psychologisch fundierte Methode des »Als ob« benutzen. *Denken »als ob«!*

Kapitel 63

Handeln »als ob«

In den beiden vorangegangenen Kapiteln haben Sie die ersten zwei Schritte der »Wunder« wirkenden psychologisch fundierten Methode des »Als ob« kennengelernt: Sich vorstellen »als ob« und Denken »als ob«.

Nun kommen wir zum dritten Schritt, der psychologisch vielleicht der entscheidendste von allen ist: Handeln »als ob«!

Er stellt einen Grundpfeiler der Lehre von WILLIAM JAMES über die Wirksamkeit der Methode des »Als ob« dar. Zitieren wir also den großen Psychologen wörtlich: »Handeln scheint auf das Gefühl zu folgen, in Wirklichkeit jedoch findet beides gleichzeitig statt, und *indem wir das Handeln, das unmittelbarer der Kontrolle des Willens unterliegt, regulieren, können wir mittelbar auch das Gefühl, das nicht vom Willen beeinflußt wird, regulieren.*«

William James lehrt uns somit, daß wir uns, indem wir handeln »als ob«, entsprechend glücklich oder zuversichtlich oder mutig fühlen. *Wir erreichen, daß wir so fühlen, wie wir handeln!*

William James drückt das folgendermaßen aus: »Der Königsweg zur Fröhlichkeit, wenn sie verlorengegangen ist, besteht darin, sich aufzurichten und *zu handeln und zu sprechen, als ob man bereits fröhlich sei.*«

Sie können also den Worten des großen Psychologen selbst entnehmen, daß wir, indem wir handeln »als ob«, bereits die Gefühle haben, die wir haben wollen: »Wir können mittelbar das Gefühl regulieren.« *Indem wir bewußt unser Handeln kontrollieren, kontrollieren wir auch unser Fühlen.*

Man glaubte gemeinhin immer, daß wir ausgehend von unseren Gefühlen handeln, nicht umgekehrt: Weil wir uns unglücklich fühlen, handeln wir dementsprechend. Das Gefühl unseres Unglücklichseins bewirkt erst unser unglückliches Handeln.

Das stimmt natürlich noch immer. Doch Ursache und Wirkung können sich auch umkehren, wie William James es als ein neues und wunderbar hilfreiches psychologisches Konzept darlegt: Nicht nur *folgt Handeln dem Fühlen, sondern auch Fühlen dem Handeln.*

Wenn Sie sich also unglücklich fühlen, können Sie handeln, »als ob« Sie fröhlich wären, und damit Ihre Gefühle des Unglücklichseins zu Gefühlen der Fröhlichkeit umwandeln, wie es Ihrem »Als-ob«-Handeln entspricht.

Einmal mehr erleben wir hier die *Auswirkung des Gesetzes der Entsprechung.* Wenn Sie handeln »als ob« (je nachdem, welche Gefühle Sie haben wollen), dann werden Sie dabei auch die Gefühle haben, die dem Handeln entsprechen. Diese bewährte Erfolgsmethode befähigt Sie, Ihre Gefühle, Ihre Stimmungen einfach durch Handeln »als ob« zu regulieren und zu wandeln.

Dazu ein paar Beispiele:

- Handeln Sie, als ob Sie vergnügt wären ... und Sie werden vergnügt sein.
- Handeln Sie, als ob Sie zuversichtlich wären ... und Sie werden zuversichtlich sein.
- Handeln Sie, als ob Sie begeistert wären ... und Sie werden begeistert sein.
- Handeln Sie, als ob Sie freundlich wären ... und Sie werden freundlich sein.
- Beleidigt Sie jemand und Sie ärgern sich, verändern Sie dieses für Sie selber nachteilige Gefühl, indem Sie handeln, als ob Sie sich durch Unhöflichkeiten nicht ärgern ließen ... und Sie werden gelassen und tolerant sein.

Sie können auf diese Weise unerwünschte Gefühle, die Ihnen nur selbst schaden, »abschalten«. Man könnte zahllose weitere Beispiele anführen; aber die erwähnten dürften zur Veranschaulichung dieser höchst nützlichen Erfolgsmethode ausreichen. Durch deren Anwendung können Sie Ihre Gefühle und Stimmungen kontrollieren und korrigieren, einfach indem Sie handeln »als ob«.

Es handelt sich hier um pychologische Techniken, die in Ihrem Leben wahre »Wunder« wirken können. Wenden Sie diese drei bewährten Erfolgsmethoden in Ihrem Alltag an:

1. Sich vorstellen »als ob«!
2. Denken »als ob«!
3. Handeln »als ob«!

Indem Sie in dieser Weise positiv, das heißt aufbauend denken und handeln, verändern Sie nicht nur Ihre Lage im jeweils gegebenen Augenblick. Ihr ständiges Vorstellen, Denken und Handeln »als ob« wird Ihnen mit der Zeit zur Gewohnheit, und die positiven Inhalte Ihres Denkens und Fühlens stellen Zielanweisungen an Ihr Unterbewußtsein dar, die ihre positive Wirkung nicht verfehlen werden.

Kapitel 64

Wie man Reaktionen programmiert

Das Leben ist weitgehend Routine. Selbst den ungewöhnlichsten, aufregendsten und vielseitigsten Erfahrungen liegen grundlegende Routineelemente zugrunde.

Das Leben der meisten Menschen spielt sich im Bannkreis immer wieder der gleichen Art von Erfahrungen, Ereignissen und Verhältnissen ab. Da sie mit wiederholter Regelmäßigkeit auftreten, erlebt sie der Mensch als Wiederholungssituationen.

Psychologen und Erfolgsberater haben festgestellt, daß jeder Mensch effektiver und erfolgreicher ist, wenn er sich in solchen Wiederholungssituationen weitgehend automatischer Reaktionen bedient – und auf diese Weise *aus der Routine Kapital schlägt.*

Der Wert dieser BEWÄHRTEN ERFOLGSMETHODE läßt sich leichter anhand typischer Beispiele als durch theoretische Erörterungen demonstrieren. Halten wir uns zunächst an eine Erfahrung, die wir alle machen: *Wir werden kritisiert.*

Wenn man Sie (Ihrer Ansicht nach zu Unrecht) kritisiert, sollten Sie, anstatt mit erregtem Einspruch einen Streit vom Zaun zu brechen, eine erwiesenermaßen wirkungsvolle Antwort bereit haben. Es soll stets die gleiche Antwort sein, die Sie einwerfen, wann immer Sie kritisiert werden. Sie bedienen sich also einer gleichsam automatisch ausgelösten Routinereaktion, eben weil sie von jeder Kritik spontan und automatisch ausgelöst wird.

Legen Sie sich für derartige Fallsituationen Ihre eigene Routinereaktion zurecht. Die folgende Reaktion hat sich (aus vielen psychologischen Gründen) als höchst wirksam erwiesen; deshalb sei sie hier vorgeschlagen, bis Sie sich selber eine Routinereaktion ausgedacht haben, die Sie noch wirkungsvoller finden.

Wenn Sie also kritisiert werden, antworten Sie liebenswürdig und gelassen: *»Ich verstehe Ihre Gefühle und auch, warum Sie so empfinden.«*

Wichtig: Weiter nichts sagen. Genau an diesem Punkt aufhören. Keine Widerrede. Kein Streit. Kein Einlassen auf den Inhalt der Kritik. Verleihen Sie Ihrer Antwort einen abschließenden Charakter.

Sie haben die Kritik zur Kenntnis genommen und offen gesagt, daß Sie nicht nur verstehen, was Ihr Kritiker empfindet, sondern auch, warum er so empfindet. Mehr als das wird von Ihnen nicht verlangt – also bieten Sie auch nicht mehr an.

Sie haben Ihren Kritiker klug »auf dem trockenen« sitzenlassen. Sie haben nicht eingeräumt, er habe recht, noch haben Sie, was fast immer nutzlos ist, beteuert, er sei im Unrecht. Sie haben sich *tolerant und verständnisvoll verhalten, ohne dem Kritiker beizupflichten.* Sie haben lediglich gesagt, Sie verstünden, »wie« und »warum« Ihr Gegenüber von seinem Gefühl her Sie kritisiert hat. Und indem Sie das gewissermaßen abschließend festgestellt haben, machen Sie deutlich, daß die Sache, was Sie betrifft, abgeschlossen ist. Punkt.

Wenn möglich sprechen Sie dann über irgendein gänzlich anderes Thema. Ist das nicht möglich, schweigen Sie einfach. Wenn Ihr Kritiker mit seiner Kritik fortfährt, wiederholen Sie nur Ihre Antwort. Sie lassen sich nicht auf eine Diskussion ein.

Halten wir hier inne. Gehen Sie diesen ersten Teil des Kapitels noch einmal aufmerksam durch. Sie wissen nun, was unter einer ROUTINEREAKTION zu verstehen ist und worauf es in der Praxis ankommt:

- Sie bereiten sich im voraus auf Fallsituationen vor, denen Sie mit großer Wahrscheinlichkeit ausgesetzt sein werden – in unserem Beispielfall Kritik –, so daß Sie *eine Routinereaktion parat haben, die sich in solchen Fällen als psychologisch wirksam erwiesen hat.*
- Dieser Ihrer immer gleichen Routinereaktion bedienen Sie sich in jeder Ihrer Fallsituation entsprechenden Situation. *Die*

Situation löst geradezu automatisch Ihre Routinereaktion aus – in unserem Beispielfall der Kritik die kluge Antwort, die den Kritiker aufs trockene setzt.

○ Ihre Antwort geben Sie ruhig und gelassen. Sie zeigen durch Ton und Haltung, *daß Ihre Antwort in dieser Sache abschließend ist.* Beharrt der andere auf weiterer Diskussion, so wiederholen Sie einfach Ihre Antwort, als hätte er nicht verstanden, daß Sie für Ihren Teil dieses Thema nicht weiter zu erörtern gedenken.

Nun noch ein anderes Beispiel in dieser Richtung: *Wir geraten an den Rand eines Streites.*

Wenn sich jemand mit Ihnen anlegen will, sollte das die folgende gelassene und tolerante Routinereaktion bei Ihnen auslösen: *»Sie haben sicherlich genausoviel Recht auf Ihre Meinung wie ich auf meine, und vielleicht haben Sie mit Ihrer Ansicht auch recht.«*

Nichts weiter. Sie haben vorher bereits Ihre Meinung geäußert. Der andere war nicht einverstanden, und es hat sich eine Diskussion entsponnen, die hitzig zu werden und in Streit auszuarten droht.

Sie unterbinden den Streit mit einer Routinereaktion, *die aufrichtige Konzessionen macht,* indem Sie feststellen, der andere habe in der Tat ebensoviel Recht auf seine Meinung wie Sie auf Ihre. Doch Sie machen gleichfalls klar, daß auch Sie das gleiche Recht auf Ihre Meinung haben; das ist eine faire und annehmbare Feststellung.

Ihre Konzession besteht auch in Ihrem Zugeständnis, daß der andere recht haben könnte – Sie sagen, »vielleicht« habe er recht, nicht etwa, daß das wahrscheinlich, logisch oder auch nur eines Streits wert sei. Indem Sie dies aber in abschließender Weise feststellen, machen Sie auch deutlich, daß Sie *nach diesen fairen und aufrichtigen Konzessionen* in dieser Sache keine weitere Diskussion mehr wünschen.

Um nun den breiten Fächer der Möglichkeiten der Anwendung solcher Routinereaktionen anschaulich zu machen, sei hier noch auf ein paar weitere Beispiele sehr unterschiedlicher Fallsituationen verwiesen.

Eine derartige Situation ist jedes Telephongespräch: Immer wenn Sie den Hörer ergreifen – um einen Anruf zu beantworten oder einen zu tätigen –, muß Ihre Routinereaktion sein, daß Sie denken: »Ich werde Aufgeschlossenheit, guten Willen und gute Wünsche zum Ausdruck bringen.« (Diese bewährte Erfolgsmethode wurde ausführlich in Kapitel 42 beschrieben, so daß sie hier nicht wiederholt zu werden braucht.)

Der springende Punkt ist, daß Sie in jeder Fallsituation Ihre Routinereaktion auslösen können, die Sie im vorhinein gelernt haben und die psychologisch wirksam ist.

Eine besondere Fallsituation ist die Notlage infolge tiefer Leiderfahrung. *Auch im Fall von Schmerz und Leid kann diese Methode uns zugute kommen.* Damit soll nicht etwa die persönliche Tragik beispielsweise des Verlustes eines geliebten Menschen bagatellisiert werden. Leid dieser Art kann uns niemand abnehmen. Hier geht es um die Methode, wie man den fortdauernden sehr großen Schmerz lindern kann.

Das Problem besteht ja darin, daß die unglücklichen Menschen geistig und emotional die persönliche Tragik des Verlustes immer wieder neu durchleben – als Reaktion auf den Anblick einer Photographie oder irgendeines Gegenstandes, der sie an einen verstorbenen geliebten Menschen erinnert. In diesem Fall nun können die gleichen erinnerungs- und gefühlsbesetzten Gegenstände als »Auslöser« für eine im vorhinein festgelegte und mit der Zeit zur automatischen Gewohnheit werdende *segensreiche Reaktion benutzt werden, die den Schmerz lindert, allmählich sogar verdrängt.*

Das emotionale Wiedererleben von Szenen und Gefühlen, die sich auf einen geliebten Verstorbenen beziehen, kann liebevoll und ehrfürchtig ersetzt werden durch die intensiv empfundene Anrufung: »Ich liebe dich! Ich liebe dich! Ich liebe dich!« So ersetzen wir die zutiefst schmerzliche Erinnerung an tragische Erfahrungen durch heilende Liebe: »Ich liebe dich!« Dies wird im Geiste immer wieder wiederholt, bis die Liebe an die Stelle des Schmerzes tritt – was mit der Zeit sicher geschehen wird.

Wichtig ist, daß man in dieser Fallsituation *immer gleich reagiert – mit der innerlichen Vergegenwärtigung der suggestiven*

Worte: »Ich liebe dich!« Andere Denkformeln, die nur den Schmerz erneuern, wie: »Du fehlst mir!«, »Ich brauche dich!«, »Ich halte es nicht aus ohne dich!« sind strikt zu vermeiden. Solche stets herzbrechende Worte oder Gedanken sind unnötig, ja schlimmer: sie sind selbstbestrafend!

Sollten Sie in diese Lage kommen, denken Sie an das heilende Wort: »Ich liebe dich!« Und überlassen Sie sich der Liebe gänzlich. Liebe ist die einzig angemessene und heilende Reaktion.

Kapitel 65

Mit übertriebenen Reaktionen sind Sie jedenfalls der Verlierer!

Da es, was immer geschieht, nur fünf grundsätzliche Verhaltensweisen als Reaktion Ihrerseits gibt, unter denen Sie wählen können, ist es natürlich wünschenswert, daß Sie jede der fünf Möglichkeiten genau kennen.

Meist können Sie wählen, welche der möglichen Verhaltensweisen im Einzelfall am erfolgreichsten sein wird. *Sie haben die Wahl – und damit auch die Verantwortung.* Indem Sie sich die möglichen Reaktionsweisen bewußtmachen, werden Sie vorbereitet sein, auf jedes Geschehnis zu Ihrem Besten zu reagieren.

Die fünf MÖGLICHEN REAKTIONSWEISEN sind die folgenden:

1. Die übertriebene Reaktion,
2. die verhaltene Reaktion,
3. die verzögerte Reaktion,
4. keinerlei Reaktion,
5. die gegenteilige Reaktion.

Je nach dem, was geschieht, *müssen Sie differenziert reagieren.* Jede Art Reaktion kann mit Erfolg eingesetzt werden – außer die übertriebene –, und jede kann sich verheerend auswirken – besonders die übertriebene – entsprechend Ihrer Fähigkeit, in jeder Situation jeweils richtig zu reagieren.

Weil Sie auf alles, was Ihnen rund um die Uhr Tag für Tag widerfährt, so oder so reagieren müssen, ist es von entscheidender Bedeutung für Ihren Erfolg im Leben, daß Sie sich die fünf Möglichkeiten der Reaktion Ihrerseits bewußtmachen und deren

Wirksamkeit richtig einzuschätzen wissen. Deshalb werden wir uns in diesem und in den nächsten vier Kapiteln diesem Thema widmen. Sie werden erfahren, warum und wann man wie richtig reagiert oder – was gleichermaßen wichtig ist – wann man wie nicht oder überhaupt nicht reagiert.

Denn selbst wenn Sie sich – überlegt oder spontan – entscheiden, überhaupt nicht zu reagieren, stellt das eine bestimmte Art der Reaktion dar, die allerdings im Verzicht auf eine Reaktion besteht – was sich in vielen Situationen als sehr nützlich erweist (wie Sie in einem der nachstehenden Kapitel erfahren werden). Zunächst aber wollen wir uns mit dem Tatbestand der ÜBERTRIEBENEN REAKTION befassen. Das läßt sich am besten anhand einiger Beispiele veranschaulichen.

Jemand sagt etwas, das Sie ärgert, und Sie reagieren übertrieben in wütender verbaler oder sogar körperlicher Aggressivität. Derartig heftiges *übertriebenes Reagieren stempelt Sie zum Verlierer!*

Entweder verlieren Sie auf der Stelle, indem Sie eine verbale oder körperliche Niederlage einstecken müssen; oder Sie »gewinnen« – wirklich gewinnen können Sie aber nicht – und machen sich zum Ziel künftiger Vergeltung seitens des Feindes, den Sie sich durch Ihren Pseudosieg mit Gewißheit geschaffen haben. Ihr Feind hat dann alle Vorteile auf seiner Seite, eingeschlossen den Umstand, genügend Zeit für den Gegenschlag zu haben. Er kann Sie körperlich, wenn es ihm beliebt sogar bewaffnet, bedrängen oder mit Prozessen oder durch Ausstreuen von Gerüchten vorgehen, die Ihrer Familie oder Ihrem Beruf schaden. Oder er kann Ihnen viele andere Nachteile zufügen, gegen die Sie sich nicht wappnen können, weil es zahllose Formen der Vergeltung gibt und Sie nicht wissen können, wann und wie Ihr Feind zum Gegenschlag ausholt. Sie können lediglich sicher sein, daß er das irgendwann, irgendwie tun wird. Sie leben daher in ständiger Unruhe und in der Erwartung der Konsequenzen eines Ihrerseits in Zorn und Heftigkeit hochgetriebenen Verhaltens.

Machen Sie sich also zum Wahlspruch: *Sich niemals zu einer übertriebenen Reaktion aus Zorn hinreißen lassen!* Ganz gleich wie groß die Provokation sein mag, Sie dürfen sich niemals zu verbaler oder körperlicher Aggressivität hochtreiben lassen

Umgekehrt gilt das gleiche für übertriebene Reaktionen aus Angst. Dabei handelt es sich allerdings meist nicht um einen Angriff, sondern um einen Rückzug.

Die Menschen haben Angst vor so vielen Dingen, daß man mit der Aufzählung all der möglichen Angstsituationen und ihrer Gründe kein Ende fände. Sicher ist aber, *daß übertriebene Reaktionen aus Angst nie eine Lösung darstellen,* sondern das Problem nur noch erheblich vergrößern, so daß eine Lösung geradezu blockiert ist.

Eine weitverbreitete und sehr schädliche Form der übertriebenen Reaktion ist *maßloses Verhalten als Ausdruck ichbezogener Selbstherrlichkeit und Selbstverherrlichung.* Sie kommt mit Vorliebe in erklärten »Forderungen« und aggressiven Drohungen zur Geltung, was in jeder Situation verfehlt ist, weil jede Situation Versöhnlichkeit und maßvolles Verhandeln erfordert. Vermeiden Sie daher um jeden Preis übertriebene Reaktionen in Form von Forderungen und Drohungen.

Eine andere *verhängnisvolle Übertreibung* ist die Reaktion »Sie auch!« Sie wehrt Kritik mit dem Hinweis auf die Fehler des Kritisierenden ab und macht eine ohnehin schlimme Situation noch schlimmer. Typisch ist da etwa der Einwurf: »Wie können Sie es wagen, mich zu kritisieren, wo Sie doch selbst . . .!«, und dann kommen Vorhaltungen. So treibt man wechselseitig Kritik in eskalierender Weise hoch. »Sie auch!« ist eine Reaktion, die nie eine Lösung darstellt, die niemandem hilft und – sofort – Ressentiments wachruft.

Eine übertriebene Reaktion ist auch jede Art der Beschimpfung. Sie ist immer schädlich, sei sie lautstark und den Betroffenen verletzend, sei sie insgeheim in Gedanken und deswegen nicht weniger selbstverletzend, weil nämlich das Unterbewußtsein destruktiv geprägt wird.

Jemand sagt oder schreibt etwas, das Sie beleidigt oder mit dem Sie nicht einverstanden sind. Das kann im persönlichen Gespräch, in einer Rede, im Fernsehen, Rundfunk oder wo und wie immer in schriftlicher Form geschehen. Wenn Sie dann übertrieben reagieren, indem Sie an die Adresse des Sprechers oder Autors Beschimpfungen loslassen, so ist das ein kindisches

Mittel, Widerspruch und Mißbilligung zum Ausdruck zu bringen, und *Sie sind mit Sicherheit der Verlierer!*

Schimpfworte ins Gesicht sind Beleidigungen, die unvergeßlich sind und sich dem Unterbewußtsein des Verletzten sofort und dauerhaft einprägen. Er hegt einen tiefen, dauerhaften Groll, der weder durch Entschuldigung noch durch irgendeine Wiedergutmachung gänzlich ausgelöscht werden kann. Deshalb: *Beschimpfungen sind schädlich – auch die »stummen« in Gedanken!* Viele Menschen verschaffen sich zwar so eine vorübergehende Erleichterung ihrer Gespanntheit, aber das destruktive Muster prägt sich dem Unterbewußtsein ein als eine übertriebene Reaktion und *etabliert die Tendenz zur ständigen Wiederholung übertriebener Reaktionen, die in jedem Fall schädlich sind.*

Von übertriebenen Reaktionen gibt es nun einmal nichts Gutes zu sagen. Selbst wer sich ihrer bedient, um irgendeine Ansicht über ein Geschehen zu betonen oder hochzuspielen, wird die Erfahrung machen, daß das dann gewöhnlich als »Schauspielerei« empfunden wird. Wenn Übertreibungen nicht mit großem Können zum Ausdruck gebracht werden, wirken sie ebenso künstlich, wie sie sind. Wir kennen alle die »Oh«- und »Ah«-Exklamationen, die etwa bei Kunstausstellungen und Konzerten zum Besten gegeben werden. Doch wer nimmt sie ernst? Und wirklich: Was tragen sie bei? Sie sollten uns vor schlechtem »Schauspielern« warnen! Das ist, denke ich, alles, was noch von übertriebenen Reaktionen gesagt werden kann.

Kapitel 66

Die Vorteile der verhaltenen Reaktion

Im vorstehenden Kapitel haben wir die Nachteile herausgestellt – die von der Lächerlichkeit bis zur Gefahr der Vergeltung reichen – für all jene, die übertrieben reagieren. Demgegenüber wollen wir nun prüfen, was es auf sich hat, wenn wir verhalten reagieren. Da es sich dabei um das Gegenteil übertriebenen Reagierens handelt, erwarten wir gegenteilige, das heißt im allgemeinen BESSERE ERGEBNISSE. *Und das trifft auch zu.*

Es ist ein Unterschied wie zwischen zwei Autofahrern, von denen der eine mit überhitztem, stotterndem Motor (an dem unweigerlich irgendwann ein wichtiger Teil kaputtgehen wird) durchs Leben braust und der andere mit einem gut gekühlten, ruhig und reibungslos laufenden Motor fährt.

Verhaltene Reaktion ist ein Zeichen dafür, daß man Entgleisungen seiner aufgeregten Mitmenschen und alle die mit dem Leben nun einmal verbundenen ärgerlichen Umstände nicht allzu ernst nimmt. Ein Zeichen, daß man sich nicht gefühlsmäßig verkrampft und in seinen Standpunkt verbeißt!

Und daß man sich RUDYARD KIPLINGS Rat zu Herzen nimmt: *»Nimm Triumph- und Unglücksgehaben gelassen hin und behandle die beiden Täuscher genau gleich.«* Im Grunde ist Kiplings ganzes Gedicht, dem diese Zeilen entnommen sind (das Gedicht heißt »If«, also »Wenn«), eine meisterhafte Lektion in Sachen verhaltener Reaktion. Ich möchte den zitierten Auszug nicht nur jedem zum Lesen, sondern zum Auswendiglernen empfehlen. Wer wünscht, friedlich, vernünftig und erfolgreich in dieser von Gefühlsentladungen der Menschen gefährdeten Welt zu leben, wird *gut daran tun, jedem Triumph- und Unglücksgehaben zu mißtrauen und es sich selbst zu verbieten.*

Verhalten reagieren heißt, »nicht mit Kanonen auf Spatzen zu schießen«, denn Spatzen sind eine derart unangemessene Reaktion sicher nicht wert, zumal jedes übertriebene Reagieren, wie dargelegt wurde, nachteilig ist.

Einer der vielen Vorteile der verhaltenen, also stets maßvollen Reaktion besteht darin, daß man die Wahl hat, später, wenn es angebracht erscheint, zunehmenden Druck auszuüben. Man hat Reserven, die man noch ausspielen kann – soweit notwendig, und das dann graduell – ebenfalls nur, soweit notwendig.

Mit maßhaltender Reaktion behalten Sie die Kontrolle. Und mit der Kontrolle haben Sie die Macht und die Steuerung des Geschehens um Sie herum in der Hand.

Das Prinzip der verhaltenen Reaktion ist eine bewährte Erfolgsmethode, die es sich lohnt, zu lernen und anzuwenden – ebenso wie die im folgenden Kapitel beschriebene verzögerte Reaktion.

Kapitel 67

Werden Sie ein Meister der verzögerten Reaktion!

In meinem *»Schlüsselwerk bewährter Erfolgsmethoden«* wird deshalb immer wieder die MACHT DER GEDULD beschworen, weil man die besten Erfolge dadurch erzielt, daß man zuerst sämtliche möglichen Alternativen in Erwägung zieht und sich erst dann für jene Handlungsweise entscheidet, die eindeutig allen Gegebenheiten Rechnung trägt.

Es gibt in einem Menschenleben nur ganz wenige Situationen, die sofortiges Handeln erfordern. Aber Sie müssen täglich Entscheidungen treffen, bei denen Ihnen eine verzögerte Reaktion Zeit lassen würde, zunächst alle nur möglichen Alternativen zu prüfen, bevor Sie sich festlegen.

Das heißt nicht, daß Sie immer zögern sollen. Sie sollen vielmehr *so rasch zu einer Entscheidung kommen, wie es die Abwägung sämtlicher möglicher Alternativen gestattet* – und dann mit Selbstvertrauen unverzüglich handeln. Dabei handelt es sich unter Umständen nur um Sekunden oder Minuten. Verzögerte Reaktion bedeutet nicht Trägheit oder Zeitverschwendung durch Grübeln. Sie spart sogar Zeit, denn man kommt *schneller zum Ziel, wenn man etwas sofort richtig macht, als wenn man es noch einmal tun muß.* Häufig hat man nämlich keine Gelegenheit mehr, nachträglich noch etwas zu korrigieren.

Selbstverständlich gibt es wichtige und komplexe Entscheidungen, bei denen viele Alternativen und viele Einzelheiten erwogen werden müssen – wozu vielleicht gehört, daß Sie auch den Rat eines Fachmanns einholen. Diese Entscheidungen brauchen Zeit. Nehmen Sie sich die Zeit dafür. Lassen Sie sich nicht zu übereiltem Handeln drängen. Und seien Sie *jedem gegenüber äußerst mißtrauisch, der Ihnen für Ihre Entscheidung keine Zeit lassen will,* weil er auf eine für ihn positive Reaktion drängt.

Wenn Sie sich den Ihnen gebührenden Ruf erwerben wollen, erfolgreiche Entscheidungen zu treffen – die Ihnen ein Vermögen einbringen können –, dann werden Sie ein Meister der verzögerten Reaktion!

Kapitel 68

Keinerlei Reaktion – oder die Kunst, mit Erfolg nichts zu tun

Es gibt Anlässe, bei denen es am wirkungsvollsten und erfolgreichsten ist, überhaupt nicht zu reagieren.

In meinem Buch *»Persönlichkeitsbildung«* heißt ein Kapitel »Die sanfte Kunst des Gewährenlassens«. Unter anderem legt dieses Kapitel dar, daß wir in den meisten Fällen – die alle vermeidbar sind – unsere Schwierigkeiten selbst verursachen durch zwei Verhaltensweisen: erstens *unnötiges Engagement oder, viel schlimmer, übertriebenes Engagement,* und zweitens *unnötige Reaktion oder, viel schlimmer, übertriebene Reaktion.*

Im selben Buch gibt es ein Kapitel mit dem Titel »Lassen Sie es ruhig regnen«, das auf der großen Weisheit einer schlichten Feststellung von HENRY W. LONGFELLOW beruht: »Schließlich ist das Beste, das man tun kann, wenn es regnet, daß man es eben regnen läßt.«

Und das sollten wir tatsächlich *tun, wenn uns nichts anderes übrigbleibt.* Es gibt sehr viele Situationen im Leben, an denen wir ebensowenig wie am Wetter etwas ändern können. Es nützt gar nichts, wenn wir auf Unabänderliches mit Ärger oder Sorge oder überhaupt irgendwie reagieren. *Die einzig angemessene Verhaltensweise ist dann keinerlei Reaktion.*

Aber es gibt auch – tagtäglich – viele Situationen, in denen Sie *eine Wahl treffen müssen,* häufig zwischen zahlreichen und verschiedenen Möglichkeiten. Die BEWÄHRTE ERFOLGSMETHODE lautet in diesen Fällen: Die Palette Ihrer sämtlichen alternativen Möglichkeiten muß auch immer die enthalten, keine Reaktion zu zeigen!

Es besteht keinerlei Notwendigkeit für Sie, irgend etwas zu tun, nur weil jemand es von Ihnen verlangt. *Sie können ganz bewußt entscheiden, nichts zu tun.* Sie können die Dinge lassen, wie sie sind.

Erst kürzlich hörte ich im Rahmen eines Vortrages einen führenden Psychiater berichten, eines der Hauptprobleme seiner gefühlsgestörten Patienten sei ihr Gefühl, daß sie bestimmte Dinge tun müßten, daß sie unter dem Zwang stünden, etwas zu tun, *weil jemand das von ihnen erwarte.* Sobald er diese Patienten, so erklärte der Arzt, davon überzeugt hätte, daß sie gänzlich frei seien und immer die Möglichkeit hätten, gar nichts zu tun, würden sie ihre Angst los, kontrolliert, gezwungen, manipuliert zu werden, und seien geheilt.

Was für Kranke gilt, trifft für Gesunde noch viel mehr zu: *Sie dürfen keinen »Marionettenkomplex« entwickeln;* Sie müssen sich ständig Ihrer ganz persönlichen Möglichkeit bewußt sein, nicht zu reagieren. Sie sollten sich sogar bewußt in dieser Kunst üben, um sie so zu beherrschen, daß Sie sie jederzeit einsetzen können.

Üben Sie die Verhaltensweise, die Psychotherapeuten meinen, wenn sie empfehlen: »Lassen Sie ruhig das Telephon klingeln.« Wir alle stürzen ans Telephon, wenn es klingelt. Das ist ein allgemeines Reaktionsmuster. Prägen Sie also Ihrem Bewußtsein ein, daß es Ihre eigene Entscheidung ist, ob Sie ans Telephon gehen oder nicht, daß Sie das nicht müssen, daß Sie, wenn Sie es tun, es freiwillig tun. Lassen Sie also, wenn Sie nicht gestört sein wollen, das Telephon einfach klingeln. Oder lassen Sie es zumindest so lange klingeln, bis Sie sich bewußt und freiwillig entschieden haben, ob Sie den Anruf annehmen wollen oder nicht.

Das mag Ihnen vielleicht unhöflich erscheinen, denn Sie verfügen ja dabei über die Zeit anderer Menschen. Aber es wird Sie davor bewahren, sich wie ein Pawlowscher Hund zu benehmen, den man darauf konditioniert hat, beim Klang einer Glocke zu sabbern!

Der Sinn dieses Kapitels über die Möglichkeit, nicht zu reagieren, ist keineswegs, Ihnen eine störrische, dickköpfige oder negative Einstellung zu vermitteln. Sie sollen sich einfach nur *das*

Gefühl erwerben, frei und überlegt Ihre eigenen Handlungen zu bestimmen.

Es ist überflüssig, daß Sie sich in jeden Konflikt einschalten, zu allem Stellung beziehen (zumal bei zweifelhaften Anliegen) und sich somit *unnötig Feinde schaffen.* Zugegebenermaßen können Sie aufgrund Ihres Eingreifens natürlich auch ein paar Freunde gewinnen. Doch die bei Streitfragen geschaffenen Feinde bleiben uns, wogegen die Einigkeit in einer Streitfrage selten ausreicht, Freunde zu gewinnen. Jedenfalls gibt es viele schnellere, leichtere und bessere Möglichkeiten, sich Freunde zu erwerben; aber es gibt wenig schnellere und leichtere Möglichkeiten, sich Feinde zu machen.

Wenn Sie auf zu vielen Hochzeiten tanzen, vergeuden Sie Ihre Zeit und Ihre Kräfte und bringen Unordnung in Ihr Leben. Übernehmen Sie *nicht jede Aufgabe, nicht jede Last oder Verantwortung,* die man Ihnen anträgt oder Ihnen aufbürden will.

Es verlangt auch niemand von Ihnen, daß Sie sich Sorgen machen, *wie andere Probleme lösen, die genau dafür gewählt, ausgesucht oder gegen gutes Geld angestellt worden sind,* noch dazu Probleme, die Sie – wenn überhaupt – nur ganz entfernt angehen oder an denen Sie – wenn überhaupt – kaum etwas ändern können.

Sie brauchen sich ganz gewiß nicht eines jeden nur lose Bekannten anzunehmen, der körperlich, gefühlsmäßig oder geistig *eine Krise durchmacht, die Sie nichts angeht.* Solche Bekannte machen sich ja auch in der Regel nicht im mindesten Sorgen über Ihre persönlichen Probleme.

Natürlich sollten Sie als Bürger dieser Welt gut informiert und interessiert sein. Aber bei allem, was über dieses Interesse hinausgeht, sollten Sie sich *stets bewußt sein, daß es für Sie die verschiedensten Reaktionsmöglichkeiten gibt,* wenn Sie sich wirklich einsetzen wollen – nicht zuletzt auch die, keine Reaktion zu zeigen, vielmehr die Kunst zu beherrschen, nichts zu tun, und zwar mit Erfolg.

Kapitel 69

Die gegenteilige Reaktion – oder die Kunst, das Unerwartete zu tun

Die gegenteilige Reaktion ist eine Reaktionsmöglichkeit,die beinahe immer einsetzbar ist, am wirksamsten jedoch IN UNANGENEHMEN SITUATIONEN.

Um nur ein Beispiel zu nennen: Wenn Sie jemand oder irgend etwas ärgert, müßten Sie erwartungsgemäß ärgerlich werden. Die gegenteilige Reaktion ist: Sie lachen!

Sie werden mit Freude entdecken, daß *die gegenteilige Reaktion zu lachen wesentlich wirkungsvoller ist als sich zu ärgern.* Ärger eskaliert zur Feindseligkeit; Lachen hingegen wird die Spannung lösen, vorausgesetzt, das Lachen ist weder kränkend noch provozierend, sondern Ausdruck gelassenen Humors.

Eine alte, wahre und sehr tiefe Weisheit lautet: »Lachen drückt Ihre Überlegenheit über alles aus, was Ihnen widerfährt.« Und eine andere besagt: »Wenn Sie entweder fluchen oder lachen müssen, entscheiden Sie sich fürs Lachen.«

Die Unannehmlichkeiten und Ärgernisse des Lebens sollten hingenommen werden, aber nicht übellaunig und ärgerlich, sondern mit der *gegenteiligen Reaktion des Humors.*

Wie ABRAHAM LINCOLN sagte: »Ein Mensch ist glücklich, wenn er sich dazu entschließt.« Wenn Sie sich zum Glücklichsein entschließen, müssen Sie sich auch entschließen, Unfreundlichkeit mit der *gegenteiligen Reaktion der Freundlichkeit* zu begegnen. Sonst werden Sie nicht glücklich sein – und die Menschen in Ihrer Umgebung auch nicht. Unglück ist genauso ansteckend wie Glück.

Eine gegenteilige Reaktion besteht darin, *ein Kompliment zu machen,* statt etwas zu beanstanden. Wußten Sie, daß man eine Beanstandung in die Form eines aufrichtigen Kompliments kleiden kann? Denken Sie darüber nach!

Die gegenteilige Reaktion angesichts von Grobheit drückt sich in *Verständnis* aus, getragen von wirklich gutem Willen.

Die gegenteilige Reaktion angesichts von Kritik sind aufrichtige *Worte der Anerkennung* für den in der Kritik enthaltenen konstruktiven Rat.

Die gegenteilige Reaktion in der Auseinandersetzung mit einem Gegner besteht darin, ihm *einen Gefallen zu tun* – nicht mit der Einstellung, »guten Willen zu erkaufen«, sondern im Geiste freundlichen Wohlwollens, das ihn aber nicht verpflichten soll.

Die gegenteilige Reaktion darauf, daß jemand uns hinter unserem Rücken schlecht macht, ist, daß wir diesen Menschen »hinter seinem Rücken« *positiv darstellen.*

Diese Beispiele für überraschende, gegenteilige Reaktionen sollen nicht nur erläutern, was gemeint ist, sondern Sie darüber hinaus ermutigen, wann immer es möglich ist, so zu reagieren. Sie sollten tatsächlich in allen Situationen Ihres Alltags in einer der in diesem und den vorangegangenen Kapiteln beschriebenen Weise reagieren. Ihr Glück und Ihr Lebenserfolg *hängen weitgehend ab von den Reaktionen, die Sie wählen, und von der Wirksamkeit dieses Ihres Verhaltens.* Jede Minute, die Sie dem Studium dieser Kapitel widmen, wird sich für Sie bezahlt machen!

Kapitel 70

Lassen Sie sich durch Kritik nicht kränken – sondern helfen!

In einem der vorstehenden Kapitel dieses Buches wurde Ihnen empfohlen, andere nicht zu kritisieren; es wurden Ihnen psychologisch wirksame Methoden vorgeschlagen, um die Erfolge zu erzielen, die Sie sich von der Kritik versprochen hatten.

Wenn Sie nun auch, wic ich hoffe, diese wirksameren, psychologisch angelegten Methoden einer unmittelbaren Kritik an anderen vorziehen, müssen Sie aber trotzdem darauf *gefaßt sein, daß andere Sie kritisieren.* Deshalb muß man lernen, wie man sich durch Kritik nicht kränken – sondern helfen läßt.

Zunächst müssen Sie die »Kränkung« ausschalten. Bei den meisten aufgrund von Kritik erlittenen »Kränkungen» handelt es sich lediglich um verletzte Gefühle Ihrerseits, die daher kommen, daß Ihr Selbstgefühl Schaden genommen hat. Weil Gefühle nun einmal emotional sind, können Sie Ihre verletzten Gefühle (Emotionen) nur ausschalten, indem Sie *Kritik nicht emotionell aufnehmen.* Sie schaden sich selber, wenn Sie Zorn oder Ärger empfinden.

Wenn Ihr Selbstgefühl durch Kritik Schaden nimmt, so beweist das nur, daß Ihr Ichgefühl gestärkt werden muß – oder daß die Kritik verdient ist, mag sie auch in ungeeigneter Form vorgebracht worden sein.

Wenn Sie kritisiert werden, ist immer EINE VON DREI KOMPONENTEN ODER DEREN KOMBINATION im Spiel:

1. Der Mensch, der Sie kritisiert, *läßt an Ihnen seine eigenen aufgestauten destruktiven Gefühle wie Neid, Ärger oder Furcht aus.* Nehmen Sie diese Art von Kritik einfach nicht zur

Kenntnis. Vielleicht betreiben Sie unfreiwillig eine Form der »Psychotherapie«, wenn Sie Ihrem Gegenüber, dem »Patienten«, auf diese Art helfen, seine selbstzerstörerischen Gefühle loszuwerden. Rechnen Sie es sich als gute Tat an und vergessen Sie es.

2. Derjenige, der Sie kritisiert, *versucht vielleicht, sich selbst aufzubauen, indem er Sie heruntermacht.* Vielleicht versucht er auch aus irgendeinem anderen Grund, Sie herunterzumachen. Oft will sich der Kritisierende nur wichtig machen. Hüten Sie sich insbesondere, wenn er seine Kritik noch dazu mit Bemerkungen würzt wie: »Es ist nur zu Ihrem Besten.« (Unsinn, er tut es zu seiner eigenen Verherrlichung.) Oder: »Ich sage Ihnen das ja nur, weil ich Sie schätze.« (Wirklich? Warum kränkt er Sie dann? Es gibt weniger verletzende Möglichkeiten, jemandem, den man schätzt, zu helfen; auch übrigens jemandem, den man nicht schätzt.)
   Wer Sie kritisiert, nur um Sie – ganz gleich, aus welchem Grund – herabzusetzen, *präsentiert sich als Gegner und sollte auch als solcher betrachet werden.* Er ist wie ein Schwertfisch, der sein Maul als Waffe benutzt. Nichtsdestoweniger kann die Kritik eines Gegners offener, gezielter und vor allem zutreffender sein als die Kritik oder »hilfreiche Anregung« eines Freundes – oder auch als die eigene Selbstkritik. FRANÇOIS DE LA ROCHEFOUCAULD schrieb: »Die Meinungen unserer Feinde kommen näher an die Wahrheit unserer Person heran als unsere eigenen Ansichten.« Unsere Feinde suchen intensiver als wir nach unseren Fehlern. Ignorieren Sie Ihre Feinde, nicht aber deren Kritik an Ihnen.
   Wenn Sie ein Gegner oder Feind kritisiert, sollten Sie seine Kritik als erstes unter Weglassung sowohl seiner als auch Ihrer Emotionen betrachten. Sodann sollten Sie sie logisch und unparteiisch – rein sachlich – erwägen. Sie können unter Umständen der Kritik eines Gegners oder Feindes Wertvolles entnehmen, wenn Sie sich Ihr Urteil nicht durch eigene Unmutsgefühle verzerren lassen.
3. *Kritik kann sich als ein guter Rat – unversüßt verabreicht – erweisen.* Weisen Sie deshalb Kritik nicht zurück, nur weil sie

Ihnen nicht schmeckt. Weisen Sie einen guten Rat nicht zurück, weil er in Form von Kritik daherkommt.

Rückblickend auf ein langes, ereignisreiches Leben stelle ich fest, daß mir manch wertvoller Rat und viele wichtige Informationen entgangen sind, die in Kritiken enthalten waren, welche ich übelnahm. Jetzt betrachte ich das als einen meiner kostspieligsten Fehler. Er kostete mich sicher einiges Vermögen und wertvolle Freunde.

Kritik ist derart *wertvoll, daß Sie Kritik herausfordern, ja erbitten sollten!* Wenn Sie nicht die Würdigung finden, mit der Sie gerechnet hatten, überprüfen Sie die entsprechende Situation, indem Sie *Ihre Rolle kritisch untersuchen.* Verlassen Sie sich nicht auf Ihr eigenes Urteil, denn Sie spielen vielleicht Ihre Fehler herunter. Fragen Sie andere – Menschen, die es wissen müßten –, was an der Sache nicht stimmt, und vor allem, was Sie falsch machen.

So mancher Angestellte in unsicherer Position hat seine Stellung durch das einsichtige Verhalten gerettet, seinen Chef geradeheraus zu fragen, was er falsch gemacht habe, wie er es ändern könne, wie er seine Aufgaben besser erfüllen und seiner Firma bessere Dienste leisten könne. Solche Angestellte werden von ihren Arbeitgebern nicht entlassen, im Gegenteil, sie werden befördert!

Kritik ist fast immer förderlich, sobald Sie den Gefühlsfaktor auszuschalten vermögen. Hauptsächlich der Gefühlsfaktor – und nur selten auch die böse Absicht des Gegners – erweist Kritisiertwerden als eine schmerzliche Erfahrung.

Aber jede Operation ist mit Schmerzen verbunden, kann aber nichtsdestoweniger notwendig sein. Und genau wie eine Operation kann Kritik die Ursache des Übels beseitigen. Und die Wunden heilen in beiden Fällen.

Kapitel 71

Gelassen bleiben!
Bloß nichts dramatisieren!

Ich persönlich bin immer wieder beeindruckt von der Gleichmut des schon zitierten Rates von RUDYARD KIPLING: »Nimm Triumph- und Unglücksgehaben gelassen hin und behandle die beiden Täuscher genau gleich.«

Vielleicht »gibt« Ihnen das Leben »mehr«, wenn Sie alles, was geschieht, überbewerten und mit viel Gefühl darauf reagieren. Das bringt zwar viele Höhen mit sich, aber auch genauso viele Tiefen, und ist deshalb – körperlich, geistig, gefühlsmäßig – nicht unbedingt der beste Weg.

Doch Sie haben eine ALTERNATIVE. *Sie können sich für Gelassenheit entscheiden.*

Das bedeutet, daß Sie nichts überbewerten, nichts mit zuviel Gefühl beladen, nichts dramatisieren – und das gilt für alle Belange Ihres Lebens, die wichtigen wie auch die alltäglichen. Statt sich von überschwenglicher Freude – oder entsetzlichem Unglück – überwältigen zu lassen, bleiben Sie gelassen.

Sie feiern nicht jeden Erfolg als großen Triumph. Sie akzeptieren Erfolg als Tatsache und Ergebnis Ihrer Bemühungen. Sie sind erfreut, aber Sie bleiben gelassen. Sie machen daraus »keine große Sache«. Und Sie beschließen zudem, künftig noch Besseres zu leisten.

Sie beklagen nicht jeden Fehler als irreversibles Unglück. Sie akzeptieren Fehler als das, was sie sind – als Fehlschläge, die Ihnen auf dem Weg zum Erfolg höchstens nützlich sein können. Kein Grund also, Ihre Fehler zu dramatisieren. Sie bleiben gelassen. Und Sie beschließen, in Zukunft Fehler zu vermeiden.

Betrachten Sie die Ereignisse in Ihrem Leben wie Naturereignisse. Gut, es regnet. Mehr ist dazu nicht zu sagen. Oder die Sonne scheint. Kein Grund, vor Freude Dummheiten zu machen. Keine große Sache. Die Sonne scheint oft. Sie bleiben gelassen. Denn eines Tages wird es wieder regnen. Und dann wird die Sonne wieder scheinen.

Natürlich gibt es echte Tragödien. Auch sie gehören zur Wirklichkeit. Und sie bereiten Schmerz, natürlich Schmerz. *Aber der Schmerz ist erträglicher, wenn Sie die Tatsache Ihres Verlustes, Ihres Unglücks akzeptieren.* Folgen Sie dem Rat von WILLIAM JAMES: »Seien Sie bereit, Tatsachen hinzunehmen. Das Akzeptieren dessen, was geschehen ist, ist der erste Schritt zur Bewältigung der Konsequenzen eines jeden Unglücks.«

In meinem Buch *»Persönlichkeitsbildung«* zog ich hieraus die Schlußfolgerung: »Durch Akzeptieren erreichen Sie den geistig-seelischen Übergang von der Trauer zur Ruhe.« Das ist wahr – und auch besser, als sich vom Schmerz überwältigen zu lassen. Und es öffnet das Buch des Lebens auf jener Seite, auf der geschrieben steht: *»Wenn das Schicksal die eine Tür schließt, so öffnet der Glaube eine andere.«* Suchen Sie nach der offenen Tür!

Doch die meisten Zwischenfälle im Leben sind ja weder wirkliche Tragödien noch Katastrophen – noch Triumphe. Es handelt sich schlicht und einfach um Vorkommnisse. Und Sie sollten vermeiden, daß irgendein Vorkommnis in Ihren Gedanken und Gefühlen den Stellenwert von »Triumph« oder »Unglück« bekommt.

Es ist wesentlich besser, diese Vorkommnisse *mit demselben Gleichmut hinzunehmen, mit dem Sie Sonne und Regen hinnehmen, und dabei heitere Gelassenheit zu bewahren.*

Kapitel 72

Eine Waffe gegen überflüssigen Ballast

Menschen oder deren Belange (ihr Verhalten, ihre Leistungen) lächerlich zu machen oder zu verspotten, ist eine Verhaltensweise, die meist wenig Beifall findet. Sie ist auch *gefährlich und zugleich ein zweischneidiges Schwert,* weil es den, der es führt, ebenso verletzen kann wie das Opfer.

Ich habe jedoch festgestellt, daß diese Verhaltensweise nur dann verurteilt wird, wenn sie dazu dient, andere Menschen und deren Belange ins Lächerliche zu ziehen. Durchaus empfehlenswert aber ist es, sich die Lächerlichkeit überflüssigen Ballasts im eigenen Leben bewußtzumachen und diese Betrachtungsweise als Waffe einzusetzen.

Das geschieht am wirksamsten durch die Verwendung von bestimmten AUTOSUGGESTIONEN; in diesem Fall sind das einfach intensiv gedachte (oder zur besseren Einprägung niedergeschriebene) *aufbauende Inhalte positiven Denkens und Glaubens.*

Am besten wird diese Methode anhand von Beispielen verdeutlicht; die hier als Beispiel aufgeführten Autosuggestionen können Sie entweder direkt für den eigenen Gebrauch übernehmen oder Ihren persönlichen Bedürfnissen anpassen. Sie können mit Leichtigkeit spezifische Autosuggestionen für sich selbst zusammenstellen, mit deren Hilfe *Sie überflüssigen Ballast aus Ihrem Leben abwerfen können, indem Sie ihn lächerlich machen.* Im Folgenden nun ein paar allgemein gehaltene BEISPIELE:

- »Es wäre ja lächerlich, sich Sorgen zu machen, was vielleicht in Zukunft geschehen könnte, denn es kann alles mögliche geschehen!«

- »Es wäre ja lächerlich, auch nur eine Sekunde mit Grübeln über Vergangenes zu verschwenden, denn die Vergangenheit ist endgültig und unabänderlich vorbei.«
- »Es wäre ja lächerlich, jemals jemanden kritisieren zu wollen, denn Kritik verstimmt. Es gibt psychologisch sehr viel bessere Methoden der Belehrung.«
- »Es wäre ja lächerlich, schlechten Angewohnheiten anzuhängen, denn wenn man auch nur eine einzige davon nicht aufzugeben vermag, präsentiert man sich dadurch als williges Opfer für alle möglichen schlechten Gewohnheiten.«
- »Es wäre ja lächerlich anzunehmen, daß die Hautfarbe eines Menschen seine intellektuellen Fähigkeiten, seine Leistungskraft oder seine persönlichen Fähigkeiten einschränken würde.«
- »Es wäre ja lächerlich, wenn eine unglückliche Kindheit mein gesamtes Leben negativ beeinflussen würde.«
- »Es wäre ja lächerlich, mir über die momentane Belastung hinaus auch noch Aufgaben aufzubürden, die leicht bis morgen warten können. Jedes Ding zur rechten Zeit.«
- »Es wäre ja lächerlich, auch nur eine Minute zu verschwenden, um über irgend jemanden nachzudenken, den ich nicht mag. Wenn ich nicht tolerant genug bin zu akzeptieren, daß es ihn gibt, dann sollte ich zumindest vernünftig genug sein, ihn zu vergessen.«
- »Es wäre ja lächerlich, die Worte ›Ich fordere‹ oder ›Wir fordern‹ zu benutzen, denn solche Forderungen rufen stets Widerstand hervor. Es ist sehr viel nützlicher, Konzilianz und Verhandlungsbereitschaft zu zeigen, die jedermanns Meinung mit Achtung zur Kenntnis nimmt, so daß jeder ein wenig nachgibt und jeder ein wenig erhält, um dann zum Händedruck einer gemeinsamen Entschließung zu gelangen.«

Diese Beispiele zeigen, wie man autosuggestive Formeln zur Lächerlichmachung ungewollter Verhaltensweisen oder Reaktionen einsetzen kann, um solch überflüssigen Ballast im eigenen Bewußtsein mit der Assoziation zu verknüpfen, daß er einfach lächerlich ist. Wir sind so erzogen, daß wir psychologisch *eine starke Abwehr gegen alles empfinden, was uns lächerlich machen könnte* – oder lächerlich erscheinen lassen oder das Gefühl vermitteln könnte, unser Handeln oder Denken sei auch nur im mindesten lächerlich.

Deshalb ist es eine psychologisch wirksame Methode, negative, das heißt unerwünschte Eigenschaften und Gewohnheiten aus Ihrem Leben dadurch zu verbannen, daß Sie sie mit Lächerlichkeit assoziieren. Und *was Sie als lächerlich empfinden, werden Sie nicht mehr tun wollen – und somit nicht mehr tun.*

Kapitel 73

Die Beseitigung von Widerständen und Gegenkräften

Es erscheint geradezu trivial, daß die Beseitigung von Widerständen die wesentliche Voraussetzung für Erfolg sein soll. Aber genau hier liegt das Problem!

Natürlich scheint es naheliegend, daß wir als erstes versuchen, alle Widerstände, die dem Fortschritt zu unserem Lebensziel entgegenstehen könnten, zu vermindern oder auszuschalten. Es ist dermaßen naheliegend, daß die meisten Leute genau das nicht tun! Sie vergeuden ihre Kräfte in der Bemühung, Hindernisse aus dem Weg zu räumen, *statt die hinter den Hindernissen liegenden Widerstände zu beseitigen.*

Fangen wir also ganz von vorn an, in diesem Fall mit einem physikalischen Gesetz: »Jede Kraft, ganz gleich, wie gering, versetzt jede Masse, ganz gleich, wie schwer, in Bewegung, solange keine Gegenkraft vorhanden ist.« Damit ist naturwissenschaftlich ausgedrückt, daß das einzig Sinnvolle ist, die hinter den Hindernissen liegenden Gegenkräfte zu verringern oder auszuschalten. Dann nämlich *können Sie die Hindernisse mit nur ganz geringer Anstrengung aus dem Wege räumen!*

Es ist viel einfacher, solche Widerstände zu verringern oder zu beseitigen, als sich bei jedem Schritt auf dem Weg zum Ziel ungeheuer anstrengen zu müssen.

Alles ist sogar noch einfacher, wenn es überhaupt keine Widerstände gibt!

Wenn Sie solche Widerstände bis zu ihrem Ursprung zurückverfolgen, werden Sie, wenn Sie ehrlich sind, wahrscheinlich *feststellen, daß Sie sie selbst verursacht haben!* Irgend etwas, das

Sie getan, gesagt oder geschrieben haben, hat irgend jemanden gekränkt. Und wenn die Keime der Kränkung einmal gelegt sind, dann wachsen sie heran zu Verbitterung – und Widerstand.

Es sei denn, Sie wenden BEWÄHRTE ERFOLGSMETHODEN an, um die aus der Kränkung resultierende Verbitterung in guten Willen zu verwandeln. Zu Anfang, noch bevor untergründiger Groll zu offenem Widerstand geworden ist, kann man ihn leicht durch die in meinem *»Schlüsselwerk bewährter Erfolgsmethoden«* aufgezeigten Vorgehensweisen in guten Willen verwandeln. Selbstverständlich können mit Hilfe bewährter Erfolgsmethoden Widerstände auch dann verringert oder beseitigt werden, wenn die Verbitterung schon längst in offene Feindseligkeit umgeschlagen hat, aber es ist viel mühsamer. Gleichwohl ist das immer noch einfacher, als wenn man bei jedem Schritt auf Widerstand stößt.

Stellen Sie sich beispielsweise vor, der Weg zu Ihrem Lebensziel sei von einem Felsblock versperrt. Sie versuchen, den Block von der einen Seite her wegzustemmen, aber Ihr Gegner stemmt sich von der anderen Seite dagegen. Ihren Kräften sind Grenzen gesetzt; es kommt also im wesentlichen darauf an, Ihren Gegner – und zwar mit Hilfe der bewährten Erfolgsmethoden – dazu zu bringen, daß er seinen Widerstand aufgibt. Gelingt Ihnen das, wird es Ihnen leichtfallen, den Felsblock beiseite zu schieben, weil es dann nach dem eingangs zitierten physikalischen Gesetz kein Problem mehr ist.

Wenn Sie also die Widerstände hinter jeglichem Hindernis, das den Weg zu Ihrem Lebensziel blockiert, beseitigen, dann erfordert es nur sehr wenig Anstrengung Ihrerseits, um das Hindernis zu überwinden – weil es dann keine Widerstände mehr gibt.

Wenn Sie die bewährten Erfolgsmethoden dieses Buches einsetzen, werden Sie nicht nur solche Gegenkräfte ausschalten, sondern sie sogar so *umpolen können, daß sie als positive Kräfte in der Stoßrichtung Ihrer Bestrebungen mitwirken,* um die Hindernisse auf Ihrem Weg zum Erfolg zu beseitigen.

Die Bibel lehrt, daß der Glaube Berge versetzen kann. Der sich mit dem unendlichen Geist verbindende Glaube ist zweifellos die stärkste Macht zum Beseitigen von Hindernissen jeder Art. Natürlich braucht es sehr viel Glauben, um Berge zu versetzen, und, ehrlich gesagt, ich habe bisher noch keinen Berg versetzt. Aber ich habe immerhin einige Hindernisse beiseite geräumt, die mir ebenso gewaltig wie Berge erschienen, als ich vor ihnen stand und zu ihnen aufblickte.

Und ich kenne Leute, die sehr viel größere Hindernisse überwunden haben als ich.

Es ist wirklich nicht so schwer. Denn es gibt ein (Ihnen bereits bekanntes) bewährtes Gesetz im Leben, dem zufolge *»ein Mensch das, was er sich vorstellen und woran er glauben kann, auch zu erreichen vermag«.*

Kapitel 74

Die Anziehungskraft macht die Persönlichkeit!

Unabhängig von Alter, Größe, Gestalt und überhaupt äußerer Erscheinung können Sie über genau den PERSÖNLICHEN MAGNETISMUS verfügen, der alle Menschen innerhalb des von Ihnen selbsterzeugten »magnetischen Feldes« anzieht.

Es besteht ein großer Unterschied zwischen körperlicher Anziehungskraft (die bei jedem Menschen anders ist, denn jedes Individuum hat ein anderes Erscheinungsbild) und magnetischer Anziehungskraft, die Ausdruck der Persönlichkeit und des Verhaltens ist. Persönlicher Magnetismus ist eher eine Kunst oder *eine Kunstfertigkeit, die von jedermann erlernt und angewendet werden kann – wie gesagt: unabhängig vom Alter oder der äußeren Erscheinung.*

Mit Hilfe geeigneter Methoden und Techniken können auch Sie sich persönlichen Magnetismus aneignen. Es ist an dem »Phänomen« persönlicher Anziehungskraft nichts Geheimnisvolles. Es ist wesentlich eine Frage des Wissens, *was man tun muß und wie man es tun muß*, und ferner dann nur noch eine Frage der Anwendung dieses Know-how im praktischen Alltagsleben.

Das Alter hat, wie gesagt, absolut nichts mit dem persönlichen Magnetismus einer Persönlichkeit zu tun. Es gibt eine Menge charmanter älterer Damen mit glücklichen Gesichtern voller Fältchen, die vom Lächeln herrühren; sie strahlen einen faszinierend-attraktiven persönlichen Magnetismus aus, angesichts dessen die aufregendsten Mannequins nicht viel mehr als wandelnde Puppen sind.

Und es gibt eine Menge markanter älterer Männer mit einem vergnügten Blinzeln in den Augen, das von der Toleranz und der Abgeklärtheit herrührt, die sie sich im Verlauf eines langen, geistig interessierten Lebens erworben haben. Sie strahlen einen persönlichen Magnetismus aus, um den sie so manche gefeierte Idole des Leistungssports nur beneiden können.

Es gibt allerdings keineswegs so etwas wie das »beste« Alter für die größtmögliche Ausstrahlung eines persönlichen Magnetismus. Jedes Alter hat seine ihm gemäßen Vorzüge. Wenn Sie die Techniken und Übungen, die in den folgenden Kapiteln aufgezeigt sind, beherzigen, werden Sie mit Freude feststellen, daß jedes Alter genau das richtige ist, um sich persönlichen Magnetismus anzueignen. *Für Sie ist genau jetzt die richtige Zeit dafür!*

Äußerlichkeiten haben gar nichts mit persönlicher Anziehungskraft zu tun, denn sie wird in der Psyche erzeugt, aufgebaut und gefestigt, bevor sie nach außen projiziert und auf andere ausgestrahlt wird. Sie haben ganz sicher schon selbst Hunderte von Männern und Frauen persönlich, im Fernsehen oder im Kino erlebt, die eine ungeheure Ausstrahlung haben, deren körperliche Merkmale ihnen jedoch in einem Schönheitswettbewerb wenig Applaus eingetragen hätten.

Persönlicher Magnetismus hat seinen Ursprung also grundsätzlich im Inneren eines Menschen. Man könnte ihn mit dem vergleichen, was vielfach »inneres Leuchten« oder »innerer Glanz« genannt wird. Wird dieser innere Glanz dann nach außen projiziert, tritt er als geheimnisvoller »äußerer Glanz« in Erscheinung, der andere Menschen unwiderstehlich anzieht.

In den folgenden Kapiteln werden Sie erfahren, worauf es ankommt.

Kapitel 75

Persönlicher Magnetismus: Augenkontakt

Die Augen sind als »Instrument« für die Ausstrahlung und Projektion des persönlichen Magnetismus von so großer Bedeutung, daß wir über den richtigen Gebrauch dieses Instruments genau Bescheid wissen müssen.

Etwas vom allerwichtigsten ist der AUGENKONTAKT. Kein Zweifel: Sie können mit Hilfe des Instruments, das Ihre Augen darstellt, *in die Augen – und somit in die Seele anderer Menschen schauen.* Und andere Menschen wiederum können ihre Augen benutzen, um Ihnen in die Augen und somit in die Seele zu schauen.

Zur Entfaltung Ihres persönlichen Magnetismus gehört wesentlich, daß Sie anderen Menschen *ruhig und direkt tief in die Augen schauen.* Eben dies ist der sogenannte »Augenkontakt«, der – gekonnt eingesetzt – eine ungeheure Anziehungskraft ausübt.

Wie Sie aus den folgenden Kapiteln ersehen werden, bestimmen viele verschiedene Faktoren die Art und Ausprägung des persönlichen Magnetismus: physische, geistige und emotionale. Jeder einzelne Faktor wird zum Wesen Ihrer magnetischen Persönlichkeit beitragen.

Das allerwichtigste »Instrument« des persönlichen Magnetismus sind aber tatsächlich die Augen, denn mit ihrer Hilfe können Sie die Ausstrahlung Ihres persönlichen Magnetismus am wirksamsten einem bestimmten Individuum oder einer Gruppe übermitteln. Ohne den Vorgang der Übermittlung können Sie auf andere keine Anziehungskraft ausüben.

Im Augenkontakt erfolgt die Übermittlung unmittelbar und spontan. Es entsteht eine Art magnetisches Feld, in dem die magnetische Anziehungskraft fließt – von Ihnen zu anderen und von anderen zu Ihnen. Und das eben erreichen Sie, indem Sie Ihrem Gegenüber ruhig und direkt tief in die Augen schauen.

Doch Achtung: Starren Sie Ihr Gegenüber nicht an. Blicken Sie aber auch nicht ziellos umher. *Schauen Sie ihm ruhig und direkt tief in die Augen – nicht mehr, nicht weniger!*

Üben Sie das, indem Sie im Spiegel sich selbst in die Augen schauen. Achten Sie bei dieser Übung vor allem darauf, was Sie, wie gesagt, nicht tun dürfen: sich in die Augen starren. Im Spiegel bekommen Sie einen drastischen Eindruck, *wie abstoßend es wirkt, jemand anderem in die Augen zu starren.* Versuchen Sie dann einmal, Ihr Gesicht zerfahren und ziellos anzublicken. Das wird Ihnen eine bleibende Erinnerung an die Art von Anschauen vermitteln, der es an jeglicher persönlichen Anziehungskraft mangelt.

Sehen Sie dann nochmals in den Spiegel und schauen Sie sich ruhig direkt und tief in die Augen. Bemerken Sie den Unterschied?

Jemanden *ruhig direkt anzusehen,* ist im Grunde einfach, wenn es auch im Alltag fast immer vernachlässigt wird. Infolge Gleichgültigkeit und Ziellosigkeit können keine magnetisch wirkenden Kontakte zustande kommen. Dem soll die Übung vor dem Spiegel abhelfen; sie soll aber auch vorbeugen, daß Sie jemanden, statt anzusehen, anstarren.

Jemandem *in die Augen zu schauen,* bedarf vielleicht einiger Übung. Üben Sie es also! Üben Sie es vor dem Spiegel. Mit der Zeit erwerben Sie sich ein Gefühl dafür. Üben Sie, von Ihrem Spiegelbild wegzusehen und dann wieder hinzuschauen, um sich selber sofort *ruhig und direkt tief in die Augen zu schauen.*

Üben Sie, sich noch tiefer in die Augen zu sehen . . . und noch tiefer. Aber gewöhnen Sie sich dabei nicht etwa ein starres Fixieren an!

Es ist von entscheidender Bedeutung, daß Sie es lernen, anderen ruhig und direkt tief in die Augen zu schauen, denn genau darauf beruht der wirksame Augenkontakt, der Ihren persönlichen Magnetismus, Ihre magnetische Anziehungskraft, anderen übermittelt. Natürlich müssen Sie über persönlichen Magnetismus erst einmal verfügen, um ihn übermitteln zu können. Davon handeln die folgenden Kapitel. Gegenstand dieses Kapitels ist vorab der *Augenkontakt, weil er grundlegend für den anzustrebenden Zweck ist, persönlichen Magnetismus nach außen auszustrahlen.*

Die bisherigen Erörterungen galten in erster Linie für den Augenkontakt mit Einzelpersonen. Doch die gleichen Methoden können in allgemeinerer Form auch angesichts mehrerer Menschen angewendet werden. Um Ihren persönlichen Magnetismus auf ganze Gruppen oder gar ein großen Publikum auszustrahlen, *müssen Sie abwechselnd ruhig und direkt tief in die Augen der einzelnen Menschen schauen.* Sprechen Sie zu einem größeren Publikum nicht wie zu einer anonymen Gruppe von Leuten. Wenden Sie sich direkt und persönlich an einzelne Mitglieder des Publikums als Individuen – und schauen Sie ihnen während Ihrer ganzen Rede abwechselnd direkt und tief in die Augen.

Lesen Sie eine Rede nicht ab. Kleben Sie nicht an Ihren Notizen. Legen Sie sich bloß die wichtigsten Punkte – diese aber so groß wie möglich in Blockbuchstaben – zurecht, damit Sie sie nötigenfalls mit einem Blick zu Rate ziehen können. So sorgen Sie vor, den Augenkontakt nicht zu unterbinden.

Es wird Ihnen helfen, *den Einsatz des Augenkontaktes an Schauspielern, hervorragenden Nachrichten- und Werbesprechern im Fernsehen bewußt zu beobachten.* Das wird Sie von der unbedingten Notwendigkeit überzeugen, dem Gegenüber ruhig und direkt tief in die Augen zu schauen; denn das tut jeder erfolgreiche Akteur. Achten Sie nicht darauf, was diese Schauspieler und Sprecher sagen, sondern konzentrieren Sie sich einmal nur darauf zu beobachten, wie diese Leute den Augenkontakt einsetzen.

Anhand solcher Demonstrationen des Spiels im Augenkontakt kann man viel und rasch lernen. Sie zeigen, wie die wirklich Professionellen ihren persönlichen Magnetismus im Augenkontakt ausspielen, indem sie ihrem Publikum – auch Ihnen – ruhig und direkt tief in die Augen schauen.

Beobachten Sie anhand dieser stets verfügbaren Fernsehbeispiele, was Augen herzugeben vermögen, und während Sie das tun, denken Sie daran, daß hier *Millionen von Zuschauern durch Augenkontakt angezogen werden müssen – und angezogen werden!*

Kapitel 76

Persönlicher Magnetismus: Augensprache

Im vorstehenden Kapitel haben Sie den Augenkontakt als Mittel der Übertragung persönlichen Magnetismus kennengelernt. Der Augenkontakt ist auch das Mittel wirksamer GEDANKENÜBERTRAGUNG. Sie geht über Ihre Augen und die Ihres Gegenübers vor sich – von Ihrer zu seiner Seele. *Deshalb sind die Augen wirklich »Fenster der Seele«.*

In diesem Kapitel werden Sie erfahren, wie man die Augensprache anwendet. Mittels Augensprache können Sie aufgrund Ihres persönlichen Magnetismus Gedanken tatsächlich von Seele zu Seele übermitteln – oder, sagen wir hier, von Psyche zu Psyche.

Volkstümlich wird das parapsychologische Phänomen der außersinnlichen Wahrnehmung (ASW) in ihrem Teilaspekt der Telepathie ebenfalls »Gedankenübertragung« genannt, und darunter ist Informationsempfang ohne Mitwirkung der fünf Sinne zu verstehen. Die hier erörterte, durch Augensprache bewerkstelligte Gedankenübertragung ist demgegenüber *ein geistig-seelischer Kommunikationsprozeß, der tatsächlich mit dem Mittel körperlichen Ausdrucks zustande kommt,* indem eben die Augen statt der Stimme »sprechen«. So beruht denn die Augensprache auf einer sowohl körperlichen wie auch seelisch-geistigen Grundlage – und sie kann durch gefühlsmäßige Faktoren sehr intensiviert werden.

Am leichtesten perfektioniert man sich in der Augensprache durch Üben vor dem Spiegel. Auf diese Weise können wir den Ausdruck in unseren Augen auch genau beobachten, während wir unsere Gedanken »dem anderen« mitteilen, den bei der Übung vor dem Spiegel unser eigenes Spiegelbild darstellt.

Perfektionieren Sie die Augensprache durch folgende ÜBUNG:

1. Schauen Sie vor dem Spiegel ruhig und direkt tief in die Augen Ihres Spiegelbildes und denken Sie dabei intensiv: »Ich habe dich gern«. Stellen Sie sich vor, daß Sie diesen Gedanken auf jemand anderen übertragen.
2. Während Sie intensiv »Ich habe dich gern« denken, drücken Sie das mit Ihren Augen aus, wobei Sie sich wieder jemand anderen als Empfänger Ihrer Botschaft vorstellen.
3. Tun Sie, als könnten Sie nicht sprechen oder als wollten Sie nicht von anderen gehört werden und als müßten Sie dringend, aufrichtig und überzeugend das »Ich habe dich gern« allein mit Ihren Augen zum Ausdruck bringen.
4. Üben Sie die Augensprache anhand des Gedankens »Ich habe dich gern« vor Ihrem Spiegelbild so lange, bis Sie sehen und fühlen, daß Ihre Botschaft eindeutig in Ihren Augen zu lesen steht.
5. Stellen Sie sich eine Liste von zehn verschiedenen persönlichen Botschaften zusammen, die Sie vielleicht gerne aufgrund persönlichen Magnetismus durch Augensprache auf andere übertragen möchten.
6. Üben Sie diese zehn verschiedenen Augenbotschaften so lange vor dem Spiegel, bis Sie tatsächlich Ihre Augen zum »Sprechen« gebracht haben. Zweifeln Sie nicht daran, daß Ihnen das möglich ist! Alle erfolgreichen Menschen, die über persönlichen Magnetismus verfügen und ihn ausstrahlen, benutzen die Augensprache sehr häufig, ja täglich, um die magnetische Anziehungskraft ihrer Persönlichkeit voll zur Geltung zu bringen.
7. Wenn Sie durch die Übungen vor dem Spiegel gelernt haben, nach Ihrem Willen mit den Augen zu »sprechen«, beginnen Sie, diese Augensprache bei jeder Gelegenheit täglich einzusetzen. Setzen Sie immer als erstes den Augenkontakt ein: Sie schauen Ihrem Gegenüber direkt ruhig und tief in die Augen. Dann übermitteln Sie Ihre Botschaft durch die Augensprache. Versuchen Sie das auf verschiedene Entfernungen, um so das

Magnetfeld Ihrer Anziehungskraft zu erproben und zu erweitern.

Sie werden entdecken, daß Sie sich damit eine neue, geradezu wunderbare Macht erworben haben, die Macht, auf Menschen durch Augenkommunikation Anziehung auszuüben.

Und das ist nur eine von den vielen wirkungsvollen Methoden, mit denen man seinen persönlichen Magnetismus zur Geltung bringen kann.

Kapitel 77

Persönlicher Magnetismus: Mit den Augen lächeln

Die meisten Menschen nehmen irrtümlicherweise an, man müsse mit dem Mund lächeln. Der Mund aber kommt beim Vorgang des Lächelns zuletzt – und auch das nur gelegentlich.

Persönlichkeiten von wirklich magnetischer Anziehungskraft geben sich immer freundlich-humorvoll, indem sie nur gelegentlich mit dem Mund *lächeln, aber immer mit den Augen!*

Der Inhalt dieses Kapitels befaßt sich mit einer der am leichtesten eingehenden und dennoch wirkungsvollsten Techniken des persönlichen Magnetismus: Lächeln Sie mit den Augen!

Wenn Sie das Lächeln zuerst auf den Lippen spielen lassen, wirkt es unecht und aufgesetzt. Versuchen Sie das einmal vor dem Spiegel und sehen Sie sich dabei so, wie die anderen Sie sehen müßten, wenn sie Sie sähen. Dann werden Sie niemals wieder zuerst mit dem Mund lächeln!

Ein echtes, aufrichtiges Lächeln *beginnt von innen und setzt auch von innen an,* nicht mit einer Verkrampfung der Lippen. Sie müssen das Lächeln »fühlen«, bevor Ihr Gesicht es aufrichtig zum Ausdruck bringen kann; und an der Schwelle dieses inneren Prozesses nach außen zu müssen, wie Experten der Persönlichkeitsbildung versichern, die Augen stehen: dort muß sich Ihr Lächeln zeigen. Lächeln Sie also mit den Augen!

Üben Sie das vor dem Spiegel – und Sie werden in Ihren Augen ein neues Ich von großer magnetischer Anziehungskraft entdecken.

Zunächst einmal müssen Sie eine *Haltung einnehmen, die immerfort freundliches Wohlwollen und innere Heiterkeit aus-*

strahlt; denn die Ausstrahlung dieser beiden Persönlichkeitsattribute ist die Grundlage, auf der persönlicher Magnetismus beruht und sich entfaltet. Und aus dieser Haltung heraus ist es dann ganz natürlich, daß Ihnen nach Lächeln »zumute« ist, *weil Lächeln der naturgemäße Ausdruck dieser seelisch-geistigen Grundhaltung ist.*

Fangen Sie ganz natürlich mit den Augen zu lächeln an. Stellen Sie sich ein humorvolles Zwinkern in Ihren Augen vor. Dann verstärken Sie das Zwinkern, bis die Augen lächeln.

Das Lächeln mit den Augen ist keine Neuentdeckung von mir. Es wird seit Jahren besonders von Persönlichkeits- und Erfolgsberatern sowie auch an Schauspielschulen gelehrt. Es wird sogar in Liedern besungen. Daß ein Lächeln von innen her kommen und dann in die Augen überspringen muß, *dafür gibt es eine grundlegende psychologische Ursache.* Wann immer Sie bewußt versuchen, einen bestimmten Ausdruck zu zeigen, verkrampfen Sie sich dabei – es sei denn, Sie seien als Schauspieler professionell geschult. Und wenn Sie verkrampft sind (was unvermeidlich ist), werden Sie mit Sicherheit albern aussehen bei dem Versuch, Ihr Lächeln zu produzieren, spätestens wenn Sie in unnatürlicher Weise die Oberlippe hochziehen oder – noch schlimmer – die Zähne blecken!

Sie müssen also diesen »aufgesetzten« Ausdruck vermeiden, und das können Sie nur, indem Sie überhaupt nicht an die Mundhaltung denken. Und so macht man das (überprüfen Sie es vor dem Spiegel): Sobald Sie innerlich ein Lächeln in sich aufsteigen fühlen und dieses angenehme Gefühl mit einem heiteren Zwinkern in den Augen ausdrücken, *verändert sich Ihr gesamter Gesichtsausdruck* auf ganz natürliche Weise, ohne jede bewußte Bemühung Ihrerseits!

Zwangsläufig bilden sich Lachfältchen in den Augenwinkeln. Die Augen fangen an zu strahlen: sie werden interessanter und anziehender. Die Lippen entspannen sich, und die Mundwinkel gehen leicht nach oben. Die Wangen heben sich, der gesamte Gesichtsausdruck wird lockerer. Innerhalb von Sekunden haben Sie ohne jede Verkrampfung ein natürlich-heiter strahlendes Gesicht.

Dieser heitere, lächelnde Augenausdruck reicht in den meisten Fällen aus. Wenn Ihnen jedoch danach zumute ist und die Situation es erlaubt, dann lassen Sie ganz natürlicherweise Ihr Lächeln breiter und offener werden. Wenn Sie aber einmal den Mund leicht geöffnet haben, so daß die Zähne zu sehen sind, dann müssen Sie auch wirklich *herzhaft und rückhaltslos lächeln, wenn schon nicht herzhaft lachen.* Denn wenn Sie den Mund nur zu einem halbherzigen Lächeln öffnen, wird daraus eine verlegene, eine künstliche Grimasse.

Am sichersten und besten ist es, eine stetige innere Haltung wohlwollender Heiterkeit einzunehmen, so daß das Lächeln ganz natürlich aus einem inneren Gefühl kommt, aus dem heraus wir mit den Augen lächeln ... und der Natur alles weitere überlassen.

Daß es so wichtig ist, wie ein Mensch lächelt, zeigen viele Äußerungen von großen Denkern. Hier nur zwei Beispiele: CHRISTIAN NESTELL BOVEE, ein berühmter Meinungsmacher der Presse des neunzehnten Jahrhunderts, schrieb: »Man kann einiges von dem Charakter eines Menschen entdecken, wenn man beobachtet, wie er lächelt. Manche Menschen lächeln niemals, sie grinsen nur.« Ein Jahrhundert früher warnte der Schweizer Theologe und Philosoph JOHANN KASPAR LAVATER: »Ein unangenehmes Lächeln ist abstoßender als Stirnrunzeln.«

Persönlicher Magnetismus ist ohne ein anziehendes Lächeln nicht denkbar, denn in ihm kommt zum Ausdruck, was den Magnetismus ausmacht: Anziehungskraft.

Nun wollen wir dem magnetisch anziehenden Lächeln eine neue Komponente hinzufügen, die auch Ihrer Stimme eine unwiderstehliche magnetische Anziehungskraft verleihen wird.

Kapitel 78

Persönlicher Magnetismus: Sprechen

Hier geht es nicht um die vielfältigen Funktionen des Sprechens. In diesem Kapitel soll keineswegs von Tonbildung, Modulierung der Stimme, Artikulierung und den vielen technischen Aspekten des Sprechens die Rede sein. (Das würde ein ganzes Buch füllen, und es gibt bereits viele gute Bücher über dieses Thema.)

In diesem Kapitel geht es nur um eins: *Ihnen zu einer Stimme magnetischer Anziehungskraft zu verhelfen.*

Um das möglichst einfach zu bewerkstelligen, wollen wir uns auf einen einzigen Aspekt des Stimmgebrauchs konzentrieren: auf die PROJEKTION DER STIMME, das heißt, *wie Sie Ihre gesprochene Botschaft anderen – Individuen oder Gruppen – übermitteln.*

Der Einfachheit halber gehen wir davon aus, daß der Klang der Stimme aus dem Mund kommt, zumindest das artikulierte Wort. Dies ist die physische Seite.

Die Kontrolle der Stimme ist jedoch ein geistiger Akt. Sie überlegen sich beispielsweise, wie und wann Sie die Stimme erheben wollen. Und durch solche Überlegungen kontrollieren Sie alle unbewußten Funktionen, die viel zu rasch und komplex ablaufen, als daß sie im einzelnen bewußt geregelt werden könnten.

Knüpfen wir an eine zuvor gelernte Methode an: In der festen Überzeugung und dem Gefühl, Ihre gesprochene Botschaft in die Augen eines Menschen übermitteln zu wollen, *verstärken Sie in großem Maße den Augenkontakt.* Sie wissen, daß das Mittel, Augenkontakt herzustellen und aufrechtzuerhalten, darin besteht, ruhig und direkt tief in die Augen eines Menschen zu blicken. Dies vergrößert Ihren persönlichen Magnetismus, die magnetische Anziehungskraft und den Einfluß gegenüber anderen Menschen.

Um nun auch Ihrer Stimme magnetische Wirkung zu verleihen, projizieren Sie sie ruhig und direkt tief in die Augen des Gegenübers unter Einsatz Ihrer Augen!

Das funktioniert so: Sie ignorieren vollkommen, daß Ihre Stimme aus dem Mund kommt, sondern Sie *glauben und fühlen intensiv, daß sie mit Hilfe Ihrer Augen direkt und tief in die Augen des Gegenübers projiziert wird.* Vermittels Ihrer Vorstellungskraft können Sie Ihre Stimme kommen lassen, woher auch immer Sie es wünschen, und Sie werden dann das Gefühl haben, Ihre Stimme sei wirklich dort, wo Sie sie »hindenken«. Unter Einsatz dieser Imaginationstechnik empfehlen Rhetoriklehrer verschiedene »Plazierungen« der Stimme, je nach den Bedürfnissen des Sprechers (und den Sprechtheorien der Lehrer).

Ein häufiges Sprechproblem besteht darin, daß der Sprecher »aus dem Hals heraus« spricht, das heißt beim Stimmeinsatz zu stark den Kehlkopf betätigt, und, wie es im Schauspielerjargon heißt, »zuwenig vorne« spricht und artikuliert. Es gibt sprechtechnische Übungen zur Überwindung dieses Problems, das man als »gutturales« Sprechen, also Gaumensprechen, bezeichnet. Aber da der Sinn dieses Kapitels nicht in Anleitungen zu sprechtechnischen Übungen besteht, werden wir uns hier auf einfache psychologische Techniken beschränken.

Das psychologische *Mittel, Ihre Stimme aus der Kehle herauszuholen,* besteht ganz einfach darin, daß Sie denken, Ihre Stimme komme nicht aus der Kehle, und daß Sie das Gefühl aufbringen, es sei tatsächlich so.

Hier einige Beispiele für PSYCHOLOGISCHE TECHNIKEN, mit deren Hilfe Sie dieses zu weit hinten vor sich gehende Sprechen beheben können.

1. *Denken Sie, Ihre Stimme komme aus Ihrer Stirn,* und fühlen Sie es. Das zieht die Stimme »aus dem Hals« heraus, hebt sie in der Tonlage und verbessert Ton und Resonanz erheblich, zumal wenn man das mit Summen übt.

2. Eine in den USA bekannte Dame – sie war die Frau eines früheren Präsidenten – hatte sich im Hinblick auf ihre Öffentlichkeitsarbeit, im Zuge deren sie häufig Reden zu halten hatte, entschlossen, Sprechunterricht zu nehmen. Man sagte ihr, sie solle *»zwanzig Zentimeter vor dem Mund« sprechen.* Und dank dieser Vorstellungshilfe bekam sie ihre Stimme aus Kehle, Mund und Nase heraus.
3. Eine hilfreiche Technik bei öffentlichen Reden vor einem großen Publikum besteht darin, die Rede so zu beginnen, *daß man in Gedanken und Gefühl die Stimme an den am weitesten entfernten Zuhörer richtet.* Das war eine unerläßliche Technik, bevor es Mikrophone gab. Es ist aber noch immer eine gute Technik, weil sie einem ein Gefühl großer Tragfähigkeit und Reichweite der Stimme verleiht, obwohl man heute, von Mikrophonen unterstützt, kein großes Stimmvolumen mehr braucht.

Die Erwähnung dieser Techniken soll nicht dazu dienen, Ihnen gutes Sprechen beizubringen, wenn sie auch dafür ganz nützlich sind; diese sollen Ihnen vielmehr zu einer Stimme von magnetischer Anziehungskraft verhelfen:

Sie können Ihre Stimme von jeder Partie Ihres Gesichtes aus einsetzen – von der Kehle, vom Mund, von den Lippen aus, hinter den Vorderzähnen hervor (so kommt die Stimme gut), von der Stirn her (noch besser) – *und Sie können Ihre Stimme durch die Augen projizieren.* Das erreichen Sie, indem Sie sich vorstellen, wie Ihre Stimme von den Augen ausgeht, und durch das Gefühl, daß es tatsächlich so geschieht, wie es Ihrer Vorstellung entspricht.

Sie können nicht nur die Augen zum Ausgangspunkt Ihrer Stimmprojektion machen, sondern überdies kontrollieren, wo die Stimme bei Ihrem Gegenüber ankommen soll und empfangen wird. *Sie können somit Ihre Stimme vermittels Ihrer Augen direkt und tief in die Augen des Gegenübers projizieren, indem Sie diesen Vorgang einfach denken und fühlen!* Die Wirkung ist hypnotisch-magnetisch!

Über den Augenkontakt als visuelle Kommunikation von Auge zu Auge hinaus können Sie also Ihren persönlichen Magnetismus durch das Sprechen von Auge zu Auge noch weiter verstärken. Das Erlernen dieser besonderen Kommunikationsform des persönlichen Magnetismus, die wiederum über die Augen des Gegenübers direkt in dessen Psyche geht, ist von so großer Wichtigkeit, daß sich hier noch einmal eine ZUSAMMENFASSUNG lohnt, wie das genau vor sich geht:

- Sie können den Einsatz Ihrer Stimme wählen und kontrollieren.
- Sie projizieren Ihre Stimme durch Ihre Augen und von Ihren Augen aus, indem Sie denken, es sei so, und fühlen, daß es so ist.
- Ihr Denken und Fühlen kontrollieren also den Ausgangspunkt dieses Projektionsvorgangs.
- Ebenso können Sie wählen und kontrollieren, wohin Sie Ihre Stimme projizieren und wo Sie sie empfangen wissen wollen.
- Sie projizieren Ihre Stimme direkt und tief in die Augen Ihres Gegenübers, indem Sie einfach denken und fühlen, daß es so sei und daher subjektiv so ist.
- Weil die Augen die »Fenster der Seele« sind, dringen Sie somit in der Tat in die Seele Ihres Gegenübers.

Das ist natürlich auch ein Prinzip jeder Hypnosetechnik, die bei der Heterohypnose (Fremdhypnose) zum Einsatz kommt. Uns geht es hier aber ausschließlich um das Phänomen persönlicher Anziehungskraft, um den persönlichen Magnetismus, der für sich allein unerhört machtvoll ist – wenn er, was notwendig ist, mit innerem Glanz einhergeht.

Kapitel 79

Persönlicher Magnetismus: Vom inneren zum äußeren Glanz!

Sie können persönlichen Magnetismus nicht ausstrahlen, wenn Ihnen dieses Persönlichkeitsattribut abgeht; zuerst müssen Sie ihn haben.

Der erste Schritt ist also, persönlichen Magnetismus in sich zu erzeugen, damit Sie ihn jederzeit ausstrahlen können. Das bedeutet, daß Sie in sich etwas hervorbringen müssen, das Menschen, die über persönlichen Magnetismus verfügen, als »inneren Glanz« empfinden und das die anderen als »unerklärliche Anziehungskraft« spüren. Dieser innere Glanz ist das Produkt aus einer bestimmten Einstellung und körperlichen und emotionalen Empfindungen, die zusammen den persönlichen Magnetismus erzeugen – eben den inneren Glanz.

Um schwierige theoretische Erklärungen zu vermeiden, wollen wir uns nur auf das PRAKTISCHE VORGEHEN beschränken. *Sie müssen vor allem wissen, wie man es macht:*

1. Man erzeugt den inneren Glanz des persönlichen Magnetismus, indem man bewußt und gezielt in sich eine seelisch-geistige Grundstimmung hervorruft, die Aufmerksamkeit, Angeregtheit, Begeisterung, ein Hochgefühl positiver Erwartung und Selbstvertrauen in sich vereint.
2. Sie müssen ganz bewußt und intensiv das Aufkommen dieser Hochstimmung in Ihrem Innern spüren.
3. Die bei diesem Spüren erfolgende Intensivierung dieser Hochstimmung muß einen inneren Druck erzeugen, der sich nach außen Bahn brechen will.

4. Persönlicher Magnetismus baut sich auf, indem man diesen inneren Druck spürt, ihn aber mit Absicht zurückhält.
5. Das erzeugt eine vibrierende innere Gespanntheit, den inneren Glanz, der sich nährt aus intensiver Aufmerksamkeit, Angeregtheit, Begeisterung, dem Hochgefühl der positiven Erwartung und Selbstvertrauen; noch wird er zurückgehalten und kontrolliert, er ist aber verfügbar.

Persönlicher Magnetismus entsteht nicht dadurch, daß man sich nur anhand von Lektüre darüber informiert. Er muß durch PRAKTISCHES ÜBEN entwickelt werden. Üben Sie sich darin, *jede einzelne dieser – im wesentlichen gefühlsmäßigen – Regungen in sich hervorzurufen*, eine jede für sich. Üben Sie das, wenn Sie allein sind, am besten an einem stillen Ort, an dem es keine Ablenkungen gibt.

Stellen Sie eine Liste dieser Regungen, dieser Gefühle auf. Schreiben Sie sie auf einen Zettel, den Sie bei sich haben und in Augenblicken des Leerlaufs ansehen können. Schreiben Sie sie in folgender Reihenfolge auf. *Aufmerksamkeit, Angeregtheit, Begeisterung, Hochgefühl positiver Erwartung und Selbstvertrauen.*

Und dann: Üben, üben und nochmals üben, wie Sie jede einzelne Regung hervorrufen und intensivieren können – eine nach der anderen:

- Spüren Sie, wie Sie aufmerksam sind, wach und wachsam. Sie sind sich intensiv Ihrer selbst und Ihrer Umgebung bewußt. Sie sind bereit, bereit zu reagieren, bereit zu handeln ... sofort!
- Fühlen Sie sich angeregt. Fühlen Sie, wie es Ihr Nervensystem »durchbraust«. Atmen Sie rascher.
- Fühlen Sie sich begeistert! Fühlen Sie sich stimuliert! Holen Sie emotional Schwung! Laden Sie Ihre Gefühlsbatterie auf!
- Spüren Sie ein Hochgefühl, ein Hochgefühl positiver Erwartung des Erfolges! Fühlen Sie sich durchpulst von Erfolg, besten Mutes! Fühlen Sie, daß etwas »Wunderbares« geschehen wird – jetzt gleich!
- Spüren Sie die Fülle Ihres Selbstvertrauens! Sie sind ganz Selbstvertrauen. Spüren, ahnen, wissen Sie, daß Sie bekom-

men werden, was Sie sich wünschen! daß Sie tun werden, was Sie zu tun wünschen! Niemand und nichts kann Sie daran hindern! Sie sind Ihrer selbst sicher! Absolut sicher!

Jetzt fühlen Sie zutiefst Ihre positive Ausstrahlung! Spüren Sie, daß Sie Anziehungskraft magnetisch ausstrahlen – emotional! Fühlen Sie, daß Sie wie ein mächtiger Magnet sind, der Menschen anzieht! Seien Sie sich bewußt, daß andere Menschen die Ausstrahlung Ihrer emotionalen Kraft, Ihres persönlichen Magnetismus, der Sie wie eine Aura umgibt, spüren – *daß jeder in Ihrer Nähe Ihren Magnetismus intensiv spürt!*

Üben Sie sich also darin, in Ihrem Innern die Regungen hervorzurufen, die zusammen den persönlichen Magnetismus erzeugen – Aufmerksamkeit, Angeregtheit, Begeisterung, ein Hochgefühl positiver Erwartung und Selbstvertrauen – und strahlen Sie diese Hochstimmung aus. Wenn Sie imstande sind, jede dieser Regungen, jedes Gefühl nach Belieben – gemäß Ihrer geistigen Anweisung an sich selbst – hervorzurufen, dann üben Sie deren Intensivierung, bis Sie bei jeder einzelnen Regung den inneren Druck spüren, wie er sich nach außen Bahn brechen will. In der Kombinierung dieser intensivierten Gefühle erreichen Sie *jene Hochstimmung, die Ihnen den inneren Glanz persönlichen Magnetismus verschafft.*

Der nächste Schritt ist die KONTROLLIERTE FREISETZUNG dieses inneren Glanzes als ausstrahlender und unmittelbar projizierter äußerer Glanz. Da Sie jetzt den intensiven Druck Ihrer inneren Hochstimmung erreicht haben, können Sie den persönlichen Magnetismus freisetzen. Sie können ihn ausstrahlen durch die *geistige Vergegenwärtigung, daß Sie fühlen, wie Sie es tun.* So strahlen Sie den inneren Glanz Ihrer magnetischen Persönlichkeit aus, und dieser kommt als äußerer Glanz zur Geltung.

Denken Sie daran, daß persönlicher Magnetismus durch das Zurückhalten von intensivem emotionalem Druck erzeugt wird. Er wird ausgestrahlt dadurch, daß Sie ihn intensiv freisetzen und gezielt auf einzelne oder Gruppen richten, auf die Sie Anziehungskraft ausüben möchten.

Persönlicher Magnetimus ist das Geheimnis der Kraft der Anziehung. Deshalb müssen Sie immer ganz *intensiv das Gefühl haben, daß Sie Anziehungskraft ausüben* ... Anziehungskraft ... Anziehungskraft! Persönlicher Magnetismus hat eine »elektrische« Eigenschaft. Die Wissenschaft vom Magnetismus ist schließlich in erster Linie auf der Elektrizität gegründet und die Elektrizitätslehre wiederum ganz wesentlich auf dem Magnetismus. Elektromagnetismus ist der durch Elektrizität erzeugte Magnetismus. Elektrodynamik ist der Zweig der Physik, der sich mit der Theorie sämtlicher elektromagnetischer Erscheinungen befaßt. Nun ist erstaunlich, aber wahr, daß der Mensch selbst auch als Wirkungsfeld elektromagnetischer Kräfte gesehen werden muß!

Somit sollten auch Sie Ihrem persönlichen Magnetismus ganz gewiß eine »elektrische« Qualität zubilligen. Sie werden Ihre Hochstimmung auch intensivieren, wenn Sie Ihren persönlichen Magnetismus in Vorstellungen von Elektrizität begreifen: als Strahlung, als Projektion elektromagnetischer Wellen, als elektrodynamische Anziehung innerhalb des elektromagnetischen Feldes um Sie herum ... und *Sie sind der Generator des Elektromagnetismus, der andere anzieht, wenn Sie »den Strom einschalten«!*

Wenn Sie geistig und gefühlsmäßig Ihren persönlichen Magnetimus elektrisch aufladen, dann strahlen Sie eine neue und pulsierende, eine unwiderstehliche Kraft aus. Also *erhöhen Sie Ihre elektrische Spannung.*

Im folgenden Kapitel nun werden Sie eine ganz andere Methode kennenlernen, auf Menschen Anziehungskraft auszuüben. Sie werden erfahren, wie man auf andere dadurch Anziehungskraft ausüben kann, daß man ihre unbewußten Bedürfnisse erfaßt – und erfüllt! Das verleiht Ihnen geradezu unbegrenzte magnetische Kraft.

Kapitel 80

Persönlicher Magnetismus: Auf die Bedürfnisse anderer eingehen

Ihre persönliche Anziehungskraft findet ihre VERVOLLKOMMNUNG, wenn Sie *verstehen, auf die tiefverwurzelten, weitgehend unbewußten Bedürfnisse Ihrer Mitmenschen einzugehen.* Sie wirken dann auf diese magnetisch anziehend wie Nahrung für die Hungrigen, wie Wasser für die Durstigen. Denn Brot allein – und Wasser – stillt die Bedürfnisse der Menschen nicht. Sie hungern auch nach Anerkennung, nach Bedeutung, sie dürsten nach Zustimmung und Bewunderung. Wenn Sie verstehen, auf diese grundlegenden, weitgehend unbewußten Bedürfnisse Ihrer Mitmenschen einzugehen, dann werden Sie ein Magnet für Ihre Mitmenschen, und zwar weil sie Sie brauchen, ganz gleich ob ihnen klar ist, warum oder nicht.

Nur wenige Menschen begreifen in vollem Umfang, wie tief bestimmte unbewußte Bedürfnisse bei anderen – und uns selbst – sitzen. Die meisten wissen nicht einmal, welcher Art diese nahezu zwanghaften unbewußten Bedürfnisse sind! Wenn daher hier auf einige der wichtigsten dieser Bedürfnisse eingegangen wird, dann gibt Ihnen das einen Wissensvorsprung vor den meisten anderen Menschen. *Sie sollen daher diese Bedürfnisse kennen und künftig mit ihnen rechnen.*

Wir wollen im Folgenden jene erörtern, die Sie – oder wir alle – am leichtesten erfüllen können.

1. *Das Bedürfnis, akzeptiert zu werden:*
   Dieses Bedürfnis war und ist noch immer, wenn unerfüllt, eine der Hauptursachen für Ressentiments und Feindseligkeit seitens der meisten Minderheiten – obwohl das Problem keines-

wegs nur auf Minderheiten beschränkt ist, sondern für jeden Menschen gilt.

Wird jemand nicht akzeptiert, fühlt sich der Betreffende diskriminiert und reagiert mit Verbitterung, Feindseligkeit, zuweilen auch mit Gewalt. Das macht ihn selbstverständlich nur noch weniger akzeptabel.

Was können Sie tun? Erstens helfen Sie dem oder den Betreffenden, akzeptabel zu werden. Zweitens zeigen Sie ihnen, daß Sie selbst sie wirklich voll akzeptieren, wodurch Sie ihnen auch dazu verhelfen, von anderen ebenfalls akzeptiert zu werden.

2. *Das Bedürfnis nach Zustimmung:*
Jeder Mensch, der kein arroganter Egozentriker ist, bedarf, zumindest bisweilen, der Zustimmung. Erfüllen Sie also dieses Bedürfnis, indem Sie aufrichtig und, wenn immer angebracht, begeistert Ihre Zustimmung zum Ausdruck bringen – so oft wie möglich und so vielen Menschen gegenüber wie möglich. Warten Sie nicht, bis man Sie darauf anspricht. Geben Sie Ihrer Zustimmung im Hinblick auf die Arbeit, Leistungen und die wie immer gearteten Belange Ihrer Mitmenschen – sogar was ihr Äußeres oder ihren Besitz betrifft – spontan Ausdruck, wann immer Sie irgend etwas finden, das der Zustimmung wert ist.
Wenn Sie aufrichtige, begeisterte Zustimmung häufig und, ohne zu zögern, jedermann gegenüber zum Ausdruck bringen, dann sind Sie eine Persönlichkeit, deren persönlichem Magnetismus kaum jemand widersteht.

3. *Das Bedürfnis nach Bewunderung:*
In jedem Menschen können Sie irgend etwas – und in vielen Menschen sogar vieles finden, das Sie aufrichtig bewundern können. Finden Sie es! Und verleihen Sie dann Ihrer Bewunderung offenen Ausdruck. Beschränken Sie Ihre Bewunderung nicht auf die Betreffenden selbst. Schließen Sie ihre Familie ein, Haus oder Wohnung, Einrichtung, Kleidung – alles und jedes, das Sie bewundern können. Machen Sie es sich zum Lebensprinzip, Bewunderung zum Ausdruck zu bringen. Wenn Sie dabei aufrichtig sind, können Sie es nicht

übertreiben. Menschen brauchen nun einmal das erhebende Gefühl, aufrichtig bewundert zu werden.

4. *Das Bedürfnis nach Anerkennung:*
Anerkennung bedeutet Unterschiedliches: einmal den Ausdruck von Dankbarkeit, dann aber auch die Bewußtheit vom Wert des anderen. Versäumen Sie nicht, auf das Bedürfnis nach Anerkennung einzugehen. Die Menschen verleihen ihre Gunst denjenigen, die ihnen ihre Dankbarkeit zeigen. Sie suchen die Gesellschaft und Mitarbeit derjenigen, die ihnen ihre Achtung und Wertschätzung erweisen. Seien Sie großzügig in der Bezeugung Ihrer Dankbarkeit. Ihr persönlicher Magnetismus wird in dem Maße zunehmen, in dem Sie das tatsächlich sind.

5. *Das Bedürfnis, sich wichtig zu fühlen:*
Alle Menschen (auch jene, die es leugnen) haben ein beinahe zwanghaftes unbewußtes Bedürfnis, sich wichtig zu fühlen. Sie können Ihre persönliche Anziehungskraft vervielfachen, indem Sie anderen zeigen, wie wichtig sie sind und wie sehr sie gebraucht werden. In der Nichterfüllung dieses Bedürfnisses liegt ja auch das Hauptproblem alter Leute, die sich nutzlos vorkommen.
Denken Sie immer daran, ob Sie nun etwas sagen, schreiben oder tun: Geben Sie dieses Gefühl der Wichtigkeit jedem Menschen, mit dem Sie zusammenkommen oder zu tun haben. Denken Sie immer daran, ohne Ausnahme!

6. *Das Geltungsbedürfnis:*
Menschen tun so gut wie alles, nur um beachtet zu werden. Die Tagesnachrichten sind voll von Beispielen, die das beweisen. Lächerliche Kleidung (oder überhaupt keine!), lächerliches Gehaben, mit Parolen der Selbstlosigkeit, der Menschen- und Tierliebe verbrämte Selbstzweckmanöver, Demonstrationen und Agitationen jeder Art im Namen des sozialen, des kulturellen, ja religiösen Fortschritts – all diese Erscheinungen unserer Zeit dienen hauptsächlich dem unbefriedigten Geltungsbedürfnis einiger weniger oder ganzer Gruppen. Das beinahe zwanghafte Bedürfnis nach Beachtung ist derart kompromißlos, daß es in dem Schaltkreis Ihrer magnetischen

Anziehungskraft in dem Augenblick zu einem Kurzschluß kommt, in dem Sie den anderen nicht die Beachtung zukommen lassen, die sie brauchen oder zu verdienen glauben. Und natürlich trifft das Gegenteil ebenso zu: Sie erhöhen Ihre magnetische Anziehungskraft im direkten Verhältnis zu Ihrer Bereitwilligkeit und Fähigkeit, den Menschen und ihren Aussagen, ihren Anliegen, Leistungen und den vielen Dingen, die ihnen wichtig sind, Ihre aufrichtige, interessierte Beachtung zu schenken.

Es gibt noch zahlreiche weitere weitgehend unbewußte Bedürfnisse, die Sie anderen erfüllen können, wenn Sie das ungeheure Potential dieser Art des Magnetismus einer Persönlichkeit weiterentwickeln wollen. Mehrere Kapitel meines Buches *»Wunscherfüllung«* sind ausschließlich diesem wichtigen Thema gewidmet. Dabei kommen auch noch andere Bedürfnisse zur Sprache, deren Erfüllung Ihnen die Herzen Ihrer Mitmenschen öffnen wird.

Ihr persönlicher Magnetismus soll ein Kennzeichen Ihrer Persönlichkeit sein. Doch als Persönlichkeit müssen Sie auch jene geradezu Wunder wirkende Macht gebrauchen, die im folgenden Kapitel erörtert werden soll. Sie sichert Ihnen Erfolg in Ihren persönlichen Beziehungen, im Berufsleben und in allen anderen Lebensbereichen.

Kapitel 81

Die Macht entschiedenen Wollens

WILLIAM JAMES, Psychologe und Philosoph und einer der großen Denker unserer Zeit, schrieb: »Wenn dir nur genug am Angestrebten liegt, wirst du es erreichen. Willst du reich werden, so wirst du reich werden; wenn du gelehrt werden willst, wirst du gelehrt werden; willst du ein guter Mensch werden, wirst du auch einer. Nur mußt du das Angestrebte tatsächlich wollen.«

Um zu werden, was Sie im Leben sein wollen, und zu bekommen, was Sie sich wünschen, müssen Sie es stark genug wollen! Das ist *die Kraft, die sich zur Macht entschiedenen Wollens entfaltet, wenn Sie die Kraft aufbringen!*

In meinem Buch *»Persönlichkeitsbildung«* findet sich eine alte Fabel von einem Hund, der damit prahlte, wie schnell er laufen könne. Eines Tages jagte der Hund ein Kaninchen, konnte es aber nicht erwischen. Die anderen Hunde machten sich über ihn lustig, er jedoch erklärte: »Das Kaninchen rannte schließlich um sein Leben, während ich nur rannte, weil das Jagen Spaß machte.«

In dieser Fabel hat der Hund das Kaninchen deshalb nicht erwischt, weil ihm in Wirklichkeit nicht genügend daran lag. Wie viele gute Möglichkeiten sind Ihnen entgangen, weil Ihnen nicht genügend an ihnen lag, so daß Sie sich nicht genügend angestrengt haben? Das Kaninchen hingegen war absolut motiviert zu fliehen. Es ging ihm um Leben und Tod! Das Kaninchen strengte sich mehr an. Auch Sie müssen etwas *stark genug wollen, um sich mehr anzustrengen!*

In den drei Wörtern »sich mehr anstrengen« liegt die ERFOLGSMAGIE. Wenn Sie etwas wirklich stark genug wollen, werden Sie sich noch mehr anstrengen ... und dann noch mehr ... unentwegt, so daß Ihre Energien ins Gigantische wachsen und damit auch Ihre Erfolge.

»Aber«, werden Sie einwenden, »Erfolg muß doch von viel komplexeren Bedingungen abhängen als nur davon!« Nein, das trifft tatsächlich nicht zu. Ich kann Ihnen das als Ergebnis eines ganzen Lebens praktischer Erfahrungen sagen, innerhalb derer ich es – wie zu Anfang des Buches geschildert – in der Wirtschaft zu Spitzenpositionen gebracht habe. Und in meiner Laufbahn habe ich tiefe Einblicke in das Ausmaß der geschäftlichen Anstrengungen von Tausenden von Lieferfirmen gewonnen, großen und kleinen, die die vielen Großbetriebe belieferten, mit denen ich mittelbar oder unmittelbar verbunden war.

Die nachstehenden SCHLUSSFOLGERUNGEN gründen sich daher auf Erfahrungen eines Insiders und Spitzenmanagers und stellen Beobachtungen aus erster Hand dar:

1. Sehr wenigen Unternehmen liegt *genügend am Erfolg, deshalb strengen sie sich nicht mehr als üblich an.*
2. Sehr wenigen Geschäftsführern liegt genügend am Erfolg, deshalb strengen sie sich ebenfalls nicht mehr als üblich an.
3. Noch weniger Angestellten und Arbeitern liegt genügend am Erfolg, deshalb strengen auch sie sich nicht mehr als üblich an.
4. Routinemäßige Durchschnittsleistungen sind bei den meisten Firmen, den meisten Geschäftsführern und bei fast allen übrigen Mitarbeitern der Normalfall. Sie kommen über die Runden und gelangen meist *nur deshalb zu Wohlstand, weil ihre Konkurrenten auch nicht besser motiviert sind und sich ebensowenig mehr als üblich anstrengen.*

Wenn Ihnen also wirklich genügend am Erfolg liegt, strengen Sie sich noch mehr an ... und noch mehr ... unentwegt. Sie werden dann eine solche Ausnahme und so weit über dem Durchschnitt sein, daß Ihnen sofortiger Erfolg garantiert ist; und Sie werden dermaßen gefragt sein, daß Sie Ihr Einkommen selbst bestimmen können!

Unmittelbar in Reichweite liegen unbegrenzte Möglichkeiten. Und zwar in diesem Augenblick! Sie müssen nur das tun, wozu die anderen zu gleichgültig sind: *den Willen aufbringen und sich noch mehr anstrengen* ... und noch mehr, so daß sich Ihre Energien ins Gigantische steigern – und mit diesen Ihre Einkünfte!

Werden Sie das tun? *Stark genug wollen?*

Kapitel 82

Die Macht eines guten zwingenden Grundes

Es gibt eine zusätzliche Macht, um – schneller – zu bekommen, was Sie sich wünschen: die Macht eines guten zwingenden Grundes.

Selbstverständlich werden Sie erreichen, was immer Sie sich wünschen, wenn Sie intensiv aufbauende Vorstellungsbilder einsetzen, verstärkt durch konkrete Zielanweisungen, und indem Sie die anderen in diesem Buch empfohlenen BEWÄHRTEN ERFOLGSMETHODEN benutzen. Sie werden erreichen, was Sie sich wünschen, ob Sie nun einen guten zwingenden Grund haben oder nicht.

Sie werden Erfolg haben, indem Sie diese bewährten Erfolgsmethoden so oft wie möglich anwenden. *Dies ist buchstäblich das einzige Erfordernis für den Erfolg.* Jeder kann erfolgreich sein, wenn er sich an diese Regel hält – und natürlich kann das auch jeder, der höchst fragwürdige Ziele verfolgt.

Im Grunde ist es traurig, daß dem so ist. Ich wünschte, dieser sichere Weg zum Erfolg stünde nur Menschen guten Willens, die sich edle geistig und sittlich hochstehende Ziele setzen, offen. Aber diese bewährten Erfolgsmethoden führen wirklich jeden Menschen zum Erfolg, der sie anwendet – wohlverstanden: wenn er sie anwendet!

Angenommen, Sie wollen Millionär werden, nur um ein Leben in Saus und Braus zu führen und sich mit allem Luxus zu umgeben, der mit Geld zu erwerben ist. Sie werden Ihre Million oder mehr haben, wenn Sie die bewährten Erfolgsmethoden anwenden – nicht weil Ihr Ziel erfolgswürdig wäre, sondern weil

Ihnen die Anwendung dieser Methoden den sicheren Erfolg garantiert.

Wenn Sie jedoch die Million *einzig und allein für eigennützige Zwecke nutzen, wird Ihnen das kein Glück bringen;* Sie werden sich statt dessen unweigerlich viele Schwierigkeiten einhandeln – nicht weil Sie die Million haben, sondern weil Sie sie selbstsüchtig verwenden. Der Grund ist in diesem Fall die Selbstsucht, die stets Schwierigkeiten mit sich bringt, unabhängig davon, wieviel Geld nun da ist und in selbstsüchtiger Weise verbraucht wird.

Doch nochmals: Ganz gleich, aus welchem Grund Sie Ihre Million haben wollen, Sie können sie bekommen, indem Sie ständig und intensiv »Millionärsbilder« in Ihr UNTERBEWUSSTSEIN projizieren und diese Vorstellungsbilder durch die Zielanweisung »Millionär sein!« (oder eine andere Ihrer Wahl) und weitere bewährte Erfolgsmethoden verstärken. Ihr Unterbewußtsein ist keine moralische Instanz; es ist *ein kybernetisches System, das Ihre Vorstellungsbilder in Wirklichkeit umsetzen wird.*

Ihr Unterbewußtsein beurteilt nicht, ob das, was es für Sie arrangiert, gut oder schlecht für Sie ist. Seine Funktion ist nicht die des Richters, sondern eine schöpferische. Es setzt alles, was Sie sich bildhaft vorstellen – auch Versagen, Armut, Krankheit, kriminelle Ziele –, in Wirklichkeit um. Aus diesem Grunde habe ich in diesem Buch schon mehrfach davor gewarnt, in Vorstellungen der Armut oder eines Versagers zu denken, weil alles, was man als Vorstellungsinhalte produziert – gute wie böse – in der Wirklichkeit des Lebens seinen Niederschlag finden wird.

Vor diesem Hintergrund wollen wir uns *vergegenwärtigen, worin die zusätzliche Macht eines guten zwingenden Grundes besteht.* Bleiben wir bei der Annahme, Sie möchten Millionär werden. Wenn Sie das nur um eines leeren Lebens in Luxus willen anstreben, wird Ihr Unterbewußtsein nichtsdestoweniger auf Ihre Vorstellungen, Zielanweisungen und andere bewährte Erfolgsmethoden reagieren und Sie an die Million heranführen (oder sie Ihnen zuführen) – vorausgesetzt, Sie können den notwendigen starken Willen aufbringen und aufrechterhalten.

Aber: *Es wird Ihnen die Inspiration, die Motivation und jedenfalls der zusätzliche gute zwingende Grund fehlen.* Und ohne diese drei Komponenten werden Sie erstens die Kraft entschiedenen Wollens einbüßen; zweitens wird Ihr Erfolgsstreben nicht durch einen innigen Wunsch genährt sein, der Ihre Vorstellungsbilder erst Ihrem Unterbewußtsein einverleibt und somit Ihren geistigen Zielsetzungen zwingende Kraft verleiht; außerdem werden Sie, drittens, nicht die absolute Notwendigkeit empfinden, so viele bewährte Erfolgsmethoden wie möglich einzusetzen.

Deshalb sind Sie dann vielleicht – ungeachtet der tatsächlich vorhandenen Macht Ihres Unterbewußtseins – nicht in der Lage, den notwendigen STARKEN WILLEN für die Ausrichtung auf Ihr Ziel aufzubringen und aufrechtzuerhalten.

Das gilt natürlich nicht nur für die ethisch verantwortungsvolle Nutzung erworbenen Wohlstandes, sondern für den ethischen Gehalt aller Ziele.

Wenn es zum Beispiel Ihr Ziel ist, Führungsgewalt zu erlangen, nicht nur die gängige Macht eines Chefs, sondern die Macht, die Durchsetzung eines wertvollen Anliegens zu organisieren und zu leiten, dann wird Ihr Streben nach Erfolg von der zusätzlichen Macht eines guten zwingenden Grundes getragen sein. Denn in diesem Fall streben Sie Einfluß nicht nur deshalb an, um Macht über Menschen zu besitzen, sondern um andere dahingehend zu beeinflussen, ein wertvolles Anliegen zu unterstützen. *Dann wird Ihnen einerseits die eigene Motivation und andererseits die überzeugende Macht eines guten zwingenden Grundes voll zugute kommen.*

Wenn Sie eine höhere Bildung nicht nur zur Bereicherung Ihrer persönlichen Kenntnisse anstreben, sondern um Kenntnisse an andere weiterzugeben oder um Ihre größeren Kenntnisse zum Vorteil der Menschheit zu nutzen, dann werden Sie über die Beharrlichkeit und Hingabe verfügen, die aus der zusätzlichen Macht eines guten zwingenden Grundes erwachsen.

Diese Beispiele mögen genügen. Es versteht sich von selbst, daß Sie die Kraft zur Erreichung Ihres Lebensziels vergrößern, wenn dies ein würdiges, ein ethisch hochstehendes Ziel ist. Und wenn Sie so ein Lebensziel haben und es konsequent verfolgen, dann wird Sie das dem zitierten Zeugnis von WILLIAM JAMES zufolge in die Lage versetzen, Ihr Ziel zu erreichen. Seine Aussage steht für die Erkenntnis unserer gesamten kulturellen Tradition: *Sie können Ihr Ziel erreichen, wenn Sie es stark genug wollen.*

Kapitel 83

Unterschätzung oder Höchsteinschätzung – Sie wählen!

Dem Ratschlag des Psychologen WILLIAM JAMES zufolge sollte sich jeder, der Wesentliches leisten und sein Ziel erreichen will, eine Haltung der Höchsteinschätzung seiner selbst und seiner Leistungsfähigkeit zu eigen machen. Diese Haltung unterscheidet sich vom äußeren Tatbestand objektiver Selbstüberschätzung dadurch, daß ihr eine innere, *eine subjektive Wahrheit zugrunde liegt:* man setzt seine Wünsche auf der höchsten Ebene seiner Hoffnungen an, man glaubt zutiefst an die Verwirklichung des Angestrebten und lebt in dieser hochgespannten Erwartung.

Dieser brillante Geist hat aber auch, wie Sie bereits wissen, den Lehren aller Religion und Philosophie von der Psychologie her eine wissenschaftliche Bedeutung verliehen durch seine Erkenntnisse, die er in dem Kernsatz zusammenfaßte: *»Der Glaube erzeugt die Tatsachen.«* Mit anderen Worten: Die kraft Glaubens erzeugte subjektive Wahrheit setzt sich im Leben eines Menschen in objektive Tatsachen seiner Lebenswirklichkeit um.

Unter diesem Aspekt erkennen Sie sicher die eminente Bedeutung, die der psychologisch fundierten METHODE DER HÖCHSTEINSCHÄTZUNG seiner selbst in Verbindung mit der Kraft des Glaubens zukommt. *Schätzen Sie darum sich selbst und Ihre Fähigkeiten auf höchster Ebene ein und glauben Sie an die Verwirklichung des Angestrebten!* So gestalten Sie Ihr Leben, Ihre Zukunft.

Machen Sie es nicht wie die meisten Menschen, die sich bloß nach den gegebenen äußeren Umständen einschätzen und nicht zu hoffen, nicht zu glauben wagen, daß sie ihr Leben zum

Besseren verändern können. Sie stellen sich das gar nicht vor. Wie sollten sie es dann glauben können?

So viele Menschen glauben, sie seien nicht fähig, dies oder jenes zu leisten. Wie sollten sie es dann je leisten können. So viele Menschen glauben, sie seien für immer zu Armut verurteilt, weil sie arm sind. Wie sollten sie aufgrund dieser Selbsteinschätzung je reich werden?

Halten wir fest, daß die Unmöglichkeit einer Veränderung in all diesen und ähnlichen Fällen in erster Linie verursacht ist aufgrund einer fehlgeleiteten Überschätzung der Macht der Umstände. Anstatt an diese sollten all diese bedauernswerten Menschen *an sich selbst und die in ihnen schlummernden Möglichkeiten glauben.*

Es ist geradezu eine Tragödie unserer Zeit – und aller Generationen vor uns –, daß die meisten Menschen mangels Glaubens es einfach nicht für möglich halten, das zu tun, was sie in Wirklichkeit mit Sicherheit und verhältnismäßiger Leichtigkeit tun könnten: zu erreichen, was immer sie sich als Ziel gesteckt haben. Sie müßten sich das von ihnen Angestrebte nur vorstellen und an dessen Verwirklichung glauben können.

Sie – der oder die Sie dieses Buch bis hierher gelesen haben – werden hoffentlich nicht zu dieser Tragödie beisteuern wollen. Sie kennen bereits eine Fülle bewährter Erfolgsmethoden, die Ihnen zur Verfügung stehen. Wenden Sie sie an. Und wenden Sie vor allem auch die hier erörterte Methode der Höchsteinschätzung Ihrer selbst und Ihrer Fähigkeiten an.

Wir möchten das nochmals – und andersherum – erklären: HÖCHSTEINSCHÄTZUNG heißt einfach: Sie glauben intensiv daran, daß Sie viel mehr erreichen werden, als Ihre gegenwärtigen Umstände scheinbar rechtfertigen. *Wie aber finden Sie zu dieser Haltung?*

1. Sie können Ihre Zukunft nicht nach den in der Gegenwart gegebenen Umständen beurteilen und diese entsprechend dem Glauben an eine Veränderung begraben.
2. Da Sie Ihre Zukunft nicht nach Ihren gegenwärtigen Umständen beurteilen können, gibt es keinen vernünftigen Grund, weshalb Sie sich selbst und Ihre Möglichkeiten nicht auf

höchster Ebene einschätzen und nicht glauben sollten, daß Sie sehr viel mehr erreichen können, als Ihnen aufgrund Ihrer jetzigen Einschätzung möglich erscheint, die sicher eine Unterschätzung Ihrer selbst und Ihrer Möglichkeiten darstellt.

3. Deshalb sollten Sie eben jene Haltung der Höchsteinschätzung beziehen und daran glauben, daß Sie Ihr Lebensziel und alle Ihre Nahziele erreichen werden – auf diese Art wird übrigens Ihr Lebensziel an Größe, Qualität und Wert immer mehr gewinnen.
4. Die Methode der Höchsteinschätzung besteht darin, sich wirklich auf der höchsten Ebene seiner Wünsche einzuschätzen, sich »gehenzulassen« bis an die Grenze der Vorstellungskraft!

Sie werden erstaunt sein, wie Sie aufgrund dieser bewährten Erfolgsmethode aus einem scheinbar »unmöglichen« Traum eine realisierbare Zukunft zu machen vermögen. Zuverlässig wird hier das GESETZ DER ENTSPRECHUNG zum Tragen kommen: Was Sie erreichen, wird dem entsprechen, was Sie sich vorzustellen und zu glauben vermögen. Dieses Gesetz ist unumstößlich. *Sie können sich darauf verlassen.*

Kapitel 84

Schlüssel zum Erreichen Ihrer Ziele

Um Ihr Lebensziel zu erreichen – jedes Lebensziel und auch jedes Nahziel, das Sie sich setzen –, müssen Sie lediglich die in diesem Schlüsselwerk empfohlenen bewährten Erfolgsmethoden anwenden. Unterwegs werden Ihnen ein paar EINFACHE RATSCHLÄGE zugute kommen:

1. *Fallen Sie immer nach vorn!*
   Jeder stolpert ab und zu auf dem Weg zu seinem Ziel. Es wird vorkommen, daß auch Sie einmal zu Fall kommen werden. Es werden Kleinigkeiten sein, über die Sie stolpern. Niemand fällt über einen Berg; das Hindernis muß klein genug sein, daß man es übersieht.

   Wenn Sie aber fallen, fallen Sie immer nach vorn, Ihrem Ziel entgegen! Das ist selbstverständlich nicht als körperliche Übung aufzufassen. Gemeint ist eine geistige Haltung – die Haltung, beharrlich fortzuschreiten auf Ihr Ziel zu, selbst wenn Sie einmal unterwegs fallen.
2. *Stehen Sie schleunigst wieder auf, wenn Sie gefallen sind!*
   Auch dies soll sinnbildlich eine geistige Haltung kennzeichnen – die Haltung, die ein Stolpern oder Hinfallen auf dem Weg zum Lebensziel als einen der nun einmal vorkommenden Zwischenfälle und nicht als Katastrophe begreift.

   Bleiben Sie nicht resigniert in der Fehlannahme liegen, der Weg zu Ihrem Ziel sei zu schwierig, weil Sie so oft fallen. Bleiben Sie vor allem nicht in dem Fehlglauben liegen, jemand hätte Ihnen »ein Bein gestellt«. Stehen Sie auf. Stehen Sie schleunigst auf, wenn Sie hingefallen sind. Gehen Sie weiter auf Ihrem Weg, unbeirrbar, Ihrem Ziel entgegen!

3. *Wenn Sie hinfallen, stehen Sie nicht mit leeren Händen auf!* So lautet ein altes japanisches Sprichwort, das viel für sich hat: Wenn Sie bei jedem Hinfallen etwas lernen, dann lernen Sie, indem Sie verlieren, zu gewinnen. Das läuft genau auf die bewährte Erfolgsmethode hinaus, der ich in meinem Buch *»Wunscherfüllung«* ein ganzes Kapitel gewidmet habe: »Wie Sie mit Fehlschlägen Ihren Weg zum Erfolg pflastern können!«

Auch in dem vorliegenden Buch wurde wiederholt auf diese Methode hingewiesen. Wir brauchen sie deshalb hier nicht in Einzelheiten zu wiederholen. Vergegenwärtigen Sie sich nur nochmals die Tatsache, daß Mißerfolge bei jedem Experimentieren, in der Forschung und in allen wissenschaftlichen Prozessen der Erkenntnisgewinnung *wertvolle Wegweiser auf dem Weg zum Erfolg sind.* Indem man beharrlich herausfindet, was nicht funktioniert, und es eliminiert, findet man schließlich heraus, was wirklich funktioniert. Erinnern Sie sich nur der in diesem Buch gestreiften Lebensgeschichte eines THOMAS A. EDISON mit seinen siebzehntausend Experimenten!

Der Weg zum Erfolg führt zwangsläufig über Mißerfolge, die, richtig gesehen, geradezu AUFBAUELEMENTE eines jeden Erfolges darstellen. Wenn Sie immer nur Erfolge aufzuweisen haben, beweist das nicht, daß Sie außerordentlich fähig und tüchtig sind. Es beweist vielmehr, daß Sie Ihr Lebensziel schon von Ihrem Anspruch her zu niedrig angesetzt haben, und zwar *weil Sie Angst vor Mißerfolgen haben.*

Menschen, die Mißerfolg und Versagen fürchten, passen ihre Ansprüche an das Leben und somit ihr Lebensziel dem sicher vorhandenen Leistungsvermögen an, das heißt, sie finden sich mit einem Niveau weit unterhalb ihrer Möglichkeiten ab.

Wenn Sie im Leben zu »gewinnen« suchen, indem Sie Ihr Lebensziel so anspruchslos gestalten, daß eine stetige Leistungssteigerung Ihrerseits gar nicht vonnöten ist, dann werden Sie nicht wirklich »gewinnen«; so kann Ihnen nur Mittelmäßigkeit beschieden sein. Sich mit Mittelmäßigkeit abzufinden, zu der es jedermann bringen kann, ist immer *eine Zuflucht bei Sicherheiten unterhalb des eigenen Leistungsvermögens, ist eine Art Selbstaufgabe.*

Doch die meisten Menschen geben sich damit zufrieden. Warum? Weil die meisten Menschen ihre Ziele zu niedrig stecken oder überhaupt keine haben. Oder aber sie stecken beim ersten Mißerfolg zurück. Nicht, daß sie faul wären. Die meisten mittelmäßigen Menschen arbeiten sehr fleißig in einer mittelmäßigen Stellung für ein mittelmäßiges Gehalt, um ihre mittelmäßigen Ansprüche zu finanzieren. Noch liegt der Umstand, daß sie sich zufrieden geben, daran, daß diese Menschen minderprivilegiert oder ungenügend geschult oder ausgebildet sind oder was man etwa sonst noch so hören kann.

Die Gründe sind anderer Art: Einmal ist es der MANGEL AN MOTIVATION. Diese Menschen sind nicht hinreichend motiviert! *Und weil sie nicht hinreichend motiviert sind, stecken sie ihr Lebensziel zu niedrig und somit auch ihre Nahziele; manche haben überhaupt keine Ziele.* Kein Wunder, daß sie daher auch keine nennenswerten Erfolge im Leben erzielen können. So geben sie sich mit Mittelmäßigkeit oder mit noch weniger zufrieden – mangels hinreichender Motivation. Das ist sicher einer der Hauptgründe.

Was jedoch die Menschen, die nicht großen Erfolg anstreben, entscheidend zurückhält, ist ihre ANGST VOR DEM VERSAGEN. Ja – ganz einfach Angst, diese Seuche, an der so viele kranken!

Wenn diese Verzagten nur einsehen würden, *daß Fehlschläge und Mißerfolge nicht zu fürchten, sondern Schlüssel zum Erfolg sind!* Warum sollten sie Angst haben vor Mißerfolgen, wenn die Wirtschaft Milliarden für Forschungen ausgibt, von denen man im voraus weiß, daß sich in deren Verlauf lange Zeit nur Mißerfolge einstellen werden?

Beachten Sie aber: *Mißerfolge sind Aufbauelemente nicht nur Ihres Erfolges, sondern auch Ihres Charakters und Ihrer Persönlichkeit.* Fehlschläge sind kein Verlust, vielmehr eine herausfordernde Erfahrung, es anders und besser zu machen, und solche Erfahrungen bauen wertvolle Charaktereigenschaften und Persönlichkeitsmerkmale in Ihnen auf. Sie werden infolge eines

Fehlschlages nicht schwächer; Sie werden zäher, stärker, entschlossener – und sehr viel klüger!

Ich lernte diese Tatsache begreifen, als ich noch sehr jung war. Ich trainierte mich buchstäblich in der Erfahrung, wie man die härtesten Schläge einsteckt. Beim Sport maß ich mich mit überlegenen Gegnern. Als junger Amateur boxte ich mit Professionellen. Als Vertreter übte ich mich im »Klinkenputzen« von Tür zu Tür, bis das Wort »Nein!« nichts Persönliches, nichts Verletzendes mehr an sich hatte, sondern einfach zum Alltag gehörte. Damit möchte ich nur sagen: Ich schreibe nicht vom Elfenbeinturm aus über Mißerfolge. Ich habe mich darin geübt.

Aus meinem eigenen Leben, das durch viele Fehlschläge und viele Erfolge gekennzeichnet ist, ergibt sich klar und deutlich die Lehre: *Meine Erfolge verbesserten meine Situation, aber meine Mißerfolge verbesserten mich!*

Mißerfolge sind darum lehrreich und wertvoll. Wenn Sie keine Angst vor Mißerfolgen haben, können Sie sich die höchsten Ziele setzen! Sie erreichen vermutlich nicht die Sterne, aber *mit dem Blick auf die Sterne stecken Sie Ihr Ziel hoch.*

Kapitel 85

Welche ist Ihre wertvollste persönliche Eigenschaft?

Nehmen wir an, jemand stellte Ihnen die vorstehende Frage – was würden Sie antworten?

Der große englische Wissenschaftler THOMAS HUXLEY erklärte: »Die wertvollste Eigenschaft, die Sie sich erwerben können, ist die Fähigkeit, sich zu zwingen, die Dinge zu tun, *die Sie tun müssen, zur Zeit, da sie getan werden müssen, und ob es Ihnen gefällt oder nicht.«* In der Tat: Diese Eigenschaft ist der wahre Prüfstein für den Charakter. Sie unterscheidet die Menschen des »Ich will!« von den anderen des »Ich will nicht!«. Sie ist eine unabdingbare Voraussetzung für erfolgreiche Menschen. Sie können nicht Erfolg haben, wenn Sie diese drei VERHALTENSGRUNDSÄTZE ignorieren:

1. Zu tun, was Sie tun müssen!
2. Es tun, da es getan werden muß!
3. Es tun, ob es Ihnen gefällt oder nicht!

Wenn man die Gründe untersucht, warum Menschen *in ihrem ganzen Leben* versagt haben, wird man immer wieder entdecken müssen, daß sie diese elementaren Verhaltensgrundsätze außer acht gelassen haben. Versager schieben gewöhnlich anderen Menschen – ihren Gegnern – oder widrigen Umständen, oft sogar dem Schicksal die Schuld an ihrem Versagen zu, obwohl die offenkundige Ursache ihres Versagens die Tatsache ist, daß sie selbst es versäumten, sich zu zwingen, das für den Erfolg Notwendige zu tun – rechtzeitig, ob man mag oder nicht.

Weil Erfolg – im Grunde genommen – so einfach zu haben und Versagen – ein ganzes Leben lang – so tragisch ist, scheint die

Annahme fast unglaublich, daß sich irgend jemand bewußt für ein Leben als Versager entscheiden sollte. Gleichwohl spielt sich das tagtäglich ab. Wenn sich die Menschen nicht einmal die geringste Mühe machen, BEWÄHRTE ERFOLGSMETHODEN anzuwenden, die ihnen den Erfolg sichern würden, so entscheiden sie sich für ein Leben als Versager. Ich meine jetzt nicht nur die von mir gesammelten Erfolgsmethoden. Denn (wie ich eingangs dieses Buches sagte) alle Erfolgreichen wenden – bewußt oder unbewußt – bewährte Erfolgsmethoden an, und so manche von ihnen kennen dieses Buch nicht.

Sie aber kennen es! Und Sie entscheiden sich bewußt für das Versagen, wenn Sie zögern und versäumen, die hier empfohlenen Erfolgsmethoden anzuwenden, die *es Ihnen ermöglichen, ab sofort erfolgreich zu sein!* In diesem Fall tun Sie nicht, was Sie tun müßten – zur richtigen Zeit, also jetzt!

Warum nicht? Aus irgendeinem Vorwand haben Sie keine Lust dazu. Und was sollten Sie tun, wenn Sie einfach keine Lust dazu haben? Tun Sie, was Ihnen THOMAS HUXLEY empfahl: »Erwerben Sie sich die *Fähigkeit, sich zu zwingen, es zu tun!*«

Ohne diese wertvollste Qualität einer Persönlichkeit sind Sie zum Versagen verurteilt. Mit ihr sind Sie des Erfolges sicher!

Kapitel 86

Sie brauchen es nur zu entdecken!

Alles was ist, existiert jetzt und heute. Aber dieses ALLES, WAS IST, umfaßt nicht nur die Gegenwart, sondern auch Vergangenheit und Zukunft. Dieser geisteswissenschaftlichen These, die in Übereinstimmung mit dem Kern der Lehren aller Religionen steht, nähern sich die Erkenntnisse moderner Naturwissenschaften, insbesondere der längst über die orthodoxe Disziplin hinausgewachsenen Physik, immer mehr an.

Auch die Parapsychologie – gemeint ist die seriöse Wissenschaft, nicht die zu Unrecht unter diesem Namen üppig wuchernde Okkultliteratur unserer Tage – hat dazu wertvolle neue Erkenntnisse beigesteuert. *Die Menschheit beginnt mit der Relativität von Raum und Zeit, mit Realitäten höherer Dimension, mit der Unendlichkeit zu rechnen.*

»Etwas Neues« ist nicht neu. Es hat schon immer existiert. *Neues wird also vom Menschen entdeckt und nicht erschaffen.* Oder Vorhandenes, das uns heute bekannt ist, wird neu kombiniert, wird zu Kombinationen zusammengestellt, die bis heute unbekannt waren. Diese Kombinationen nennen wir »neu«, weil wir sie erst jetzt entdeckt haben; aber virtuell, somit der Möglichkeit und Kraft nach, waren sie immer schon da. Das Neue harrte seiner Entdeckung durch irgend jemanden – irgendwann einmal – als Teil jenes »Alles, was ist«.

Dieses »Alles, was ist«, das immer existiert hat, das jetzt existiert und immer existieren wird, ewig – das ist natürlich das, was an manchen Stellen dieses Buches DAS UNENDLICHE genannt worden ist. Es soll nun aber nicht versucht werden, tiefsinnig über eine Unendlichkeit zu philosophieren, die der menschliche Verstand unmöglich erfassen kann, weil sie über unser Begreifen geht.

Da aber jeder von uns durch seinen Geist, durch seine Seele Anteil an dem Unendlichen hat und *jeder von uns – über das Unterbewußtsein – Zugang zur unendlichen Macht des Geistes höherer Dimensionen hat*, sollten wir zumindest die Möglichkeit wahrnehmen, unseren »Empfänger« auf das Universum des Geistes »einzustellen«, soweit das innerhalb der begrenzten Bandbreite der »Wellenlängen« menschlichen Bewußtseins möglich ist.

Aus unserem Alltag sind wir bestens damit vertraut, einen »Empfangsapparat« auf eine bestimmte »Wellenlänge« oder Frequenz »einzustellen«. Radio- und Fernsehapparat sind beispielsweise solche Empfangsgeräte. Doch müssen wir sie zuerst einmal *selektiv auf bestimmte Wellenlängen einstellen*, sonst sehen und hören wir nichts. Obgleich natürlich diese Töne und Bilder uns umgeben, denn sie schwingen als Wellen in der Atmosphäre, ob wir nun unser Empfangsgerät eingestellt haben oder nicht. Aber um sie wahrnehmen zu können, müssen wir unser Gerät gezielt auf die richtige Wellenlänge einstellen. Erst dann sehen und hören wir die Bilder, die Töne, obwohl sie die ganze Zeit da waren.

Die moderne Wissenschaft entwickelt übrigens in zunehmender Beschleunigung ständig neue Möglichkeiten gezielten Anpeilens auch vieler anderer Wellenlängen (außerhalb der Bandbreite von Ton und Bild), und alles mögliche im Universum wird ständig neu entdeckt – das immer schon da, aber den Menschen noch unbekannt war.

Warum nun wird hier in diesem *»Schlüsselbuch bewährter Erfolgsmethoden«* auf Möglichkeiten gezielten Anpeilens bestimmter Wellenlängen verwiesen? Oder anders gefragt: Worauf sollen Sie Ihren geistigen »Empfänger« einstellen? Stellen Sie ihn auf die Grundaussage dieses Kapitels ein: auf die *Tatsache, daß alles, was ist, jetzt existiert.* Das bedeutet unter anderem auch, daß alles, was Sie sich wünschen, jetzt vorhanden ist. Sie brauchen es nicht erst zu »erschaffen«. Sie müssen es lediglich »entdecken«. Es ist jetzt vorhanden und wartet nur darauf, von

Ihnen entdeckt zu werden. Stellen Sie sich darauf ein und entdecken Sie es!

Die Methoden, mit deren Hilfe Sie das erreichen können, sind ausführlich im ersten Teil dieses Buches dargelegt. Ihr geistiges »Empfangsgerät« ist nichts anderes als *Ihr Unterbewußtsein, das Sie durch gezieltes Denken in Form von Vorstellungsbildern und Zielanweisungen auf die »Wellenlänge« Ihres Wunschziels bringen müssen.*

Und vergessen Sie nicht: Der Inhalt Ihres Wunschziels existiert bereits in der Gegenwart. Denn das, was wir eingangs dieses Kapitels das »Alles, was ist« – jene höhere geistige Dimension, zu der Sie über Ihr Unterbewußtsein Zugang haben – nannten, umfaßt nicht nur die Gegenwart, sondern auch Vergangenheit und Zukunft.

Kapitel 87

Vergessen Sie, wie alt Sie dem Kalender nach sind!

Es ist an der Zeit, damit aufzuhören, durch den Blick auf den Kalender älter zu werden. Ganz gleich, wie alt Sie Ihrer Geburtsurkunde zufolge sind – Ihr Körper kann nicht älter als hundert Tage alt sein!

Dies sagte kein Geringerer als Dr. FREDERICK SWARTZ, Vorsitzender des Ausschusses für Gerontologie der American Medical Association und eine Autorität auf dem Gebiet der Erforschung der Alterungsvorgänge im menschlichen Körper. Die medizinische Forschung habe bewiesen, so erklärte der Forscher, daß der Faktor Zeit und somit auch das Alter nur eine geringe Rolle in bezug auf vorhandene Krankheiten spiele, weil die meisten Körperzellen, unabhängig von dem chronologischen Alter eines Menschen, zu jedem beliebigen Zeitpunkt ein Alter von höchstens hundert Tagen haben, nachdem die Zellen immer wieder absterben und sich regenerieren. Und zwar gilt das Dr. Swartz zufolge für sämtliche Zellen des menschlichen Körpers; die meisten werden sogar schon vor dem Ablauf von hundert Tagen ersetzt.

Bezüglich der gewöhnlich in Verbindung mit dem Alterungsprozeß gesehenen Krankheiten erklärte Dr. Swartz: *»Die Auswirkung des Zeitfaktors (auf den menschlichen Körper) ist nicht von Bedeutung, wohl aber die Auswirkung der Umgebung.«* Die Umgebung läßt sich natürlich nicht nur nach körperlichen bzw. materiellen Kriterien kennzeichnen, vielmehr spielt auch die geistige Komponente eine große Rolle. Art und Umfang der empfehlenswerten täglichen körperlichen Bewegung hängen wesentlich von den bisherigen Gewohnheiten ab. Wer sein Leben lang Sport getrieben hat, wird seine sportlichen Betätigungen ohne weiteres bis ins hohe Alter fortsetzen können. Gegenteiligenfalls empfiehlt es sich für ältere Menschen, den Arzt zu konsultieren. Normalerweise empfehlen die Ärzte ein Mindestmaß täglicher Übungen, die zur Erhaltung der körperlichen Leistungsfähigkeit im Interesse eines langen und gesunden Lebens durchaus ausreichen.

Interessanterweise führen viele Ärzte sogenannte altersbedingte geistige Krankheiten wie Zerebralsklerose oder Altersschwachsinn ebenfalls auf das Fehlen täglicher Übungen zurück, in diesem Fall auf den Mangel an geistiger Betätigung. *Die Hauptursache des geistigen Abbaus liegt nicht in der Verengung der Arterien, sondern in der Einengung der Interessen.*

Viele ältere Menschen lassen tatsächlich ihre Interessen ebenso hinter sich wie die Monate auf dem Kalender. Ein Interesse nach dem anderen wird in den »Papierkorb der Vergangenheit« geworfen. Die meisten beschränken ihre Interessen auf Orte, Ereignisse und Menschen, die unmittelbar mit ihnen persönlich verbunden sind. Ihr Interessenhorizont engt sich in zunehmendem Maße ein, bis er nur noch sie selbst und ihre nachlassenden Bedürfnisse sowie die wenigen Menschen umfaßt, die jene Bedürfnisse befriedigen. Zu guter Letzt verlieren sie jegliches Interesse. So bereitet sich die Natur auf den Tod vor.

Wenn Sie sich aber, was zu hoffen ist, nicht auf das Sterben, sondern auf das Leben vorbereiten – im Sinne nicht nur eines Dahinvegetierens, sondern eines geistig und körperlich agilen Lebens –, dann müssen Sie, wie alt oder jung immer Sie sind, den Vorgang umkehren. Sie dürfen Ihren Interessenhorizont nicht einengen – im Gegenteil: *Sie müssen vorhandene Interessen pflegen und sie zusätzlich erweitern, und zwar in Ihrem Denken, in Ihren Betätigungen und im Umgang mit Menschen.* Und damit sollten Sie sofort anfangen, unabhängig davon, wie alt Sie jetzt sind.

Dafür ist es niemals zu früh, niemals zu spät. Ab sofort müssen Sie anfangen, sich geistig zu trainieren. Sie machen bereits einen guten Anfang, indem Sie dieses Buch lesen. Wenn Sie die Ihnen empfohlenen BEWÄHRTEN ERFOLGSMETHODEN anwenden, dann bleiben Sie zuverlässig im Training. Dieses Training wird Sie geistig anregen und Ihre Disziplin schulen, es wird Ihnen zu einem ungeheuren geistig-seelischen Energiepotential verhelfen und in Ihnen zielgerichtete Kräfte aktivieren, die Sie bisher brachliegen ließen.

Wenn Sie dazu noch Ihren Interessenhorizont in Ihrem Denken, in Ihren Betätigungen und im Umgang mit Menschen ständig erweitern, dann werden Sie *jung sein – kraft Ihres Denkens. Und sich jung fühlen – kraft Ihres Denkens. Und lange leben – kraft Ihres Denkens!*

Sie brauchen sich, wenn Sie schon im Ruhestand sind, nicht in den Ohrensessel zurückzuziehen. Sie können sich auf eine ganz neue, auf eine ganz andere Laufbahn »zurückziehen«. Oder Sie können sich »zurückziehen«, um Ihre bisherige Tätigkeit inhaltlich zu erweitern, aber auf eine Weise, die dem Lebensstil Ihres Ruhestandes und, vor allem, Ihrem eigenen gelassenen Rhythmus angepaßt ist.

Seinerzeit, als in den USA ein Millionär noch als ein Krösus galt, gab es einen Mann namens CORNELIUS VANDERBILT, dem zwölf Meilen Eisenbahn gehörten, was damals eine ganze Menge bedeutete. Dieser Mann war siebzig Jahre alt und hatte, da er bereits im Ruhestand war, sehr viel Zeit. Er blieb jedoch aktiv und »interessiert«. So verlängerte er seine Schienen immer wieder um ein paar Meilen. Um es kurz zu machen: Er verlängerte – im Ruhestand – seine Eisenbahnschienen von zwölf auf zehntausend Meilen! Das brachte ihm ein zusätzliches Einkommen von vielen Milliarden Dollar im Jahr ein, wodurch er der reichste Mann seiner Zeit wurde.

Das beweist nur, was man alles im »reifen Alter« noch zu leisten imstande ist, und zwar, wie die folgenden BEISPIELE beweisen, auf jedem Gebiet:

ARTURO TOSCANINI dirigierte noch große Symphonien, als er 85 Jahre alt war. THOMAS A. EDISON machte mit 84 Jahren noch immer Erfindungen. BENJAMIN FRANKLIN wirkte an der Redaktion der ersten Verfassung der Vereinigten Staaten von Amerika mit, als er 80 war. IMMANUEL KANT schrieb nach 70 noch einige seiner bedeutendsten philosophischen Werke. JEAN MONET malte mit 86 noch herrliche Bilder. JOHANN WOLFGANG VON GOETHE schrieb den zweiten Teil des *Faust*, als er 80 Jahre alt war.

Diese Männer blieben lange jung – kraft Denkens und Handelns. Das beides können auch Sie – denken und handeln. Vergessen Sie, wie alt oder jung Sie dem Kalender nach sind!

Kapitel 88

Worauf es für Sie – wie für jeden Menschen – ankommt

In jeder Minute geht ein Teil von Ihnen verloren – für immer. Und es ist kein geringer Teil. In jeder Minute werden nämlich etwa drei Milliarden abgestorbene Zellen – Körper-, Nerven-, Hirnzellen – abgestoßen. Doch in jeder Minute ersetzen auch etwa drei Milliarden brandneue lebendige Zellen Ihre abgestorbenen toten Zellen; sie bauen Sie physiologisch neu auf – Minute für Minute!

Das erfährt der Mensch selbstverständlich nicht bewußt. Er würde es auch nicht eine einzige Minute lang aushalten! Der Vorgang vollzieht sich unbewußt. Das ganze unwillkürliche Nervensystem ist an ihm beteiligt. Steuerungszentrum ist das UNTERBEWUSSTSEIN.

Doch das Unterbewußtsein kontrolliert nicht nur den gigantischen Aufbau von durchschnittlich drei Milliarden neuen Zellen pro Minute, sondern es verarbeitet auch noch in jeder Minute sechshunderttausend durch Impulse aus dem Nervensystem vermittelte Informationseinheiten. Da das menschliche Bewußtsein die sechshunderttausend Informationseinheiten pro Minute nicht verarbeiten, ja nicht einmal zur Kenntnis nehmen könnte, gehört das Speichern und bzw. oder Verarbeiten dieses riesigen Zentrums an Sinneseindrücken ebenfalls zur Funktion des Unterbewußtseins.

Zu dem Aufbau von drei Milliarden Zellen kommt also die Registrierung von sechshunderttausend Informationseinheiten aus Sinnesempfindungen in jeder Minute. Sie können daher kaum noch an den einfach wunderbaren Fähigkeiten Ihres Unterbewußtseins zweifeln, die zugleich seine Macht ausmachen. Seine Macht ist aber noch viel größer. Denn über Ihr Unterbewußtsein haben Sie *Zugang zu der höheren Dimension des unendlichen Geistes, an dessen grenzenlosem Wissens- und Kraftstrom Sie teilhaben können.* Menschen, die wie ich an Gott glauben, nennen den unendlichen Geist als Inbegriff allen Geistes Gott. Wenn sie sich im Gebet an Gott wenden, prägen sie ihre Gedanken und Wünsche zutiefst ihrem Unterbewußtsein ein.

Unabhängig von Benennungen bleibt die Tatsache, daß Ihr Denken (in Form von Vorstellungsbildern) und Ihr Glauben den Inhalten entsprechende Veränderungen im Bereich der materiellen Wirklichkeit herbeiführen. Diese Tatsache ist von zahlreichen großen Denkern bezeugt worden. Sie ist in der Bibel und in den heiligen Schriften der Weltreligionen verankert. Die Tatsache, daß das Leben eines jeden Menschen das Produkt seiner Gedanken ist, hat vielleicht am besten der Philosoph BARUCH DE SPINOZA (1632 – 1677) zum Ausdruck gebracht: »Wenn etwas im Geiste geschieht, geschieht es auch im Körper.« Seine Lehre des »psycho-physischen Parallelismus« hat er selbst so erklärt: »Geist und Körper laufen immer parallel, denn *sie stellen zwei Aspekte ein und derselben Substanz dar, die alles umfaßt und die viele Menschen Gott nennen.«*

Die Festhaltung dieser Tatsache am Ende dieses Buches geschieht nicht zufällig. Es ist ein wesentlicher Sinn dieses »Schlüsselwerks bewährter Erfolgsmethoden«, Sie von der Wichtigkeit der Rolle Ihres Unterbewußtseins zu überzeugen. Alle in diesem Buch empfohlenen Methoden zielen darauf ab, daß Sie einerseits Ihr Unterbewußtsein ständig aufbauend und konstruktiv im Sinne dessen, was Sie unter Ihrem Lebenserfolg verstehen, beeinflussen und daß Sie andererseits motiviert sind, diese bewährten Erfolgsmethoden ständig anzuwenden. Dieses Ihr Unterbewußtsein – jedes Unterbewußtsein – aber wird geprägt durch ständiges, intensives Denken in Form gezielter Vorstellungsbilder und konkreter Zielanweisungen sowie durch den unerschütterlichen Glauben, daß Sie Ihr Lebensziel – und damit auch alle Nahziele – erreichen. Der Zweck dieses Buches war es, Sie mit den wirkungsvollsten, den erfolgreichsten Methoden der

Steuerung Ihres Unterbewußtseins vertraut zu machen; denn *nur indem Sie Ihr Unterbewußtsein positiv, das heißt aufbauend und zielorientiert beeinflussen, können Sie Ihr Leben und Ihre Zukunft erfolgreich gestalten.* Einen anderen Weg gibt es nicht!

Sie müssen diese Methoden anwenden, sonst werden Sie nie Ihr Ziel erreichen und, von anderen manipuliert, vom Leben enttäuscht sein.

Die Wahl liegt bei Ihnen. Und die Zeit ist gekommen. *Fangen Sie jetzt an.*